W0293157

10
18

12, AVENUE D'ITALIE. PARIS XIIIe

Sur l'auteur

Née à Hong Kong, d'un père architecte et d'une mère maître verrier, partagée entre ses origines celte et latine, nomade par goût, Viviane Moore devient photographe à dix-neuf ans, puis reporter free-lance. En 1997, elle délaisse son Leica pour se consacrer à plein temps à l'écriture. Elle est l'auteur d'une vingtaine de romans noirs médiévaux et contemporains. Ses livres, qu'ils concernent le Moyen Âge (les aventures du chevalier Galeran de Lesneven), les Celtes, le Japon ou le futur proche, explorent les marges et les limites du siècle, ses frontières, zones de non-droit, pentes et berges où vivent miséreux, assassins, parias et errants.

VIVIANE MOORE

LA NEF DES DAMNÉS

L'épopée des Normands de Sicile

tome 3

INÉDIT

10/18

« Grands Détectives »

dirigé par Jean-Claude Zylberstein

Du même auteur
aux Éditions 10/18

© Éditions 10/18, Département d'Univers Poche, 2007.
ISBN 978-2-264-04417-4

Aux lectrices et lecteurs

Qui est Tancrède le Normand ? Chacun, qu'il ait croisé son chemin, l'ait intimement connu ou qu'il ait juste entendu ou lu le récit de ses aventures, pourrait répondre différemment à cette question. Il en est même qui en viennent à douter de son existence.

Comme vous, lectrices, et vous, lecteurs, au moment d'entamer la rédaction de cet ouvrage qui constituera le troisième tome de sa saga, je ne peux que me référer à ce qui a déjà été écrit.

Quand, en compagnie d'Hugues de Tarse, son maître et mentor, il arrive au château de Pirou en septembre 1155[1], il a dix-neuf ans, lit le latin, le grec, l'hébreu et l'arabe, ne craint ni la fureur des hommes ni le feu du ciel, mais ne connaît rien de ses origines.

Alors que la mort s'invite dans cette citadelle normande et qu'Hugues mène l'enquête, Tancrède s'entend prédire par un moine croisé sur la lande de Lessay : « Vous irez loin, fort loin, messire Tancrède. Par terre et par mer, vers des pays où l'on parle d'autres langues que la nôtre, où l'or et l'argent tapissent les murs, où les femmes sont si belles qu'on les enferme, vous serez prince parmi les princes, et mendiant aussi. »

1. Voir *Le Peuple du vent*, 10/18, n° 3890.

Et c'est seulement six mois plus tard, alors que des meurtres d'enfants sèment la terreur à Barfleur, que le jeune homme en apprendra davantage sur son passé et sa destinée en s'embarquant pour un long périple sur les flots[1].

Protégés par une élite de combat, les guerriers fauves, les navires transportant un trésor offert au roi de Sicile par Henri II Plantagenêt mettent le cap vers Syracuse. À bord, une demi-douzaine de passagers, marchand lombard, chevalier, géographe, et une jeune noble normande, Eleonor de Fierville, promise à un comte sicilien dont elle ne sait que le nom.

C'est au fil des embuscades, des tempêtes, d'une série de meurtres étranges et de l'attaque portée par un inquiétant navire à la coque vert pâle qu'Hugues de Tarse révèle à son protégé qu'il est le fils bâtard d'une esclave arménienne, Anouche, et de Roger, duc de Pouilles, l'héritier préféré de Roger II de Sicile. Il s'appelle Tancrède d'Anaor, un nom que le jeune aventurier se répète comme pour l'apprivoiser alors que le détroit de Gibraltar est en vue.

Cette porte de la mer intérieure que, si vous le voulez bien, je vous propose de franchir avec moi en tournant cette page...

Viviane MOORE

1. Voir *Les Guerriers fauves*, 10/18, n° 3891.

« Si tu ne te connais pas, sors. »

Cantique des Cantiques, Cant. I, 8.

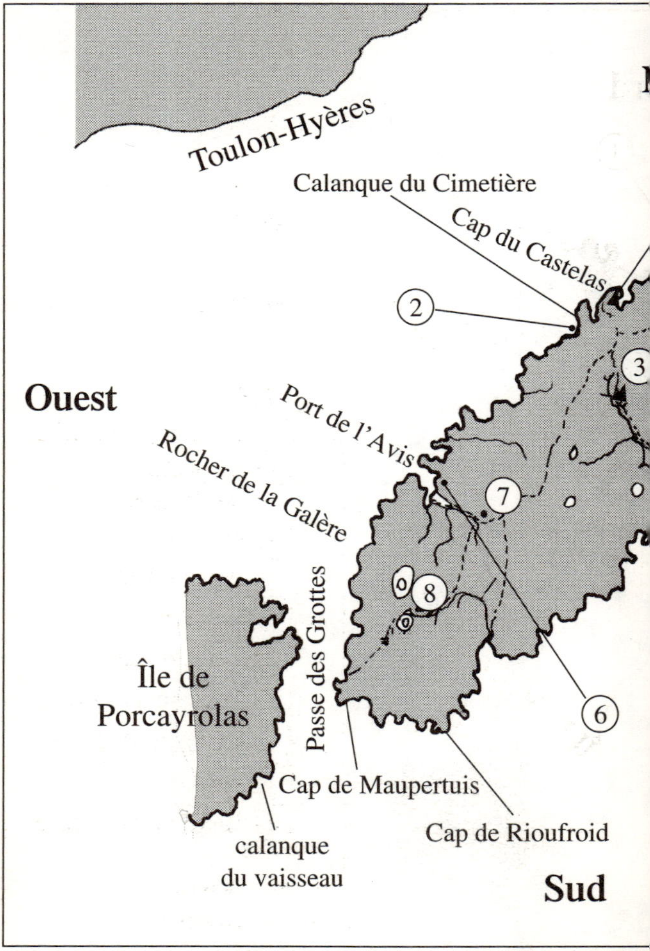
Toulon-Hyères
Calanque du Cimetière
Cap du Castelas
2
3
Ouest
Port de l'Avis
Rocher de la Galère
7
8
Passe des Grottes
Île de
Porcayrolas
6
Cap de Maupertuis
Cap de Rioufroid
calanque
du vaisseau
Sud

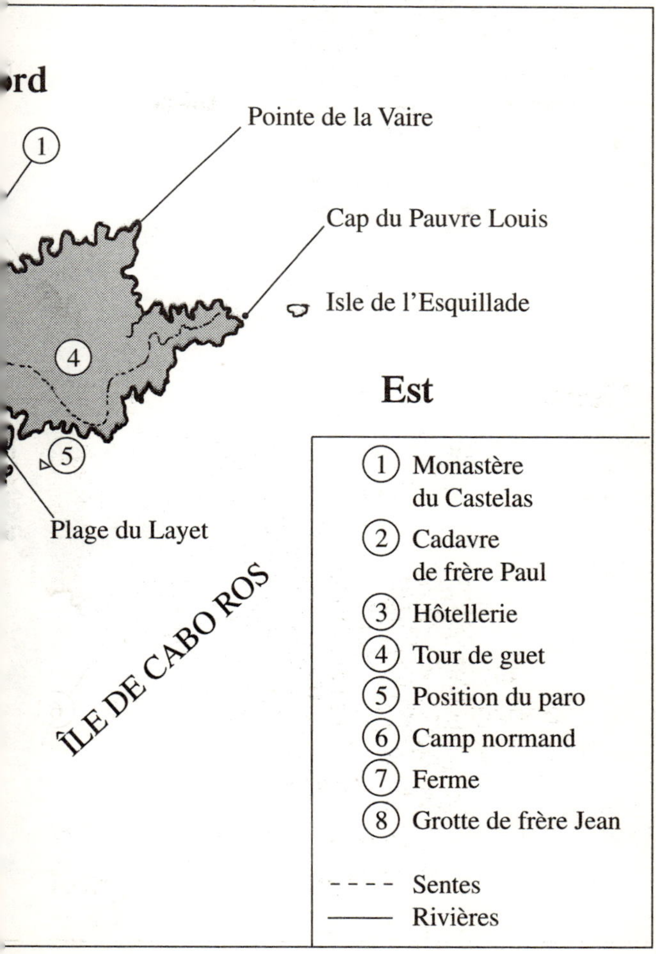
rd
Pointe de la Vaire
Cap du Pauvre Louis
Isle de l'Esquillade
Est
Plage du Layet
ÎLE DE CABO ROS
1 Monastère du Castelas
2 Cadavre de frère Paul
3 Hôtellerie
4 Tour de guet
5 Position du paro
6 Camp normand
7 Ferme
8 Grotte de frère Jean
Sentes
Rivières

Prologue

Certains bateaux comme certains lieux sont à part. On ne peut les regarder sans ressentir un indicible malaise. Ce n'est pas le bois dont ils sont faits, ni leur forme ni leur voilure, c'est quelque chose d'autre, de plus immatériel.

Le paro[1] vert pâle était de ceux-là. Ancien navire d'escorte chargé de protéger les galères marchandes entre Méditerranée et Angleterre, rescapé d'un naufrage dans l'estuaire de la Gironde, il était devenu l'embarcation de pirates, des hommes sans pitié qui écumaient les côtes de l'Atlantique.

La première chose que leur chef, le Diable de la Seudre, avait décidée lorsqu'il s'en empara était de le teindre afin que nul ne le remarque. Coque, voile, cordages, il était d'un vert si délavé qu'il se confondait avec les eaux des marais, des rivières et des fleuves où il s'embusquait pour surprendre ses proies.

Quand on montait à son bord, le malaise se transformait en angoisse. On comprenait que le paro était maudit. Trop de cris d'agonie avaient retenti sur son pont que souillaient encore d'indélébiles traces brunâtres. L'équipage était damné, et le navire comme ses maîtres faisaient route vers l'Enfer.

1. Voir en fin d'ouvrage le glossaire ainsi que des notes sur les personnages historiques et une courte bibliographie.

LE DIABLE AUX TROUSSES

1

Debout sur le château avant du paro, le Diable de la Seudre ne quittait pas des yeux les navires normands qui longeaient les côtes de l'al-Andalus : l'esnèque des guerriers fauves en tête, le knörr loin derrière.

— Maître ?

Le capitaine, un solide gaillard à la peau mate d'origine calabraise, venait de le rejoindre.

— Si le vent continue à souffler comme cela, nous serons bientôt sur le knörr, déclara l'homme avec l'accent chantant de son pays. Il est trop lourdement chargé pour nous distancer. Voulez-vous que nous ralentissions notre marche ?

Le pirate hocha simplement la tête.

— On prend deux ris, les gars ! lança le capitaine.

Les marins se précipitèrent à leurs postes et nouèrent les garcettes, les filins permettant de réduire la toile. Le paro ralentit son allure. Le choc des vagues sur la coque et les cris des oiseaux de mer se firent plus présents.

Une fois le capitaine retourné à son poste, le pirate reprit son observation. Il restait immobile et, malgré les reflets incandescents du soleil, ne cillait pas. Depuis que la chasse avait commencé, il ne dormait plus guère et mangeait fort peu, échafaudant dans sa tête les supplices qu'il allait infliger aux Normands.

— Que faisons-nous, Rohard ? Tu as donné l'ordre de ralentir ?

— Tu le vois bien, répondit l'autre sans regarder celui qui avait pris pied à ses côtés.

Grand et maigre comme le Diable, le crâne rasé, le frère de Rohard n'avait jamais eu son intelligence ni sa férocité. Aîné de neuf garçons, il avait, ainsi que ses autres frères, subi la domination de son cadet tout en l'acceptant difficilement. Aussi, parfois, comme en cet instant, il ne pouvait s'empêcher de se rebeller.

— Pourquoi attendre davantage ? Nous les rattrapions !

Mais comment tenir tête face à celui qui, à dix ans, avait tranché la gorge de leur père ? Un chef-né qui, non content d'exiger l'allégeance de ses frères, s'était pris à rêver de pouvoir et de richesse. Né à Mornac, sur les bords de la Seudre, dans un pays où la seule chose que les gens avaient en partage était une terrible misère, il n'avait eu aucun mal à recruter des hommes. À seize ans, il était le chef incontesté d'une redoutable bande de pillards et de naufrageurs. Les soirs de tempête, ils allumaient des feux pour attirer les bateaux sur les récifs. Ensuite, il n'y avait plus qu'à achever les survivants et à récupérer la marchandise. Pourtant, les tempêtes n'étaient pas si fréquentes, trop de navires réussissaient à leur échapper et la marchandise était souvent difficile à écouler.

Rohard avait donc décidé de devenir pirate et le jour où, dans le port de Bordeaux, il avait repéré le paro escortant un navire marchand, il avait su qu'il avait trouvé son bateau. Restait à se l'approprier.

Les feux trompeurs avaient fait une fois de plus leur ouvrage : la galère s'était fracassée sur les rochers, le paro en avait réchappé de justesse, mais pas ses hommes que les naufrageurs avaient massacrés, n'épargnant que le capitaine et le pilote.

Quelques mois plus tard, le Diable écumait la Gironde. Il avait dix-neuf ans, mais en paraissait dix de plus. Rapidement, il avait poussé ses expéditions tout au long de la côte atlantique, allant même jusqu'à remonter vers l'Angleterre. Les années passant, sa réputation de cruauté avait fait le tour des ports et l'on murmurait son nom avec horreur. Sur la requête de nombreux marchands et armateurs, la reine Aliénor d'Aquitaine elle-même avait envoyé un navire de guerre à sa poursuite, mais le paro vert pâle n'était jamais là où on l'attendait. Les soldats de la reine étaient revenus bredouilles et les pirates avaient continué à rançonner et à tuer.

Cependant, Rohard rêvait d'autre chose, un royaume sur une île lointaine, une couronne, un trésor, un vrai : d'argent et de pierreries…

Moyennant finances, un noble de la cour d'Henri II Plantagenêt lui avait confié ce que peu de barons savaient, même au palais de Caen : un knörr chargé de marchandises et une esnèque royale transportant trois coffres destinés au roi Guillaume Ier de Sicile devaient lever l'ancre de la rade de Barfleur.

Le trésor que Rohard désirait tant était donc à portée de main et il avait décidé de s'en emparer, élaborant pour cela un plan minutieux, allant même jusqu'à placer l'un de ses frères parmi les passagers.

Pourtant, rien ne s'était passé comme il l'avait prévu. L'équipage de l'esnèque était composé de marins, mais aussi d'une élite de combat : les guerriers fauves. Le pilote, un Breton surnommé Pique la Lune, était aussi habile que le sien. Et pour l'heure, non seulement ils n'avaient pas réussi à s'approprier le trésor, mais ils avaient perdu plusieurs des leurs et avaient dû franchir le détroit de Gibraltar à la poursuite de cette proie qui les narguait toujours.

— Finissons-en une fois pour toutes, insista Costans. Envoyons-les par le fond et rentrons chez nous !

Depuis l'attaque de Maillezais, tu sais que nos gars ne demandent que ça.

— Pas maintenant !

Costans, qui ne manquait pas d'une certaine lucidité, avait le sentiment aigu de s'être mis à découvert en franchissant Gibraltar. Il était comme le renard qui sait qu'il ne doit pas s'éloigner de son terrier sous peine d'être tué par les chasseurs. Il insista :

— Nous ne sommes pas chez nous, ici. Cette mer n'est pas la nôtre. Entre les Barbaresques qui risquent de nous attaquer et les tempêtes…

— Aurais-tu peur d'affronter la mer intérieure, mon frère ? Aurais-tu peur de l'inconnu ?

Le Diable s'était tourné vers son aîné. Une trouble lueur dansait dans ses yeux noirs. Raillerie, colère, défi… Costans n'arrivait pas à la déchiffrer. Il protesta :

— Tu sais bien que non ! Mais nous sommes allés trop loin.

— Et quand bien même il n'y aurait pas de retour… Crois-tu donc qu'il me suffise de les voir couler ? Je veux plus, Costans, qu'un simple combat. Dois-je te rappeler pourquoi nous les traquons ?

— Mais… Non, je…

— Tout d'abord, le coupa son frère, l'esnèque, et cela m'a coûté un marka d'argent pour avoir ce renseignement, transporte un trésor, ensuite le knörr est chargé de marchandises et enfin…

La voix du Diable se fit plus forte :

— Enfin, et là, tu as raison, il y a l'attaque manquée de Maillezais, la mort d'un membre de notre fratrie et celle de plusieurs de nos gars !

À ces mots martelés avec rage, Costans baissa la tête. Il ne se souvenait que trop bien de la fureur de Rohard quand le fleuve avait rejeté vers eux le cadavre éventré d'Allard, son frère préféré.

Rohard n'avait jamais eu qu'une faiblesse : le plus joli garçon de leur fratrie, né quelques mois avant lui d'une autre mère, une bergère engrossée par leur ivrogne de père. Un garçon doux comme un agneau, sauf au combat. Et c'était bien là ce qu'ils avaient en commun : le goût du sang. Cela et quelque chose d'autre qui faisait briller leurs yeux et les conduisait à l'écart pour de troublants corps à corps.

Chargé lors de l'attaque de Maillezais de trouver le trésor sur l'esnèque, Allard avait répondu à l'appel de Rohard qui ordonnait la retraite et, plongeant dans la rivière, avait été obligé d'affronter le chef des guerriers fauves, se battant avec férocité jusqu'à ce que ce dernier le fouaille de sa lame et que les entrailles lui sortent du corps… Allard était mort et Rohard avait hurlé comme un damné en voyant ce qui restait de son frère et amant.

Costans avala sa salive.

— Après ce qu'ils ont fait, même la mort est trop tendre pour eux, poursuivait le Diable dont la voix se radoucit de façon inquiétante. Je ne veux pas d'un combat, je veux autre chose. Je veux que leur souffrance soit telle qu'ils nous supplieront de les achever, tu entends ? Ils nous supplieront.

— Oui, Rohard, oui, fit Costans, comprenant qu'il serait dangereux pour lui de continuer à tenir tête à son cadet. C'est toi qui as raison. Pardon.

— Maître !

C'était la voix du pilote, Mario, un Génois qui connaissait aussi bien la Méditerranée que l'Atlantique. Tout comme le capitaine, il était l'un des survivants de l'équipage d'origine et avait choisi de se mettre au service du Diable de la Seudre plutôt que de finir les entrailles retournées par les crocs de métal des naufrageurs.

— Qu'est-ce que tu veux, toi ? gueula Rohard.

— Le temps change, répondit l'Italien en restant à distance respectueuse.

Le Diable fixa la mer et ne remarqua rien, mais il savait depuis longtemps que les pilotes sont des hommes à part, que leur regard est un pressentiment plus qu'une vision. Et Mario était un excellent pilote. Son ton se fit moins rude et il demanda :

— Que proposes-tu ?

— Nous avons juste le temps de remettre toute la voile. Nous approchons d'Al-Meriya. C'est un des rares bastions chrétiens sur cette côte et j'y connais du monde. Nous pourrons faire aiguade et attendre l'accalmie.

— Bien. Mais n'oublie pas qu'il te faudra ensuite retrouver ceux-là.

L'homme avait désigné l'esnèque et le knörr dont les silhouettes s'estompaient dans une brume de chaleur.

— Si ce qui arrive ne les envoie pas par le fond, je vous en fais serment sur la Madone ! dit l'Italien en baisant la médaille qu'il portait au col.

2

Le détroit de Gibraltar était déjà loin et les navires normands filaient vent arrière vers la mer intérieure. À bâbord se dessinaient les longues grèves, les montagnes et les tours de surveillance almohades de l'al-Andalus, à tribord la côte africaine avec au loin les sommets enneigés de l'Atlas. La blancheur des villages accrochés aux rivages contrastait avec le bleu dur du ciel et de la mer.

Ils avaient dépassé la ville d'Al-Meriya et son alcazaba, sa forteresse, quand le temps changea brusquement. Les mouettes s'enfuirent vers le nord. Les dauphins qui les avaient escortés s'enfoncèrent dans les profondeurs. Tancrède remarqua que le paro vert pâle qui les suivait depuis la Normandie avait remis toute sa toile pour gagner l'abri du port chrétien.

Derrière lui retentirent les ordres du capitaine Corato et le tintement aigre de la cloche de bord. La voile avait été affalée, les marins du knörr s'attachaient aux bancs de nage avec des courroies et saisissaient les avirons. Le jeune Normand devait se souvenir longtemps de la rapidité avec laquelle la mer et le ciel se transformèrent. Le vent était tombé, les vagues s'étaient apaisées. Le silence se fit, celui du calme plat et de l'attente. Puis Corato saisit son sifflet pour forcer ses hommes à prendre une cadence rapide. Tancrède tourna ses regards vers la côte africaine et fronça les sourcils devant le spectacle qui s'offrait à lui. Jamais il n'avait vu un ciel comme celui-là. Des nuages rouges avaient obscurci les sommets des montagnes et dévoraient les rivages. En quelques minutes, la côte disparut et ces singulières nuées chevauchèrent les flots, donnant l'impression qu'une muraille se dressait sur la mer.

Partagé entre la curiosité et l'envie de tourner les talons, Tancrède s'agrippa au plat-bord. La muraille venait droit sur eux. Une main se posa sur son épaule et le fit sursauter.

— Ah ! C'est vous ! dit-il en reconnaissant son maître, le visage masqué d'un turban.

— Protégez-vous la bouche et les yeux ! ordonna Hugues en lui tendant un voile. Et filons à l'arrière.

Ils entendaient maintenant les rugissements du vent et aussi quelque chose comme un grésillement. Là-bas devant eux, l'esnèque des guerriers fauves avait disparu. Le nuage projetait vers le ciel un tourbillon compact qui n'était ni de la pluie ni du brouillard. La surface de la mer se striait d'écume aux reflets sanglants et, çà et là, d'étranges bouillonnements l'agitaient. Le jeune homme enroula rapidement le tissu autour de son visage.

— L'enfer ouvre ses portes ! hurla Hugues pour se faire entendre. Venez !

Les membrures du knörr craquaient. Les marins augmentaient la cadence de nage. Trébuchant, se retenant aux cordages, Tancrède et son maître regagnèrent tant bien que mal l'arrière. Les nageurs tiraient sur le bois mort comme si leurs vies en dépendaient. Tancrède hésita à les rejoindre.

— Il n'est plus temps ! s'écria Hugues en le projetant de force devant lui. Il faut vous attacher !

Des vagues déferlaient par-dessus la proue. L'une d'elles frappa Tancrède qui chancela et tomba à genoux sur le tillac. Une seconde le fit rouler jusqu'au platbord. Hugues le rattrapa de justesse par son mantel et l'aida à se relever, puis à s'attacher aux cordages qui couraient le long du château arrière. Luttant contre les bourrasques, l'Oriental s'arrima à ses côtés. Des milliers d'aiguilles transperçaient leurs vêtements et s'enfonçaient dans leur chair. Des nuées de poussière les enveloppaient, obstruant bouches et narines, se glissant sous leurs paupières mi-closes. Leurs oreilles bourdonnaient. Le monde n'était plus qu'un hurlement furieux. Tancrède se recroquevilla, essayant de se protéger.

À l'intérieur du dortoir, des paquetages étaient tombés, les urinoirs s'étaient renversés sur le plancher, le vent faisait claquer la porte et ravageait tout sur son passage. Eleonor de Fierville s'était cramponnée au cadre de bois d'une paillasse. Gautier, son serviteur, gémissait, entortillé dans son hamac. Dreu, le jeune moine, et le géographe Afflavius avaient été projetés au sol et glissaient sur le plancher à chaque mouvement de roulis. Le chat du bord, Grimoire, blotti à côté des mousses Bertil et le Bigorneau, feulait de peur.

Attaché par sa ceinture, Bjorn de Karetot, courbé sur le gouvernail, s'efforçait de maintenir l'étrave droit au vent. Tancrède entendit le hululement lugubre du chien d'Eleonor, puis plus rien. D'un coup, les piqûres cessèrent et le silence revint. Il y eut un choc brusque. Corato avait jeté l'ancre qui se dévida bruyamment avant de crocher le fond. Le navire évita, tournant un moment autour de son attache avant de s'immobiliser.

Toussant et crachant, Tancrède redressa sa haute taille. Ses yeux étaient si irrités, sa vision si trouble que tout d'abord il douta de ce qu'il voyait.

Le navire était rouge. Rouges le pont, les ballots et les tonneaux de marchandises, les silhouettes courbées des rameurs, la voile pliée. Une couche de sable recouvrait toutes choses. La tempête n'était plus sur eux. Elle s'était évanouie avec la rapidité d'un cauchemar qui se dissipe. Le monstre devait maintenant toucher l'Andalousie dont il teignait les rivages de pourpre. Juste au-dessus du navire, une large trouée bleue était apparue dans le ciel. Un soleil éclatant les inonda, faisant briller la mer d'un éclat particulier. La côte africaine se dissimulait toujours, noyée par un épais manteau de brume. Les vagues s'étaient apaisées. On n'entendait plus que le bruit du clapot contre la coque, le souffle léger du vent et le murmure étouffé des voix. Ils étaient comme ces nageurs qui, après avoir franchi une haute vague, en contemplent le dos, à la fois victorieux et épuisés.

Tancrède fit face à Hugues qui avait défait ses liens et secouait ses vêtements.

— Le danger… est passé ? articula-t-il en se frottant les yeux.

— Oui, répondit Hugues avant de partir d'une violente quinte.

Autour d'eux, les marins se levaient enfin, ils se tournaient les uns vers les autres, se tapant sur l'épaule, incapables encore de parler, mais se réjouissant d'avoir échappé à la mort.

Au bout d'un moment, la voix rauque, l'Oriental demanda :

— Rien de cassé ?

— Non, réussit à répondre le jeune homme, qui avait l'impression d'avoir avalé une pleine cruche de sable. Qu'est-ce que c'était ?

— Quelque chose d'inhabituel en cette saison de l'année. Le vent du désert, le simoun. En été, il traverse la mer intérieure et remonte jusqu'en Aquitaine et même au-delà. Nous avons eu la chance de ne pas être près de la côte. Nous aurions été drossés sur les rochers. Allons voir s'il n'y a pas de blessés !

Du dortoir proche sortaient les passagers. Ils étaient méconnaissables tant leurs vêtements et leurs cheveux étaient couverts de poussière. Dreu soutenait Afflavius, qui s'affala par terre en gémissant. Eleonor, escortée de son chien gris aux allures de loup, força son serviteur à s'asseoir, lui parlant comme à un enfant.

— C'est fini, Gautier, c'est fini ! Tout va bien, nous sommes saufs. La mer s'est calmée.

— J'aime pas la mer, ni les bateaux, répétait le vieux qui se balançait d'avant en arrière. J'veux rentrer chez nous, dans notre château de Fierville.

Eleonor se redressa en soupirant, époussetant ses braies et sa chainse de toile, se félicitant une fois de plus d'avoir adopté une tenue cavalière plutôt qu'une longue robe.

— Il n'est plus temps de faire demi-tour, dit-elle.

Le vieux poussa un gémissement à fendre l'âme.

— Tu es blessé, l'ami ? lui demanda Tancrède qui s'était approché.

Une autre plainte retentit, plus sonore encore.

— Ne vous inquiétez pas, Tancrède ! fit la damoiselle de Fierville. Je crois surtout qu'il a eu peur. Je m'en veux tellement de l'avoir entraîné dans cette aventure !

— Je ne pense pas que vous ayez eu le choix, damoiselle, et puis c'était son devoir de vous accompagner, répliqua le Normand qui n'aimait guère ce serviteur dont le seul souci était de se soûler du matin au soir plutôt que de protéger sa jeune et jolie maîtresse.

Eleonor acquiesça, mais Tancrède eut l'impression qu'elle s'adressait à elle-même plutôt qu'à lui.

— Il est vrai que je ne pouvais voyager seule vers la Sicile. Mais pourquoi suis-je partie pour épouser cet inconnu ? Ce sire de Marsico que je vais peut-être détester ? Dans un pays si lointain et si différent de notre duché de Normandie que je n'arrive pas même à me l'imaginer. Non que je regrette. J'ai tant appris sur ce bateau à regarder la mer et tous ces pays traversés !

La jeune femme se reprit, parlant d'une voix plus ferme :

— Mon père ne voulait pas se priver d'un serviteur plus jeune, alors il a désigné Gautier. Mon vieux Gautier qui, quand j'étais enfant, m'apprenait à poser des collets, à attraper les écrevisses et venait me consoler quand je me faisais mal…

— Vous devriez vous inquiéter moins de lui, damoiselle, déclara Hugues de Tarse qui les avait rejoints après avoir examiné les autres passagers. Il a le cuir dur alors que vous avez l'air épuisée.

— Peut-être… Mais non, en fait, messire, je me sens bien, et savez-vous ? Je ne me suis jamais sentie aussi vivante ! Avoir échappé à cette terrible tempête me procure un singulier sentiment d'immortalité.

Un bref instant, alors qu'elle prononçait ces mots, le regard bleu d'Eleonor croisa celui d'Hugues qui resta à la fixer, ouvrit la bouche pour répondre et, se ravisant, s'inclina devant elle.

— À vous revoir, fit-il. Vous venez, Tancrède ?

Eleonor se mordit les lèvres quand l'Oriental se détourna, puis elle haussa les épaules, et se penchant pour caresser son chien, lui murmura à l'oreille :

— Qu'en penses-tu, Tara ? Je ne sais pas m'y prendre avec ce diable d'homme. Il est si… Je ne sais pas. Imprévisible… et fascinant. Tantôt il semble soucieux de mon sort et l'instant d'après, il m'évite et j'ai l'impression de ne pas davantage exister pour lui qu'un hamac ou une cuillère ! Et puis, d'ailleurs, pourquoi existerais-je ?

Une ombre passa dans ses yeux bleus. Elle fixait la silhouette qui s'éloignait, admirant son élégance naturelle. Elle aimait son allure, sa longue cape maintenue par une fibule, ce pantalon flottant qu'il appelait un « saroual », ses bottes de souple cuir jaune, son gilet brodé sur sa chemise à larges manches et la ceinture noire qui serrait sa taille mince. Mais, plus que tout, elle était sensible à ce regard noir, brûlant, qu'il posait parfois sur elle. Elle sentit ses joues s'empourprer. Le chien émit un bref grognement.

— Allez, viens, ordonna-t-elle, revenant à la réalité. Je vais me laver s'il reste un peu d'eau au fond de mon tonneau puis ranger notre cabine. Après tout, peut-être le sire de Tarse a-t-il raison ? Ça n'est qu'un excès de fatigue. Mais il est parfois si brusque…

Elle s'interrompit en voyant les mousses Bertil et le Bigorneau s'écarter pour la laisser passer. Ils vacillaient et avaient l'air hagard de gens qui ne savent plus où ils se trouvent. Un large hématome s'étendait sur l'avant-bras du rouquin. Le visage du Bigorneau était livide.

— Vous êtes blessés ? fit-elle, inquiète.

— Moi, je… J'crois pas, répondit Bertil. On n'a pas bien compris ce qui s'est passé, mais c'était rude !

— C'est vrai, heureusement nous nous en sommes sortis sans trop de dommages, répondit Eleonor en examinant le bleu. Tu n'as rien d'autre ?

— Non, damoiselle. Par contre, le Bigorneau y s'est cogné contre une caisse et sa tête a fait un drôle de bruit. Depuis y cause tout seul encore plus qu'avant.

— Il serait plus prudent que vous alliez voir le sire de Tarse. Il est plus féru en médecine que moi.

Eleonor désigna la mince silhouette à l'avant.

— Il est là-bas.

Bertil jeta un œil vers le visage blafard de son compagnon.

— C'est que le capitaine y va pas être content si y nous trouve à rien faire, mais bon, vous avez raison, damoiselle, il est aussi blanc qu'un ventre de poisson. Tu viens, le Bigorneau ?

Le gamin marmonna une réponse incompréhensible et ils s'éloignèrent l'un derrière l'autre. À les voir ainsi côte à côte, Eleonor songea qu'ils étaient aussi dissemblables que le jour et la nuit. Bertil, âgé d'une dizaine d'années, était aussi trapu que son compagnon, le Bigorneau, était squelettique. La tignasse rousse et le visage plein du premier répondaient aux cheveux rares et à la face prématurément vieillie de l'autre.

3

Tancrède observait la mer. Bien que le simoun se fût éloigné, les côtes de l'Andalousie restaient invisibles et d'épaisses nappes de brume rampaient autour d'eux. Le navire se balançait au milieu d'un halo de lumière, accentuant encore cette singulière opacité.

« Tout est calme et silencieux, songea-t-il, ne pouvant se défendre d'un sentiment grandissant d'angoisse. Et pourtant, j'ai l'impression d'être planté au milieu d'une arène à attendre les lions… »

Il était vrai que le ciel, chargé de teintes cuivrées et de nuées livides, n'avait rien de commun avec ce qu'il avait connu. Même pour lui qui n'était pas marin, les pires tempêtes de la Manche ou de l'Atlantique lui semblaient plus familières que les humeurs violentes ou maussades de la mer intérieure. Depuis qu'ils avaient franchi le détroit de Gibraltar, il avait tout à la fois le sentiment excitant de toucher au but et d'être dans un monde dont il ignorait les lois. Il fouillait en vain le brouillard quand il lui sembla percevoir un lointain écho. C'était un bruit régulier qu'il n'arrivait pas à définir et qui lui fit froncer les sourcils. Il allait chercher Hugues quand la voix de Bertil vint le distraire :

— Messire Tancrède ! appelait le jeune garçon.

— Eh bien, vous voilà en piteux état ! remarqua-t-il. Que voulez-vous ?

— Voir sire Hugues.

— Il est là, dit le jeune Normand en désignant son maître qui se relevait après avoir bandé le poignet d'un rameur.

— Rien de cassé, les garçons ? demanda Hugues.

— Moi non, messire, mais c'est lui, fit Bertil en désignant le Bigorneau, y s'est cogné le crâne. Faudrait que vous regardiez.

Hugues se tourna vers le second mousse. Un filet de sang séchait dans ses cheveux clairsemés.

— Montre-moi ça, le Bigorneau ! ordonna-t-il.

Le gamin réalisa qu'on s'adressait à lui et esquissa un geste de recul.

— Le Bigorneau a rien fait, protesta-t-il, ses yeux affolés roulant dans ses orbites.

— Du calme, je veux juste examiner ta blessure. Tu sais que je suis ton ami.

Comme à chaque fois, la voix douce de l'Oriental produisit son effet sur le garçon qui se laissa ausculter en marmonnant :

— Ça oui, même que des fois, vous me donnez du pain.

Le gamin avait toujours faim et se faisait souvent voler sa nourriture par les marins, qui le prenaient pour leur souffre-douleur.

— Rien de grave, déclara Hugues au bout d'un moment. Le cuir n'est pas trop entaillé, je crois surtout que tu as eu très peur, n'est-ce pas ?

— Pour ça oui ! approuva le gamin.

Un pas retentit derrière eux.

— Tout va bien, messires ? demanda la voix du capitaine Corato.

— Aussi bien que possible, répondit Hugues. Vous n'avez pas d'autres blessés ?

— Non, messire, ni, autant que j'ai pu en juger, de dégâts matériels sérieux. Neptune et la Madone sont avec nous.

Et Corato, comme à son habitude, embrassa les amulettes qu'il portait au cou. Byzantin d'origine, l'homme était bon marin mais de nature inquiète. De plus petite taille que la plupart de ses hommes, il passait son temps à aboyer pour se faire respecter.

— Les mousses, vous rêvez ? reprit-il aussitôt d'un ton sévère. Nettoyez-moi tout ça, et vite !

Les gamins, qui étaient restés plantés près de Tancrède, sursautèrent et filèrent vers le placard où ils rangeaient seaux et balais. Le jeune Normand n'entendait plus le bruit qui l'avait alerté. Au-dessus d'eux, la trouée de ciel bleu allait en s'élargissant. Il se moqua de lui-même et de ses inquiétudes.

— Vous autres, on lève l'ancre, et on remet la toile ! gueula Corato en repartant de sa démarche nerveuse, allant d'un rameur à l'autre, donnant des consignes, vérifiant les cordages qui arrimaient ballots de marchandises et barriques.

Les paumes sur le plat-bord, Hugues avait rejoint Tancrède. Alors qu'ils fixaient sans mot dire la mer devant l'étrave, une ligne sombre perça la brume, disparut, puis se précisa.

— Des rochers… Non… Des falaises ! s'exclama le jeune homme. La côte !

Au même moment retentit le cri de la vigie.

— Terre ! Terre !

— L'al-Andalus ! fit l'Oriental. Je ne vois plus Al-Meriya. Peut-être approchons-nous de Carthagène ? Malheureusement, je connais mieux les côtes de l'Afrique que celles-ci.

Il observa la wirewire, la girouette au sommet du mât.

— Le simoun rentre dans les terres et la brise est pour nous.

— Croyez-vous que l'esnèque s'en soit sortie ? demanda Tancrède.

— Je l'espère, c'est un bon bateau et un excellent équipage. Mais il est possible qu'ils soient encore pris dans la queue de la tempête.

— Et ces nuées qui avancent derrière nous ? Je n'aime pas cette impression d'avoir toujours un voile devant les yeux.

— Elles viennent d'Afrique. Elles aussi vont se dissiper. Regardez, le vent forcit. Il mettra bon ordre dans tout cela.

Le brouhaha à bord du navire marchand s'était intensifié. La voile pourpre se déploya en claquant puis se tendit. Grâce aux efforts des mousses, le pont était quasiment propre. Les marins chantaient la nage.

— L'esnèque devra revenir vers nous à la rame, reprit Hugues. Et j'aimerais autant qu'elle s'y décide assez vite. Ce ne sont pas des eaux où il fait bon perdre son escorte. Ce passage entre l'Afrique et l'al-Andalus est l'un des plus dangereux de notre traversée.

— Nous en avons réchappé.

— Je ne pensais pas au simoun ni même aux tempêtes qui, aussi terribles puissent-ils être dans ces parages…

Au moment où Hugues prononçait ces mots, le bruit régulier se fit à nouveau entendre et, presque aussitôt, retentit l'appel de la vigie.

4

Le simoun avait disparu dans les terres aussi soudainement qu'il était apparu, mais la tempête faisait encore rage et des déferlantes passaient par-dessus la proue. L'esnèque tanguait et roulait, embarquant des paquets de mer que les marins écopaient. La coque était parcourue de grincements, de craquements de toute sorte, rien de dissonant, juste le bruit d'un navire par gros temps. Puis d'un coup, le vent tomba. Ils longeaient des falaises et des grèves de sable fin étincelantes de blancheur.

— Jetez l'ancre flottante ! ordonna Harald, l'homme de gouvernail. Levez rames !

Des marins se précipitèrent, faisant basculer un tronc par-dessus bord. Les pelles se dressèrent. L'esnèque ralentit sa course et s'immobilisa bientôt, bercée par une houle légère.

— Rentrez rames !

Une fois les ordres exécutés, les nageurs se redressèrent, secouant le sable de leurs vêtements, soulagés et stupéfaits d'être encore en vie. Enfin, tout l'équipage, guerriers et gens de mer, poussa un long hurlement, à la fois cri de guerre et de triomphe. Magnus le

Noir, le chef des guerriers fauves, sonna du cor : ils avaient survécu à la tempête et, ce soir, il composerait un chant pour célébrer cette victoire.

Les yeux d'un bleu délavé d'Harald contemplaient la côte toute proche. Originaire de Norvège, il avait longtemps commandé l'*esnecca regis* du roi Henri II Plantagenêt, ce long bateau qui faisait la navette entre Barfleur et Portsmouth, mais c'était la première fois qu'il affrontait la mer intérieure.

Un grand gaillard, sa hache sur l'épaule, le rejoignit bientôt. Aussi large et blond que son compère, norvégien comme lui, Knut était le maître de la hache, le charpentier du bord, mais c'était aussi lui qui veillait au rythme de nage, encourageant souvent les rameurs avec les battements de son tambour de guerre ou le martèlement du plat de sa hache sur un bouclier de métal.

— Voilà quelque chose que ni toi ni moi n'avons jamais rencontré dans nos mers froides ! s'écria-t-il.

— On s'en serait passé, grommela Harald en secouant le sable de ses cheveux. Avons-nous des dégâts, des blessés ?

— Aucun, mais il me reste à inspecter les barriques qui protègent le matériel et les armes. J'ai ordonné aux hommes de nous débarrasser de ce satané sable rouge. Il y en a partout. J'étais venu voir si tu avais besoin d'aide.

— Non, ça ira. Mais puisque tu es là, prends la barre, que je me détache.

Le Norvégien ôta les liens qui l'avaient maintenu à son poste puis saisit à nouveau le *hel*, la barre transversale qui lui permettait de manœuvrer le gouvernail latéral. Ils se taisaient maintenant, perdus dans leurs pensées, regardant sans les voir les hommes balayer le pont et les rameurs reprendre leur place sur les bancs de nage. Ces deux-là avaient tant navigué ensemble que le plus souvent ils se passaient de mots. Pourtant, le silence du stirman intrigua Knut.

— Tu ne sembles pas goûter notre victoire sur la tempête, remarqua-t-il.

— Nous avons perdu le knörr, répondit Harald, un pli soucieux barrant son front.

— Ça fait un moment déjà... L'alcazaba était déjà loin derrière nous qu'ils ne s'y trouvaient pas encore. Le knörr est un bon navire et Corato un excellent marin, mais ils sont trop lourdement chargés.

— Je n'aurais jamais dû laisser se creuser autant de distance entre nous. Va me chercher le pilote. Je veux savoir où nous sommes. Nous allons faire demi-tour.

— Et remonter au vent, répliqua Knut en observant la wirewire dorée qui s'obstinait à désigner la côte de l'al-Andalus. Le voilà qui arrive.

En effet, un Oriental vêtu des traditionnelles braies courtes des marins, la taille serrée d'une ceinture de toile, venait vers eux. Embarqué à La Rochelle, le Breton Pique la Lune étant peu habitué aux eaux de la mer intérieure, Jacques devait les guider jusqu'à Syracuse. Il s'inclina devant le stirman qui lui demanda :

— Sais-tu où nous sommes ?

L'homme n'avait guère eu le temps encore de faire autre chose que de sonder avec Pique la Lune. Il prit un moment, observant la côte pour y chercher ses repères.

— Nous avons laissé derrière nous le « miroir de la mer », énonça-t-il lentement.

— Le miroir de la mer ?

— Al-Meriya, c'est son nom.

— Tu ne m'apprends rien, grommela Harald que les manières du pilote exaspéraient. Avons-nous assez de fond ?

— Oui, oui, répondit l'autre, on a vérifié, la côte est franche.

— Tu ne m'as toujours pas dit où nous sommes...

Sentant l'impatience du Norvégien, Jacques tendit le doigt vers les ruines d'une chapelle puis vers le cap qu'ils avaient doublé et qui leur masquait maintenant la vue de la haute mer.

— Je connais ces ruines, maître, et ces trois rochers plantés sur le rivage comme des veuves qui attendent le retour de leurs maris perdus en mer. Nous sommes entrés dans la baie de Carthagène. Ce cap protège l'anse des vents dominants.

— Et ce port que nous apercevons là-bas ?

— Ce doit être Escombreras. À deux lieues de Carthagène. Quels sont vos ordres, mon maître ?

Harald ne répondit pas. Le chef des guerriers fauves, Magnus, s'avançait vers eux. Vêtu d'une cotte d'épais drap noir, sa hache de guerre en travers du dos, l'homme avait le crâne rasé, le visage couturé de cicatrices et seul le torque d'or qui enserrait son cou le différenciait de ses guerriers. Dans son pays, les lointaines îles Orcades, Magnus était un jarl, une sorte de prince. Déchu de son pouvoir pour des raisons connues de lui seul, il était parti avec ses guerriers pour se mettre au service d'Henri II Plantagenêt. Devenu le chef de sa garde d'élite, il avait été chargé de convoyer de riches présents vers la Sicile et le roi Guillaume. Une façon pour Henri II de resserrer les liens avec ce lointain royaume et le successeur de Roger II de Sicile.

— Il y avait plus de sable que d'eau dans cette tempête-là ! s'exclama Magnus avec un rire sonore.

L'homme semblait d'excellente humeur. Il reprit :

— Je composerai une strophe à notre victoire et toi, Harald, tu y figureras en bonne place, enchaîné au hel malgré la tourmente !

Harald hocha la tête. Les jours de mer passés en compagnie du jarl lui avaient appris à connaître son tempérament ombrageux et il savait que le mieux avec lui était de garder le silence.

— C'était le simoun, remarqua le pilote. Un vent de sable venu des déserts d'Afrique.

— Simoun…

Magnus avait répété ce nom à la sonorité étrange, puis il se tourna à nouveau vers le stirman.

— Tu sais où nous sommes ?

— Oui, d'après Jacques, tout près de Carthagène.

— Nous remettons-nous en route ?

— Oui… Et nous faisons demi-tour.

— Demi-tour !

Le visage du jarl s'était durci. Le Norvégien poursuivit cependant :

— Il faut retrouver le knörr.

Magnus jura en norrois, puis jeta :

— Tu sais bien, Harald, que je te respecte, mais combien de temps allons-nous encore traîner ce bateau aussi rapide qu'un fardier de caillasses ? Et puis le vent est pour nous. Si nous rebroussons chemin, nous devrons remonter à la rame.

— Tant que je commanderai le serpent, nous escorterons le knörr.

Magnus allait répliquer mais Harald poursuivit :

— Ainsi qu'il en a été décidé par notre grand roi Henri.

— Nous en avons déjà maintes fois débattu, Harald, et je continue à penser qu'il y a danger à naviguer avec ce navire marchand. Comment le roi peut-il penser que nous arriverons à protéger efficacement son trésor ? Sans le knörr, nous serions déjà à Syracuse !

Le regard fixé sur la chapelle en ruine, le Norvégien répondit :

— Sans doute le roi pense-t-il avec justesse que vous et vos guerriers êtes assez intrépides pour braver tous les dangers.

— Et toi, malgré ta taille et ton poids, tu as la langue aiguisée ! observa Magnus. Ce n'est pas en louant mes qualités que tu me feras oublier que nous faisons demi-tour.

— Vous savez, ô jarl, que je suis l'homme du roi. Nous ferons vous et moi ainsi qu'il l'a décidé.

Le jarl se détourna en pestant.

Quelques instants plus tard, l'esnèque virait de bord.

5

Le cri de la vigie retentissait encore dans leurs oreilles. À tribord avait jailli de la brume ce que Tancrède prit d'abord pour une île.

— Allez chercher nos sabres et nos arcs ! ordonna Hugues de Tarse à son protégé.

— Nos sabres… Bien, maître.

Le visage du Gréco-Syrien était si grave que Tancrède partit en courant. Quand il revint, l'« île » était plus proche. Sa forme se précisait, mais il fallut à Tancrède encore quelque temps avant de réaliser que ce qu'il prenait pour une terre était en mouvement.

— Cela devait faire un moment qu'elle était derrière nous, cachée par la brume, remarqua calmement Hugues. Elle a dû essuyer la tempête, elle aussi.

Tancrède écarquilla les yeux, doutant de lui-même. Un navire comme jamais il n'en avait vu venait sur eux, une galère sortie tout droit de *La Guerre du Péloponnèse* de Thucydide. Un dromon à la coque haute et longue comme la muraille d'une citadelle, avec deux rangs de rames, des mâts immenses, une proue recouverte de plaques de métal, des châteaux avant et arrière armés de machines de guerre. Hugues avait glissé son arc turquois en bandoulière et son sabre à sa ceinture. Comme dans un rêve, le jeune Normand entendit le cor qui sonnait l'alerte.

LE NAVIRE DE MÉTAL

6

La brume se dissipait, et c'est dans un demi-jour blafard que les gardes jetèrent des seillées d'eau sur les esclaves enchaînés.

Les marins avaient nettoyé le pont, s'activant sous les ordres des officiers à réparer ce qui pouvait l'être et à éliminer la poussière rouge qui s'était glissée partout. On avait jeté les cadavres à la mer et le dromon était reparti. Il fallait deux cents galériens et deux rangs de rames pour mouvoir l'énorme vaisseau quand il ne déployait pas ses voiles carrées.

Le fouet frappait les échines courbées. Au rang supérieur, trois hommes étaient nécessaires pour manier chaque longue rame, le premier tenant la poignée, les deux autres les arceaux de manille qui couraient le long du fût. Les ordres du surveillant rythmaient la nage.

— Passez le banc !

Les galériens, debout sur la planche qui sépare les bancs, montaient sur le banc précédent afin que les pelles mordent dans l'eau avant de se jeter en arrière pour retomber de tout leur poids à leurs places. Au pied des tours de combat allaient et venaient marins et mercenaires. Sur le château central se tenaient les officiers supérieurs et le commandant de bord, le *ra'is*.

Petit et trapu, enveloppé d'une luxueuse cape pourpre insigne de son commandement, le *ra'is* était le fils d'un calife almohade d'Oran. Moitié corsaire moitié pirate, il parcourait la Méditerranée à la recherche de galères marchandes. Pour l'instant, tout dans son attitude montrait sa colère.

Partis d'Oran pour arraisonner un convoi de galées vénitiennes, ils avaient été déroutés par la tempête, avaient failli démâter, perdu des rameurs et des espars et enfin, pour comble, une voie d'eau avait été découverte dans la cale. Le fructueux butin que le commandant imaginait rapporter en triomphe vers leur port d'attache lui passait sous le nez.

Il reposa la question à laquelle aucun de ses officiers n'avait su répondre et cette fois, il s'adressa à l'un d'entre eux, un Franc dont il louait fort cher les services :

— Sommes-nous, oui ou non, obligés de faire escale pour réparer ?

En bon marin, l'homme avait évalué la situation. La tempête les avait sérieusement endommagés, ils avaient perdu des galériens et oui, il était préférable de réparer. Par contre, tout comme les autres officiers, il savait aussi qu'être le porteur d'une nouvelle comme celle-là, c'était risquer de s'attirer le courroux du commandant, ce qu'il ne voulait à aucun prix.

— Je n'aimerais pas tirer de conclusions hâtives devant un seigneur aussi avisé que vous, ô *ra'is*, fit-il en s'inclinant très bas. M'autorisez-vous à questionner le charpentier avant de vous donner mon avis ?

À cette réponse qui n'en était pas une, le visage du commandant se contracta.

— Et vous autres ?

Les officiers almohades baissaient le regard.

— Nous pensons comme vous, ô *ra'is*, répondit le plus âgé d'entre eux.

— Comment sais-tu ce que je pense ?

L'homme faillit protester, mais le regard de son chef l'en dissuada. Il s'inclina très bas et se figea ainsi, le corps cassé en deux, attendant que son maître veuille bien lui dire de se redresser. Ses camarades restaient silencieux, très raides dans leurs costumes de toile noire rehaussés de parements de cuir. Tous portaient l'arc turquois dans le dos et le cimeterre au côté. Tous étaient des fils de tribus, vaillants guerriers plus habitués au combat terrestre que naval.

— Je sais que vous êtes plus à l'aise dans les sables du désert que sur mer, fit soudain le *ra'is* qui lui aussi, parfois, regrettait les combats menés sur le sol d'Afrique, les nuits glacées sous la tente, l'eau saumâtre des foggaras romaines, les ergs de sable doré et le chant des oliviers sauvages. Mais dois-je questionner mes *huddam al-markab*, les esclaves du navire, pour obtenir une réponse ? Appelez le charpentier et le pilote ! Je veux savoir où nous sommes. Et toi, relève-toi !

Le vieil officier obéit. Un soldat partit en courant. Quelques instants plus tard, on entendait des pas pressés et deux marins vêtus du traditionnel costume court se jetèrent aux pieds du *ra'is*. Le charpentier, un homme âgé enrôlé de force sur le navire de combat, gardait la tête basse.

Après un regard à son chef, le Franc s'avança vers lui.

— Regarde-moi, l'homme ! ordonna-t-il. Notre vénéré *ra'is* veut savoir s'il est nécessaire de faire escale pour réparer ou si nous pouvons continuer notre chemin ?

— Je…

Le vieil homme hésita. Être au milieu des soldats le mettait mal à l'aise, il bégaya :

— La… La tempête a endommagé plusieurs espars.

— Ça, nous le savons. Elle a aussi tué des rameurs. Ce n'est pas ma question. Parle-nous de la cale, où en es-tu et que s'est-il passé ?

— Le chariot de l'arbalète que nous transportions vers l'al-Andalus devait être mal arrimé…

L'homme hésita à nouveau, ses paroles accusaient les officiers et les marins qui avaient attaché le matériel dans la cale.

— Va, va, s'impatienta le Franc.

— Il a défoncé la coque sous la ligne de flottaison. J'ai fait colmater la brèche, mais tôt ou tard il faudra se mettre en cale sèche pour réparer. Ensuite, l'arbre arrière a été endommagé. Je dois installer des colliers de serrage pour le consolider avant que nous hissions à nouveau la voile…

L'homme n'avait pas fini sa phrase que retentit la cloche de bord. C'était l'alerte. Le navire venait de sortir de la brume et devant eux était apparue la silhouette trapue du knörr.

Un officier se précipita vers le commandant :

— Un navire normand droit devant, ô *ra'is* ! Un knörr chargé de marchandises.

— Sans escorte ?

— Il est seul, ô *ra'is*… Ou séparé des siens. Ils ont jeté l'ancre.

— Sans doute réparent-ils les dégâts de la tempête, remarqua le Franc.

— Alors qu'on l'arraisonne ! Je veux la marchandise, le vaisseau et des rameurs pour nos bancs !

7

— Un dromon ! s'exclama le géographe, affolé. Les pirates ! Les Barbaresques !

Tancrède ne réagit pas. Il restait planté là, ses armes à la main, à fixer l'énorme galère dont les rames plongeaient avec régularité dans les vagues. La lumière que réfléchissaient les plaques de métal de sa proue le faisait cligner des yeux. Il avait l'impression de rêver et en même temps il entendait les ordres de Corato et voyait des marins sur le pont. Non, tout cela n'était pas un rêve. Le navire de métal allait les rattraper et les arraisonner.

— Que voulez-vous faire de ça ? demanda Afflavius en le saisissant par le bras.

L'homme était livide de peur et suait à grosses gouttes sous son turban. Musulman converti au christianisme, Afflavius était l'un des géographes envoyés de par le monde par le grand Al Idrisi pour en dessiner les contours. C'était un homme d'étude, un tempérament pacifique et peureux, plus à l'aise avec les étoiles qu'avec les hommes.

Tancrède se libéra de son étreinte, mais l'autre insista, les mots s'entrechoquant dans sa bouche :

— Les… Les affronter avec ça ? Vous ne comprenez pas ? Ils doivent être une centaine à bord ou davantage ! Ils viennent de l'arsenal d'Honaïn ou de celui de Bougie. Peut-être même y a-t-il d'autres navires comme celui-là derrière ? Nous sommes perdus. Il faut nous rendre, sans quoi ils vont nous massacrer.

— Ils nous massacreront de toute façon ou nous finirons sur les marchés de l'Ifrīquya, déclara Hugues de Tarse. Là-bas, les rues résonnent des cris des esclaves chrétiens chargés de fers et de carcans.

Un peu en retrait, le jeune moine Dreu se taisait et seuls ses doigts qu'il serrait et desserrait sans en avoir conscience trahissaient son trouble. Eleonor, qui était ressortie du dortoir en entendant sonner l'alerte, restait muette, immobile et pâle à ses côtés.

— Nous allons nous battre ! jeta Tancrède d'une voix qu'il ne reconnut pas.

Et au moment où il prononçait ces mots, il savait qu'il disait vrai, qu'il allait affronter le géant des mers. Il s'étonna de ressentir tant d'exaltation et si peu de peur. Mais n'était-ce pas là ce qu'il était venu chercher ? Ce qu'il appelait depuis des années de tous ses vœux ? Des combats qui le révéleraient à lui-même. Qui feraient enfin de lui l'homme qu'il voulait être. Un bref instant, son regard croisa celui de son maître et il y sentit la même détermination.

— Vous êtes complètement fou ! s'exclama le géographe en se tournant vers l'Oriental. Dites-lui, vous, messire de Tarse, dites-lui…

— Cher Afflavius, l'interrompit Hugues, Tancrède et moi pensons la même chose. Mais pour l'instant, nous devons gagner du temps.

Et sans attendre d'autres protestations, Hugues s'éloigna à la recherche du capitaine. Afflavius resta un moment l'air hébété, puis il s'adressa à Eleonor de Fierville :

— Damoiselle ! Dites-leur, vous, qu'il faut se rendre. Ils vous écouteront ! Si vous saviez ce que ces pirates font aux femmes…

À ces mots, le visage de la jeune femme changea d'expression et son regard, effrayé jusque-là, se durcit. Autant elle avait senti son estomac se nouer devant la vision terrible du navire de métal, autant l'idée de se rendre lui paraissait invraisemblable et honteuse.

— Justement, maître Afflavius, j'ai entendu, moi aussi, les récits auxquels vous faites allusion. Vous oubliez que je suis fille de seigneur. Mieux vaut se battre que de mourir les chaînes aux pieds.

Le géographe blêmit davantage, regarda le moine qui faisait un signe approbateur et marmonna :

— Vous êtes donc tous fous ! Même vous, frère Dreu ! Il faut que je parle au capitaine. Lui, il m'écoutera. Capitaine ! cria-t-il en apercevant Corato en grande discussion avec Hugues. Capitaine !

Il grimpa quatre à quatre l'échelle qui menait au château arrière, s'écriant, la main tendue vers le dromon :

— Des pirates ! Des pir…

— Silence ! le coupa sèchement Corato. Et retournez à votre cabine si vous ne voulez pas que je vous jette au fond de la cale !

Afflavius se figea net, la bouche ouverte, avant d'obtempérer et de redescendre sur le pont.

— Il ne manquerait plus que les passagers s'en mêlent ! grommela le capitaine. Que disions-nous, messire ?

Corato avait une grande estime pour Hugues, appréciant ses conseils et le calme qu'il affichait même dans les circonstances les plus dramatiques. Il le savait homme de guerre, ce que lui n'était pas, et ajouta :

— Que pouvons-nous faire ?

Hugues observa la girouette à la tête du mât : le vent continuait à souffler vers l'al-Andalus.

— Seul face à celui-là, pas grand-chose, je le crains, répondit Hugues, quoique… Pour l'instant, le vent nous est favorable et nous allons essayer de fuir. Cela nous laissera le temps d'organiser notre défense. Vous suivrez au plus près les côtes d'Espagne. Nous sommes lourds, mais eux plus encore. Le knörr est capable de réagir plus vite que ce monstre. Quitte, en dernier recours, à tirer parti de notre faible tirant d'eau et à racler le fond pour leur échapper.

— C'est vrai, je n'y songeais pas. On pourrait même les attirer vers des récifs… Mais je ne connais pas aussi bien la côte qu'un pilote. Vous oubliez que le nôtre est à bord de l'esnèque.

— Je n'oublie rien, capitaine. Envoyez votre sondeur à l'avant. Faites hisser la voile et que vos rameurs doublent la cadence !

Un bref coup d'œil à la silhouette de plus en plus proche du dromon convainquit Corato qu'il fallait faire vite. Il évalua la puissance et l'orientation du vent et appela un de ses marins à qui il transmit ses ordres.

— Levez l'ancre ! Hissez la voile ! hurla le maître d'équipage.

Deux marins remontèrent la lourde chaîne. Des hommes se précipitèrent vers le windas, le treuil. Quelques instants plus tard, la toile pourpre claquait au vent.

— Nous serions plus légers sans toutes ces marchandises, observa Bjorn de Karetot qui jusque-là s'était contenté d'écouter.

— On ne touche pas aux marchandises ! s'écria le capitaine. Pas pour l'instant… À tribord toute, Bjorn !

Le Normand poussa la barre en avant, orientant l'étrave, l'*épée* ainsi qu'on l'appelait, vers la côte. Après avoir faseyé un moment alors qu'ils changeaient de cap, la voile se gonfla à nouveau. Malgré son chargement, le knörr répondait bien. Il siglait maintenant vers la côte.

— Faites effort sur le betas ! gueula le capitaine.

Un marin enfila la longue perche dans la chute gauche de la voile afin de la raidir.

— Pour répondre plus clairement à votre première question, capitaine, reprit Hugues. Je pense que nous devons nous battre, ou tout du moins, tenir bon en espérant qu'Harald et Magnus le Noir viendront à notre aide.

— Ce qui est écrit est écrit ! s'écria le capitaine en haussant les épaules. Que voulez-vous que nous fassions contre un dromon comme celui-là ? Jamais, depuis que je parcours la mer intérieure, je n'en ai croisé un de cette taille. Il est si long et haut qu'on dirait une muraille ! Sans compter le nombre de mercenaires qu'il doit transporter.

— Je n'imaginais pas d'abordage ni de corps à corps, Corato. Il y a d'autres façons de se battre.

— Comment ?

— Puis-je voir l'inventaire de vos marchandises ?

— À quoi pensez-vous donc ?

— M'y autorisez-vous ?

— Euh, oui ! Bien sûr, fit le capitaine en lui tendant le parchemin qu'il gardait serré dans une pochette de cuir à sa ceinture.

— Bjorn connaît l'emplacement de tout ceci ? demanda Hugues en jetant un coup d'œil vers le solide Normand qui manœuvrait le gouvernail.

— Il a fait l'inventaire avec moi.

— Alors j'aurai besoin de lui pour me montrer où sont rangées les marchandises.

— Je vais prendre la barre, messire. De toute façon, s'il y a une personne à bord qui connaît un peu cette côte, c'est moi.

Il s'adressait maintenant au barreur :

— Bjorn, dites au sondeur de se mettre à l'ouvrage. Quant à vous, vous seconderez de votre mieux le sire de Tarse !

Corato se tut. Son front se contracta, ses doigts se mirent à jouer machinalement avec ses médailles : il évaluait les chances de son navire. Hugues sentit qu'il voulait dire autre chose mais qu'il hésitait encore. Enfin, le petit homme se racla la gorge et reprit d'une voix plus ferme :

— La guerre n'est pas mon affaire, vous le savez, messire. Depuis vingt ans que la famille Della Luna me confie ses navires, j'ai prouvé mes qualités de capitaine. Et puis nous autres, Byzantins, avons la mer dans le sang. Mais face à ce dromon… Je sais que vous avez navigué avec Georges d'Antioche, messire, aussi je…

Les mots sortaient difficilement :

— Je vous remets le commandement du knörr jusqu'à ce que nous ayons vaincu les Barbaresques.

Le nom de Georges d'Antioche, l'émir des émirs, l'archonte des archontes, fit remonter bien des souvenirs dans la mémoire d'Hugues. Des images de la puissante flotte sicilienne avec ses centaines d'esnèques parcourant les mers, combattant les pirates, attaquant les ports… Hugues n'avait pas été de toutes les campagnes, loin de là, mais il avait combattu à plusieurs reprises aux côtés de l'amiral de Roger II de Sicile, notamment lors de la prise de l'île de Djerba.

L'expression tendue de Corato le ramena à la réalité. Il songea que c'était sans doute la première fois que le Byzantin se voyait contraint d'abandonner le sort de son bateau à des mains étrangères, aussi il répondit gravement :

— Je suis honoré et j'accepte, capitaine.

— Alors, que les dieux nous aident ! conclut le Byzantin en baisant les médailles qu'il portait au cou.

Lâchant le gouvernail, Bjorn suivit Hugues sur le pont. Le Normand ne parlait pas davantage que quand il errait solitaire sur les grèves de Pirou[1] ou sur la lande de Lessay. Il avait accompli son rêve : quitter le duché de Normandie pour partir sur ces bateaux que, jadis, il voyait passer au large. Et même la perspective d'un combat contre les Barbaresques ne l'aurait pas fait revenir en arrière. Cette vie-là était celle qu'il devait mener, même si parfois le souvenir de son amour perdu revenait le torturer.

8

Non sans difficultés, le charpentier et ses aides étaient en train de fixer les colliers de serrage autour du mât arrière. Le bois étant fendu sur près de deux toises, le vieil homme avait jugé prudent de placer des renforts en plusieurs points ; opération longue et délicate à effectuer, surtout sur un navire en marche.

Un officier se précipita près du *ra'is*.

1. Voir *Le Peuple du vent*, *op.cit.*

— Eh bien, parle ! Que veux-tu ? s'impatienta le capitaine voyant que l'homme n'en finissait plus de le saluer.

— Ô commandant, les Normands ont levé l'ancre et hissé la voile.

— Et c'est pour cela que tu me déranges ! Qu'on augmente la cadence de nage !

L'ordre se répercuta, les fouets sifflaient dans les fosses, laissant leurs sillons sanglants sur les dos des galériens.

Le marin franc, qui observait la scène, s'avança à son tour :

— Sans doute nous faudra-t-il aussi hisser les voiles, ô *ra'is* ?

— Tu ne penses tout de même pas que ces Normands sont capables de distancer un navire comme le nôtre ? Que peuvent-ils contre nous ? Rien n'est plus puissant que notre dromon. Tu le sais ?

Il y avait tant de fierté et d'arrogance dans la voix du commandant que le marin jugea préférable d'acquiescer :

— Oui, Magnifique, bien sûr, notre navire est sans pareil en Méditerranée, répondit-il alors que l'image du combat de David et Goliath s'imposait à lui.

Il se maudit à nouveau d'avoir accepté la bourse d'or proposée par le *ra'is*. Prêt à tout pour quelques pièces de plus, même à se convertir, c'était la première fois qu'il montait à bord d'un bateau de guerre et il s'en mordait les doigts. Depuis qu'ils avaient quitté Oran, le commandant avait déjà fait décapiter un de ses officiers et fouetter un autre. Il fallait néanmoins le prévenir que le knörr pouvait leur échapper. Il reprit, le plus calmement possible :

— Le seul avantage de ces esnèques, Altesse, est que même chargées comme celle-ci, elles sont souples et maniables.

Tout en parlant, le marin recula en s'inclinant à plusieurs reprises :

— Je vais monter dans la mâture voir où en est le travail, ô Magnifique. Si Votre Excellence décidait de donner l'ordre de hisser les voiles…

Mais déjà le *ra'is* n'écoutait plus. Il s'était approché du bastingage et observait le knörr qui s'éloignait vers la côte andalouse. Sa prunelle s'étrécit. Le regret de n'avoir pu attaquer le convoi de galères vénitiennes le tenaillait encore et il était hors de question que cette prise-là lui échappe.

Quand le Franc revint, sa décision était prise.

— Les colliers sont fixés, ô seigneur, fit celui-ci. Dès que nous aurons le signal du charpentier, nous pourrons exécuter vos ordres.

— Donne l'ordre de hisser les voiles.

Là-haut, le charpentier avait fait signe que tout était en place.

— Bien, maître, fit le marin, non sans éprouver un vague remords.

S'il n'avait pas parlé des qualités de l'esnèque, peut-être les Normands auraient-ils eu le temps de gagner l'abri de la côte ? Mais ils étaient en guerre et le Franc était du côté des Barbaresques. Il haussa les épaules et courut donner ses ordres.

9

Hugues replia la liste des marchandises et, essayant d'oublier le tumulte, s'attarda un moment à observer le navire ennemi. Il ne pouvait échouer maintenant alors que Tancrède et lui avaient échappé à tant de dangers et que son protégé n'avait pas encore mis le pied sur sa terre natale.

Sur le pont retentissaient les cris des rameurs et les appels aigus du sifflet du capitaine. Le knörr filait vent arrière vers la côte espagnole, les embruns volant au-dessus de son épée.

Hugues apprécia la manœuvre, Corato était peut-être tatillon et exigeant quant au décompte de ses marchandises, mais c'était un habile marin. Son sabre à la ceinture, Tancrède les avait rejoints.

— Que puis-je faire ? demanda Bjorn.

— Savez-vous de quel armement vous disposez ? Je me souviens qu'au moment de notre escale à La Rochelle, Corato m'avait parlé d'arcs et de flèches et d'une baliste qui jadis se fixait sur le gaillard d'arrière…

— Oui, et nous avons aussi quelques javelots. Pour l'arbalète, je ne sais pas si elle est en état de servir ou non. Tout ça est entreposé dans la cale.

— Tancrède va vous aider à les monter.

Le jeune Normand hocha la tête, il se demanda quelle solution son maître allait trouver alors que lui n'en voyait guère d'autre que la fuite ou un combat perdu d'avance.

— Mais avant, reprit Hugues, voyons où sont l'étoupe et la poix.

Bjorn les entraîna vers le gaillard d'avant.

— L'étoupe, fit-il en désignant deux ballots enveloppés de toile goudronnée. La poix est dans les barriques marquées d'une croix.

Hugues chargeait un des ballots sur son dos quand Dreu vint le rejoindre. Le jeune moine cistercien, si timide et fluet au début de leur périple, s'était enhardi et avait pris du poids. Oubliant le mal de mer qui le taraudait, il s'était amariné et marchait maintenant d'un pas assuré sur le pont, ne dédaignant pas d'aider aux manœuvres quand il le pouvait.

— Je ne vaux rien sur les bancs de nage, dit-il. Mais peut-être puis-je vous aider, sire de Tarse ?

— Volontiers, mon frère. Prenez l'autre et suivez-moi. Nous reviendrons ensuite chercher un tonneau.

Une fois l'étoupe et la poix posées non loin du gaillard arrière, Hugues sortit le long couteau qu'il portait à la taille et le tendit à Dreu.

— Ouvrez ça, mon frère, et sortez-nous de la filasse.

Bertil et le Bigorneau, les mousses, s'étaient approchés :

— On a fini de tout nettoyer et le capitaine nous a ordonné de vous prêter main-forte, messire.

— Il a raison, nous avons besoin de bras.

Bientôt tout l'armement dont disposait le knörr se trouva aligné sur le pont près du dortoir des passagers.

Un cercle se formait autour quand retentit un nouveau cri d'alerte. Les regards se tournèrent dans la direction indiquée par la vigie. Le dromon, qu'ils avaient réussi à distancer pendant un moment, hissait ses larges voiles carrées.

— C'était à prévoir, ils ne nous laisseront pas leur échapper aussi facilement. Le temps presse, déclara Hugues.

Puis il rappela tout le monde à l'ordre :

— Laissez Corato et ses marins à leur ouvrage et écoutez-moi.

Tout en disant ces mots, il soupesait les longs javelots rangés sur le pont et examinait les arcs, des *long bows* gallois et les flèches aux empennages de plumes de cygne.

— Tancrède, vous souvenez-vous des falariques décrites par Tite-Live ?

Une lueur s'alluma dans les yeux du jeune homme.

— Oui, maître.

— Alors, fabriquez-en plusieurs avec l'aide de frère Dreu et des mousses, et faites de même pour les flèches.

Tancrède tira à lui les ballots d'étoupe et, tout en entourant des morceaux de filasse à la base de la pointe d'un javelot, expliqua ce qu'étaient les falariques à ses compagnons. Eleonor et Afflavius les avaient rejoints, proposant leurs services. Voyant que tous s'affairaient, Hugues s'agenouilla pour examiner les morceaux de la baliste. C'était une arbalète géante. Un treuil sur lequel s'enroulait un câble servait à bander l'arc fait de bois, de nerfs et de tendons. Heureusement, l'ensemble, qui craignait fort l'humidité, avait été serré dans des sacs de toile goudronnée. Tout semblait intact. Hugues saisit l'un des carreaux, long comme le bras, et le jugea tout à fait capable d'endommager la coque du dromon. Quant à la portée de l'engin, elle devait approcher les cent toises. Mais arriverait-il à l'installer et à le faire fonctionner ? Il ne restait plus qu'à la monter sur le gaillard arrière pour le savoir.

— Tancrède, Bjorn, frère Dreu, venez m'aider !

Non sans mal, les quatre hommes hissèrent l'engin près du capitaine.

— Il faut l'installer là-dessus, fit Corato en leur désignant une sorte de trépied fixé à même le tillac. Et dire que je projetais de le démonter et de laisser la baliste dans nos entrepôts de Syracuse ! La Madone est avec nous. Mais cette baliste n'a jamais servi, messire. J'ai toujours eu des navires d'escorte et cette précaution voulue par mon armateur, le sire Della Luna, s'est avérée inutile.

Il jeta un bref coup d'œil vers le dromon qui remontait l'écart qu'ils avaient creusé.

— Ils vont nous rattraper, messire.

— Sans doute, sans doute, répondit distraitement Hugues. Il faudrait que vous et vos hommes revêtiez de solides vêtements, gilets de gros drap ou de peau… Quand les Barbaresques auront compris que nous n'allons pas nous rendre, nous risquons de prendre quelques volées de flèches. Et que des marins se tiennent prêts avec des seaux d'eau en cas d'incendie !

À ce mot plus terrible encore en mer que sur terre, Corato se signa et appela son maître de nage pour lui donner ses ordres. Il avait repris de l'assurance et était bien décidé à se battre pour sauver sa cargaison. Il y allait de son honneur vis-à-vis de ses maîtres, les Della Luna. De l'avant lui parvenait le chant du sondeur. Il avait reconnu au loin le cap précédant la baie de Carthagène.

Un long moment plus tard, Hugues, qui s'activait autour de l'arbalète avec Bjorn, hocha la tête d'un air satisfait. L'arme était sur son trépied, tournée vers le large, la corde du treuil en place, soigneusement graissée. L'engin fonctionnait. Hugues se pencha sur le treuil et, bien que la manœuvre fût rude, arriva à bander l'arc.

— Garnissez la tête de la moitié des carreaux d'étoupe ! ordonna-t-il à Bjorn, le front en sueur.

— Nous allons les enflammer ?

— Il nous faudra faire le maximum de dégâts en un minimum de temps, et le feu en mer est le plus difficile à maîtriser. Demandez au cuisinier de nous monter un brasero sur le gaillard arrière et qu'il en prépare un autre sur le pont pour les archers.

Une fois Bjorn parti rejoindre les autres, Hugues se perdit dans la contemplation du dromon. Il n'était pas fait pour passer inaperçu mais plutôt, comme en témoignaient les couleurs vives de sa coque et de ses oriflammes, pour effrayer l'ennemi et le dissuader de se battre. Il apercevait les plaques de métal qui protégeaient l'étrave arrondie. Ces galères, il le savait pour être déjà monté à bord de l'une d'elles, avaient besoin de trois hommes par rame au rang supérieur et d'un seul au rang inférieur. Il estima qu'il devait y avoir à bord entre cent et deux cents marins et mercenaires, sans parler des officiers et du commandant de bord : le *ra'is*. Des hommes habitués à la guerre de course en Méditerranée, habitués à se battre et à ramener butin et esclaves vers les innombrables marchés d'Afrique. Mais ce qui restait le plus impressionnant, c'était la hauteur de ses flancs au-dessus de la forme longue et basse de l'esnèque normande. Les deux navires étaient aussi différents que le jour l'est de la nuit.

Alors qu'il notait cela, le visage du Gréco-Syrien restait impassible. Il attendait l'affrontement et aimait ces moments de calme avant la bataille, ces minutes où l'on envisage avec lucidité ce qui a été et ce qui sera. Où l'on sait que bientôt l'enfer va se déchaîner alors que tout, autour, semble proclamer l'inverse : le mouvement paisible des nuages, la houle régulière, les oiseaux qui se perchent dans la mâture.

Le navire de métal gagnait sur eux. Portés par le vent, les roulements de tambour qui rythmaient sa marche faisaient taire tout autre bruit.

Hugues pouvait maintenant détailler leur armement, d'énormes et complexes balistes à treuil et non des catapultes comme il l'avait cru au début. Il voyait les silhouettes des mercenaires en armes dressés le long du bordage, les vigies dans les hunes. Une intense activité régnait à bord. Gêné par l'ombre des voiles et trop loin encore pour le distinguer, il imaginait le *ra'is* entouré de ses officiers debout sur le château central.

Ce qui l'inquiéta davantage, c'était l'étrange machinerie, une sorte de siphon de métal qui occupait le château avant. Des matelots habillés d'une tunique rouge s'activaient autour de tonneaux. La lueur de braseros illuminait leurs visages. Avaient-ils affaire à un *harrâqua*, un navire à feu grégeois ? Ces hommes-là étaient-ils des *naffatun*, les marins préposés à l'utilisation de la chaux et du naphte ?

Un frisson le parcourut malgré lui. Si c'était le cas, il n'avait guère de chance de s'en sortir.

— J'ai donné ma broigne à Bjorn, nous avons à peu près la même stature, lui et moi, et je vous ai apporté votre cotte de mailles, fit soudain la voix de Tancrède derrière lui.

Le jeune géant blond posa la souple tunique de métal sur le bastingage et se redressa, réajustant l'arc et l'archais qu'il portait en bandoulière. Hugues lui trouva fière allure. Les dangers traversés pendant ces derniers jours de mer et la révélation de ses origines l'avaient transformé. Même si le passé l'obsédait encore, son regard brillait d'une assurance nouvelle. Il vivait au présent, ce qu'il n'avait jamais su faire, étant trop lucide, même enfant, pour jouir de la vie sans se poser de questions.

— Merci, répondit-il. Combien d'hommes avez-vous trouvés pour tirer à l'arc et lancer le javelot ?

— Peu, hélas ! Nous serons cinq en comptant Bjorn, Dreu et moi-même. La plupart des marins ne savent guère manier autre chose que le couteau ou la hache, ce qui ne servira qu'en cas d'abordage. Eleonor m'a proposé son aide, mais je lui ai dit que je préférais qu'elle reste à couvert et qu'elle s'occupe des blessés.

— Telle que nous la connaissons, elle n'a guère dû apprécier votre proposition, remarqua Hugues. Mais vous parliez d'abordage, il nous faudra à tout prix l'éviter. Même en nous battant comme des lions, nous succomberions sous le nombre.

— Quelles sont nos chances ?

— *Si tu ne peux repousser de moi l'instant fatal*, disait le poète Tarafah Ibn al-'Abd[1], *laisse-moi l'affronter avec ce que ma main a pris.* De leur échapper, à peu près nulles. De les endommager, meilleures. Mais gardons cela pour nous, voulez-vous ?

1. Poète préislamique (543-569).

Le jeune homme hocha la tête et s'accouda au bordage. Il devait garder longtemps le souvenir de cet instant, épaule contre épaule avec son maître. L'assurance et le calme d'Hugues l'avaient gagné. Il percevait tout ce qui l'entourait avec acuité : coulées de rouille sur l'étrave, forme et couleur des boucliers ennemis, détails des haubans et de la hune ; il entendait des sons auxquels d'habitude il ne prêtait guère attention : la houle contre la quille, le craquement du plancher sous ses pieds, les grincements des cordages... Enfin, il lui semblait qu'il pourrait garder éternellement en mémoire la couleur du ciel et la forme des nuages.

10

Luttant contre vent dominant et courants, l'esnèque des guerriers fauves doublait enfin le cap qui lui cachait la vue de la haute mer, laissant sur tribord les derniers brisants, quand retentit le cri de la vigie :

— Navires droit devant !

Magnus et Knut se précipitèrent à la proue. Ils reconnaissaient le knörr au loin, mais la masse énorme qui le poursuivait les laissa stupéfaits.

Le pilote s'exclama :

— Un dromon sarrasin ! Des pirates... Par ma barbe, le navire marchand est perdu !

Le Breton Pique la Lune écarquilla les yeux devant cette immense galère dont les centaines de rames se levaient et s'abaissaient avec la même aisance que les ailes d'une raie.

« Jamais un bateau comme celui-là, songea-t-il, n'aurait pu affronter la rigueur des vagues de l'Atlantique, mais sur cette mer couleur de ciel, il est à sa place. »

— Quelle taille peut-il avoir ? Et haut sur l'eau comme les nefs des Génois ! s'exclama le maître de la hache.

Alors que tous semblaient terrassés par la vision du navire de métal, le visage de Magnus le Noir s'éclaira. Une joie sauvage l'emplissait. Le jarl voyait enfin l'occasion d'un combat sans merci, de ces batailles qui vous font entrer dans la légende et dont les guerriers parlent avec envie dans les palais du Nord bien des années après votre mort.

— Il y aura de quoi composer plusieurs chants, murmura-t-il avant de questionner le pilote : Combien se trouve-t-il d'hommes à bord ?

— Une centaine ou plus, répondit Jacques, que la vue du navire barbaresque terrifiait. Difficile de juger à cette distance. Il faut faire demi-tour, mes maîtres. Nous ne pourrons les affronter avec un navire comme le vôtre. Quant au knörr, il est perdu.

— Crois-tu donc que nous ayons besoin de toi pour nous dire quand aller au combat ? répondit sèchement le jarl.

Le maître de la hache approuva :

— Accomplis ton ouvrage, l'homme ! dit-il. Et ne t'avise plus de nous donner des conseils. Nous ne sommes pas faits du même bois.

Le pilote se tut. Le Breton qui se tenait à ses côtés continuait à lancer sa ligne et à chanter le fond. La mer était franche et la profondeur suffisante. De l'arrière leur parvint le son du cor du stirman, Harald donnait le signal de l'attaque. Un regard s'échangea entre Magnus et le maître de la hache puis ce dernier se tourna vers les rameurs :

— Vous avez entendu notre stirman ? gueula-t-il.

Un long cri lui répondit.

— Alors, plus fort, les gars ! Souquez ! Souquez !

L'esnèque prit sa vitesse de combat. Là-bas devant eux, le dromon se rapprochait dangereusement du knörr.

Knut courut rejoindre le stirman à la barre. Sur un ordre de Magnus, les guerriers fauves s'étaient précipités vers les tonneaux de peaux qui protégeaient leur armement. Quelques instants plus tard, casqués, revêtus de broignes de métal, leurs haches dans le dos, des arcs à la main, ils prenaient place de part et d'autre de la proue.

— Tu as vu ce qui nous attend ? demanda Knut.

— Oui, répondit Harald. Non seulement ils doivent avoir trois fois plus d'hommes à bord que nous, mais leur coque est protégée et ils ont des tours de combat…

Un grand rire secoua le charpentier norvégien :

— Tout est bien !

Son ami éclata de rire lui aussi :

— Oui, sonne du cor, que ceux du knörr comprennent que nous passons à l'attaque !

Les deux hommes entendirent, porté par le vent, l'appel de la vigie du navire marchand qui signalait leur approche. Knut sonna du cor à plusieurs reprises, Corato lui répondit. Oubliant la fatigue qui nouait leurs bras, les marins tiraient sur les bois, accélérant encore la cadence. Tout en maintenant le hel, le stirman observait le dromon. Plus ils approchaient, plus il se rendait compte de la hauteur de son plat-bord. Le bordage de l'esnèque arrivait à peine au premier rang de rames. Même si la houle les levait le long de la coque, ils étaient trop bas pour songer à un abordage classique. En revanche, ils conservaient l'avantage de la vitesse et de la maniabilité.

— Que proposez-vous, ô jarl ? fit-il quand Magnus vint à lui.

— J'ai discuté avec le pilote qui connaît un peu ces navires sarrasins. Les plaques de métal ne protègent que la proue et il nous faudra l'aborder par le travers afin d'éviter le tir de leurs catapultes ou l'envoi d'autres projectiles.

— D'autres projectiles ?

— Jacques dit qu'ils ont peut-être le feu grégeois.

Le Norvégien avala sa salive. Même s'il n'avait jamais vu de sa vie le feu grégeois, il en avait entendu parler. Cela faisait partie des légendes de la mer. De ces histoires que les marins se content à mi-voix dans les tavernes ou les bourdeaux, partagés entre bravade et effroi. Ce feu-là produisait des récits terrifiants et grandioses : il s'enflammait au contact de l'air, recouvrait les vagues de hautes flammes, brûlait des escadres entières, ravageait des ports, dévorant tout sans que ni les eaux du ciel ni celles de l'océan n'y puissent rien…

BRANLE-BAS DE COMBAT

11

Les ailes claires des avirons plongeaient avec force dans les vagues. Le rythme obsédant des tambours de guerre résonnait. C'était le branle-bas : le dromon allait rattraper le knörr. Les mercenaires, armés et casqués, avaient pris place le long des bordées, les archers étaient montés au sommet des tours de combat et les servants se dressaient près des balistes.

Le marin franc, qui avait couru pour donner ordre aux *naffatun* de ne pas tirer, observa le navire marchand et remarqua l'arbalète installée près du gouvernail. Il allait retourner en avertir le *ra'is* quand retentit une nouvelle alerte.

— Navire droit devant ! criaient les guetteurs.

L'homme fronça les sourcils. Cette fois, c'était une esnèque de combat qui se dirigeait droit sur eux, arborant un pavillon qu'il reconnut aussitôt pour l'avoir vu flotter aux portes de Caen : celui du roi d'Angleterre. Il s'en voulut de n'avoir pas prévu cette éventualité. Les navires avaient dû être séparés par la tempête mais ils marchaient ensemble. Il aurait été suicidaire pour un marchand de naviguer sans escorte dans ces parages. Il remonta près du *ra'is* et s'inclina devant lui.

— Une esnèque normande aux armes du roi Henri II Plantagenêt nous attaque, mon seigneur.

— On m'a dit que c'était un navire normand, répliqua le commandant. Mais tu dis qu'elle appartient à un roi ?

— Oui, maître. Le roi d'Angleterre, comte d'Anjou, duc de Normandie et d'Aquitaine. Un personnage puissant.

— Puissant, dis-tu ? Qu'est-ce qu'un homme qui se prétend roi et qui n'a qu'un vaisseau pour porter ses couleurs ?

— Il en a d'autres, Votre Excellence, mais sur l'Atlantique et la Manche.

— Chez nous, sur la mer intérieure, il n'est rien. Que veux-tu que ce misérable bateau fasse contre notre dromon ? Ne sommes-nous pas invincibles ? Ne sommes-nous pas suffisamment armés ?

— Oui, ô *ra'is*, mais…

— Mais quoi ? s'énerva le commandant. Ce ne sont pas un navire de combat et un navire marchand qui vont nous défaire ! D'ailleurs, n'oublie pas, ce sont des prises que je tiens à ramener intactes à Oran.

— Bien, maître.

— D'ailleurs, le Franc, à propos de cet homme que tu dis puissant, t'es-tu demandé pourquoi un de ses bateaux en escorte un autre sur notre mer à nous, les Almohades ? As-tu réponse à cela ?

— La seule qui me vienne à l'esprit, mon maître, c'est qu'ils ont à bord quelque marchandise ou passager d'importance…

— Tu n'es point aussi bête que tu en as l'air. Raison de plus pour ne pas endommager ces navires, tu entends ? Je veux ce qu'ils ont de précieux, hommes ou marchandises. Tu peux disposer maintenant, fit le *ra'is* avec un geste impatient de la main.

Au lieu de s'éloigner ainsi qu'on le lui en donnait l'ordre, le Franc reprit :

— Il faut que vous sachiez que le navire marchand a monté une baliste sur le gaillard arrière.

L'entretien n'avait déjà que trop duré pour le commandant. Connu pour ses redoutables accès de colère, il était entouré d'hommes habitués à en déceler l'approche. Poings serrés, veines des tempes qui tressautent, démarche nerveuse étaient autant de signaux de danger dont le Franc ne tint pas compte.

— Il faut nous méfier, mon maître, insista-t-il. Je trouve singulier que cette esnèque passe si vite à l'attaque. Je voulais quand même vous demander l'autorisation de pouvoir utiliser le feu grégeois si les choses tournent mal…

Le *ra'is* fut d'un bond sur lui, le saisissant à la gorge.

— Ne t'ai-je pas dit ce que je voulais ? hurla-t-il en serrant jusqu'à ce que le visage du malheureux vire au bleu.

Enfin, il relâcha son étreinte et le Franc s'effondra sur le plancher en toussant. Sur un geste du *ra'is*, deux mercenaires le relevèrent brutalement. Le marin essaya de se débattre, mais les autres le maintenaient. Il voulut protester, pourtant l'ordre du commandant tomba sans qu'il ait réussi à articuler un mot :

— Jetez-le sur les bancs de nage ! Et qu'il soit fouetté!

12

Tancrède et Bjorn achevaient d'arrimer un brasero à côté de la baliste quand les hurlements de joie des passagers et de l'équipage saluèrent l'apparition de l'esnèque des guerriers fauves. L'ombre du navire barbaresque les rattrapait presque. Ils entendaient tout en même temps les appels des pirates qui leur ordonnaient de se rendre et les tambours qui annonçaient le branle-bas.

Les Sarrasins avaient, eux aussi, repéré le navire normand et s'activaient sur le pont. Le combat était imminent.

Le « serpent » d'Harald filait droit sur eux, planant à la surface des vagues. Debout près de l'étrave, Magnus agitait sa hache en défiant l'ennemi de la voix et du geste. Ses guerriers bandaient leurs arcs.

— Ils attaquent ! s'écria Tancrède que la fougue guerrière du jarl et de ses hommes fascinait.

Il était impatient, lui aussi, et rêvait de faire face à cet adversaire auquel, à son avis, il tournait le dos depuis trop longtemps. Il se remémorait le plan établi par Hugues et ne songeait plus qu'à regagner le pont.

— À vos postes et que Dieu nous garde ! lança l'Oriental.

— Qu'Il soit avec vous, mon maître, fit le jeune homme avant de dégringoler l'échelle, suivi de Bjorn.

Bertil vint prendre place à côté d'Hugues. Le mousse, pâle et silencieux, s'efforçait de garder un visage impassible. Hugues se pencha vers lui :

— Tu as le droit d'avoir peur, Bertil. Même si ce combat n'est pas ton premier.

Au souvenir terrible de sa lutte avec l'assassin de Barfleur, un frisson parcourut l'échine du garçon.

— C'est ma foi vrai, messire, et je préfère être à vos côtés ici et maintenant que c'te nuit-là sur la grève à attendre que la bête me dévore ! J'ai pas vraiment peur d'ailleurs, mais tout de même, j'me demande si nous arriverons à les vaincre… J'pensais pas que ça existait, des navires hauts comme nos falaises.

— Si tu y crois, Bertil, nous y arriverons. Veux-tu que je te répète mes instructions ?

— Non, non, messire. J'prends les carreaux, j'les trempe ou pas dans la poix et j'vous les donne. Et ça, à chaque fois que vous m'en donnez l'ordre. Et j'vous aide à armer l'arbalète.

Hugues réprima un sourire. Il y avait chez ce jeune gars plus de courage et d'assurance que chez bien des hommes.

— Tu as lacé ton gilet de cuir ?

— Oui, messire, répondit Bertil en redressant le torse.

Son angoisse était passée. Il n'avait plus que la fierté d'être là et l'excitation d'un combat où peut-être il aurait à nouveau ce singulier sentiment, comme là-bas sur les grèves du cabo Fisterra, d'appartenir à cette terrible fratrie fondée sur le sang et la mort : celle des hommes.

Corato et Hugues échangèrent un long regard. Tout allait se jouer en quelques secondes.

— Affalez la voile ! jeta Hugues.

Des marins se précipitèrent vers la mâture. Quelques instants plus tard, alors que l'esnèque les croisait, la voile était sur le pont.

— Doublez la cadence ! gueula Corato. Nagez bâbord et tribord !

Ils étaient bord à bord avec le navire d'Harald, juste séparés par la longueur de leurs rames. Les ordres qui résonnaient de part et d'autre étaient les mêmes :

— Souquez ! Souquez !

Puis très vite, se jouant de la houle et du vent contraire, l'esnèque fut derrière eux, filant vers le flanc gauche du dromon.

— Paré à virer ! ordonna l'Oriental à Corato qui poussa le hel vers l'avant pour orienter l'étrave à bâbord, amorçant un lent demi-tour.

L'avant ruisselant d'embruns du dromon passait près d'eux. Le knörr s'écarta de sa route, tiré par l'effort de ses rameurs.

Le premier projectile les surprit tous. Tiré du château central, il passa en vrombissant au-dessus du mât et s'enfonça non loin d'eux dans un jaillissement d'écume. Hugues maudit la lourdeur du knörr. Il savait que les boulets de pierre pouvaient faire des dégâts considérables et là-haut, les servants devaient déjà ajuster leur tir.

— Plus vite, plus vite !

Encouragés par les rugissements du maître de nage, les matelots, le corps en sueur, se courbèrent sur les poignées. Les pelles mordirent l'eau. Le navire marchand achevait son demi-tour quand un second projectile suivit, manquant de peu la poupe. Une haute vague éclaboussa le gaillard arrière. Le knörr pointait maintenant son étrave vers l'ennemi. Sur le pont, Tancrède et ses archers avaient bandé les *long bows*, les grands arcs gallois. Ils allaient enfin passer à l'attaque.

À quelques pas de là dans le dortoir, le vieux Gautier, le serviteur d'Eleonor, s'était caché, s'enfouissant sous un tas de couvertures. Non loin de lui, assis sur le rebord de sa couchette, le géographe se balançait d'avant en arrière. Il avait bien essayé d'aider à la confection des javelots et des flèches incendiaires, mais ses mains tremblaient tellement que Tancrède lui avait suggéré d'aller se reposer. Depuis, il claquait des dents à l'idée d'être fait prisonnier ou torturé et les plaintes du vieux Gautier ne faisaient qu'amplifier sa propre terreur.

Eleonor sortit de sa cabine, refermant la porte au nez de son grand chien qui se mit à gratter furieusement le battant de ses griffes.

— Silence, Tara ! ordonna-t-elle.

Mais l'ordre resta sans effet et elle se détourna. La poitrine protégée d'un épais gilet de cuir, un poignard à la ceinture, un arc et un couire plein de flèches à l'épaule, elle traversa le dortoir d'un pas résolu.

— Non, damoiselle Eleonor. Vous n'allez pas vous… commença le géographe qui se tut aussitôt, sentant l'inutilité de toute remarque.

Il était évident qu'Eleonor avait l'intention de se battre. Un moment leurs regards se croisèrent, puis le géographe baissa les yeux, étouffant un gémissement. La jeune Normande secoua la tête, en proie à un mélange de pitié et d'affection pour cet homme si faible face au danger, mais si généreux de son savoir qu'en une seule nuit, elle s'en souvenait, il lui avait nommé les étoiles qui brillaient au-dessus d'elle, lui expliquant les climats de la terre et la forme du monde… Elle se reprit, le moment n'était plus à la rêverie, des hurlements sur le pont lui rappelaient le combat qu'elle avait décidé de mener. Habile au tir à l'arc, elle craignait moins de se battre que d'attendre que l'ennemi vienne l'arracher au sombre réduit qui lui servait de cabine.

13

L'esnèque longeait le dromon malgré les boulets expédiés par la tour centrale et la tour arrière.

— Souquez ! souquez ! gueulait Knut.

Des boulets frappaient la mer autour d'eux.

— Souquez ! Plus fort ! hurlait le Norvégien en se jetant en arrière sur son banc de nage.

Les rameurs tiraient sur le bois mort avec l'énergie du désespoir. Une seconde volée de boulets rata son but. Harald manœuvrait pour se rapprocher du flanc de la galère. Il espérait se placer si près des longues rames que les servants ne pourraient plus tirer.

— Levez bâbord ! ordonna Knut.

D'un seul mouvement, toutes les rames se dressèrent, scintillantes d'écume. Presque simultanément, un boulet fit éclater le bordage, projetant des éclats de bois sur le pont, puis le silence retomba. Les balistes s'étaient tues. Aussitôt, les flèches des guerriers fauves s'envolèrent, blessant et tuant soldats et officiers ennemis. La réponse du *ra'is* ne se fit pas attendre et une pluie de neige, courtes flèches ornées de plumes de cygne, descendit vers l'esnèque. Les traits des archers sarrasins se plantèrent un peu partout sur le « serpent ».

Un brouhaha de cris de douleur, de chocs, d'ordres et d'appels résonnait sur l'esnèque. Knut s'était précipité, tirant un blessé à l'abri, ordonnant aux hommes de réserve de pousser les cadavres et de prendre leurs places sur les bancs de nage. Les guerriers fauves avaient levé leurs boucliers pour se protéger avant de décocher une nouvelle volée de traits.

— Souquez tribord ! Souquez bâbord et tribord ! ordonna le géant norvégien alors que les Sarrasins ripostaient.

L'esnèque réagit à l'impulsion de ses rameurs et s'écarta avec souplesse du flanc du dromon, s'exposant à nouveau au tir des machines de guerre dont les boulets ouvrirent des cratères de part et d'autre de sa coque. Le jarl avait rejoint Knut et les deux hommes discutaient avec vivacité. Ils allaient bientôt doubler l'arrière du navire ennemi. Enfin, le Norvégien haussa les épaules et, malgré les mouvements de la houle, se leva de son banc et partit en courant vers l'arrière. Une fois près du stirman, il cria pour se faire entendre.

— Notre armement est insuffisant, Harald. Le jarl demande que tu t'approches au plus près de l'ancre.

— Continue.

Tout en écoutant son ami, le stirman restait concentré, éloignant son navire du danger.

— Il a l'intention d'ouvrir une brèche dans la coque du dromon et de passer à bord avec ses guerriers.

Pour le coup, Harald frappa le hel du plat de la main et partit d'un rire sonore.

— Il veut passer à l'abordage ! À dix contre cent ! Notre jarl aura de quoi composer un chant, mais plus aucun d'entre nous ne sera là pour l'entonner !

— Je le sais bien, répondit le maître de la hache.

— Et tu ne vois rien d'autre à faire, ni moi non plus. Alors obéissons.

Knut repartit vers l'étrave. Les guerriers avaient préparé des grappins. Magnus ôta son épée et attacha sa hache dans son dos.

14

Le knörr longeait maintenant le flanc du dromon. La machine de guerre dressée sur la tour de combat avant restait muette et les Sarrasins paraissaient plus préoccupés par les mouvements de l'esnèque que par les leurs.

Hugues avait vu les manœuvres d'Harald et il songea qu'il n'aurait que peu de temps pour agir. Le Barbaresque continuait sur sa lancée, les deux navires normands se trouveraient bientôt derrière lui et tous devraient faire demi-tour pour s'affronter à nouveau comme dans quelque gigantesque tournoi. Par contre, eux reviendraient avec le vent de sud-ouest, ce qui ne serait pas le cas du lourd bateau sarrasin.

— Nous ne tirons pas, messire ? demanda fébrilement le mousse que la vision et le vrombissement sonore des boulets avaient terrifié.

— Pas encore, petit. Pas encore.

Hugues observait les voiles carrées et le château central où s'agitait le *ra'is*, le commandant du dromon, reconnaissable à ses somptueux vêtements pourpres.

Les flèches des guerriers fauves avaient atteint leurs cibles et des marins évacuaient des blessés sur leur dos.

— Plus près, plus près, demanda-t-il à Corato.

— Levez bâbord ! hurla le Byzantin.

L'ordre se répercuta et, d'un seul geste, les marins soulevèrent les pelles.

— Bertil, un carreau enflammé !

Le gamin se précipita. Hugues déclencha l'arbalète et le trait, passant par-dessus le dromon, alla s'abîmer dans la mer où il grésilla et disparut.

— Trop court.

Hugues avait déjà rechargé, aidé par le mousse. Le nouveau tir frappa le mât arrière. Un second suivit très vite, se plantant tout près du premier, des langues de feu enflammèrent les cordages. Aussitôt fusèrent les ordres des officiers sarrasins, des marins se lancèrent dans la mâture. Sur le pont, Tancrède avait, lui aussi, ordonné à ses hommes de décocher. Des traits de feu s'envolèrent.

Le plan d'Hugues était à la fois simple et désespéré. Les ponts et les mâts enduits de goudron et de poix, les voiles, le bois de la coque, sans parler des tonneaux de soufre ou de naphte, ne demandaient qu'à s'embraser. Leur seule chance, avec le peu d'armement qu'ils possédaient, était d'enflammer les voiles et surtout celle du mât situé près de la poupe. Étant donné la direction du vent, cela gênerait à la fois l'efficacité du tir de la tour centrale et les manœuvres du gouvernail sur le château arrière. Et si le feu prenait à l'ensemble… il n'y aurait plus de salut pour les pirates.

— Ils vont tirer ! hurla Corato en voyant les mercenaires aux torses bardés de cuir et de métal accourir vers le bordage au-dessus d'eux et, sur l'ordre des officiers, bander leurs arcs.

Le capitaine n'avait pas fini sa phrase qu'une volée de flèches arrosa le pont. Hugues se précipita vers Bertil qu'il projeta au sol. Le sifflement se tut. Le répit serait de courte durée, les arcs se relevaient déjà. Bjorn et Tancrède avaient riposté, envoyant les premières falariques. Les longs javelots s'étaient plantés dans les montants de la tour de combat et dans les bordages, enflammant la résine et le goudron qui les recouvraient. Une seconde volée de traits fila vers le knörr.

À plat ventre, les mains sur la tête, Bertil entendait les chocs sourds des impacts autour de lui. Il se hissa en s'agrippant à la rambarde, contemplant d'un air effaré le pont en contrebas où des rameurs gisaient en travers de leurs bancs, le corps transpercé de flèches. Les arcs ennemis se levaient à nouveau. Le maître de nage hurlait ses ordres. Des matelots se précipitaient pour tirer leurs compagnons vers le dortoir. Les traits se plantèrent autour d'eux. Sur le pont, Tancrède et ses hommes changeaient de place, ajustant leurs tirs, sautant par-dessus les corps, s'abritant et se redressant pour décocher à nouveau.

— Nous devons nous éloigner ! s'écria Corato, brisant d'un geste rageur le bois de la flèche qui s'était plantée dans le hel.

Sur le dromon, les mercenaires avaient réussi à éteindre le feu de la tour de combat.

— Non, pas encore ! cria Hugues. Bertil, un carreau enflammé !

— Sciez à casser l'erre ! ordonna Corato.

L'ordre se répercuta, les marins avaient immergé les pales de façon à freiner la marche du knörr. La peur au ventre, le gamin se concentra sur les gestes que lui avait appris l'Oriental. Les carreaux lui paraissaient plus lourds, l'angoisse ralentissait ses mouvements et faisait trembler ses mains. Le projectile fila vers la voile arrière où, déjà, les flèches de Tancrède et de ses archers avaient fait des ravages.

Un nouveau jet de neige plana vers eux.

— On s'éloigne ! ordonna Hugues.

— Déhalez ! gueula Corato.

— Nagez partout ! hurla le maître de nage. Souquez, les gars, souquez !

Les hommes valides se courbèrent sur leurs rames, le knörr réagit, s'écartant du flanc du dromon. Les flèches tombèrent à la mer ou se plantèrent dans le bordage. Le garçon poussa un cri de joie.

— Un carreau enflammé, vite ! ordonna Hugues.

Oubliant sa peur, l'enfant plongea le trait qu'il avait préparé dans la poix puis dans le brasero, faisant s'enflammer l'étoupe. Quelques secondes plus tard, le projectile allait se planter dans le mât, ravivant l'incendie que les pirates essayaient d'éteindre.

— Messire, regardez ! cria Corato.

Ils longeaient la poupe où les machines de guerre s'étaient tues. Une agitation indescriptible régnait sur le pont. Dans la mâture grimpaient d'autres matelots, leurs couteaux entre les dents. Le tissu goudronné avait pris feu et les flammes le dévoraient à une vitesse effarante.

Ils passaient à côté de l'ancre du dromon quand le mousse étouffa un cri. Debout sur la patte de l'ancre, une silhouette se tenait en équilibre.

— Messire, messire ! cria Bertil en attirant l'attention d'Hugues et de Corato vers le dromon. Le jarl ! C'est le jarl. Regardez ! C'est pas un homme, ajouta-t-il, fasciné et effrayé à la fois : c'est un diable !

Levant sa hache, l'Orcadien frappait le flanc du navire à coups redoublés.

— Il veut ouvrir une brèche dans la coque, murmura Hugues en secouant la tête.

— Un archer, messire, un archer l'a vu ! s'écria l'enfant.

Alors qu'à bord du dromon nul jusqu'à présent ne semblait s'être aperçu de sa présence, un archer isolé se penchait par-dessus bord et visait le jarl.

Hugues allait saisir son arc quand un trait, partant de derrière lui, siffla près de son oreille. Là-bas, le pirate, la gorge percée de part en part, bascula dans la mer. L'Oriental se retourna et se retrouva face à Eleonor.

— C'est vous… Que faites-vous ? Retournez à l'abri dans votre cabine ! Vite !

La jeune fille avait à nouveau levé son arc, et quelques secondes plus tard, malgré la distance qui se creusait entre les navires, un autre Sarrasin s'effondrait, puis un autre encore.

La chaleur de l'incendie était telle qu'à bord du dromon les mercenaires avaient reflué vers l'avant malgré les ordres de leurs officiers. Le château central était devenu inutilisable. Des servants armaient à nouveau la baliste arrière. Un boulet passa en sifflant audessus du knörr. Eleonor se jeta à genoux puis se redressa, bandant à nouveau son arc avant de l'abaisser. Elle était trop loin.

— Vous avez besoin d'un tireur sur le gaillard arrière, messire.

À la grande surprise de la jeune femme qui s'attendait à quelque réprimande, Hugues demanda :

— Quelle est votre portée ? Cinquante toises ?

— À peu près. Vous avez plus besoin de moi ici que cachée sous mes couvertures !

La repartie amena un sourire sur le visage fatigué de l'Oriental :

— Je vous imagine mal ainsi.

— Quand nous reviendrons, nous aurons le vent pour nous, le commandant du dromon sera ma cible.

— Si vous tirez sur lui, ses archers ne vous laisseront pas une seconde chance.

— Alors ma première flèche sera la bonne.

UNE MER DE FEU

15

Le *ra'is* chassé par le feu avait gagné l'avant du dromon. Il faisait les cent pas, s'arrêtant de temps à autre pour observer le pont, les fosses, la mâture où grimpaient les marins. Malgré son tempérament sanguin, c'était un homme lucide et un guerrier. Pour l'instant, il voyait non seulement, et cela le mettait dans une rage noire, ses projets de prises s'évanouir, mais aussi la possibilité de perdre son navire.

Le feu sur le château central était éteint, mais celui-ci, trop proche des flammes, restait inutilisable. Seules les machines avant et arrière pouvaient tirer. Si ses hommes n'arrivaient pas à détacher la voile en feu… Et puis ce mât était celui qui était endommagé… S'il tombait… Alors qu'il fixait l'incendie, il vit un homme se jeter dans le vide pour échapper aux flammes. Son corps explosa comme une outre sur le pont, éclaboussant les soldats de son sang et de ses viscères.

— Votre Altesse…

— Envoyez davantage d'hommes là-haut ! Nettoyez les dégâts dans la fosse et jetez les cadavres par-dessus bord !

— Bien, Votre Excellence.

Le commandant continua à faire les cent pas, puis s'arrêta net, sa décision prise. Aucun de ses officiers n'était assez bon marin pour le sortir de là. Seul l'homme qu'il avait fait fouetter pouvait le seconder.

— Allez me chercher le Franc ! ordonna-t-il.

Désemparé, l'officier regarda dans la fosse dont les soldats dégageaient les bancs.

— Peut-être est-il mort, Votre Excellence...

— Crois-tu que je l'ignore ?

— Non, ô *ra'is*.

— Alors, trouve-le et ramène-le-moi ! S'il est mort, je veux voir son cadavre à mes pieds... Mais il vaudrait mieux pour toi qu'il soit vivant.

Quelques instants plus tard, des mercenaires revenaient, soutenant le marin franc. Ses vêtements ensanglantés et l'état de son dos montraient assez que les ordres du commandant avaient été exécutés avec énergie.

— Tenez-le ! ordonna le *ra'is* en voyant l'homme prêt à tomber.

Les soldats prirent l'homme sous les aisselles et le commandant s'approcha, lui maintenant le menton afin qu'il voie les dégâts sur le pont.

— Regarde ce qu'ont fait tes amis les Normands ! s'écria-t-il. Notre vaisseau est presque coupé en deux par le feu. Si tu ne veux pas finir écorché vivant, sors-nous de là.

L'homme essaya de rassembler ses esprits. Il souffrait atrocement de ses blessures et ne sentait plus ses muscles tant il avait tiré sur la poignée de l'aviron.

— Il faut envoyer d'autres hommes couper la voile et jeter à la mer tout ce qui brûle, articula-t-il avec difficulté.

— Tu me parles de sauver le navire, je te parle d'attaquer.

— Pour attaquer, il faut se débarrasser de cette voile, souffla l'autre. Il faut qu'elle tombe à la mer avant que nous fassions demi-tour ou, à cause des vents, c'est le navire entier qui prendra feu.

Le *ra'is* hocha la tête, puis lança ses ordres. Des officiers partirent en courant. Là-haut, les marins s'attaquaient aux derniers cordages.

— Il faut la guider vers l'eau, reprit le Franc. Dès qu'elle sera tombée, ordonnez de faire demi-tour et que les *naffatun* se tiennent prêts à tirer. Les Normands ne vont pas abandonner, ils reviendront très vite vers nous. Il faut aussi armer la baliste arrière et que les archers se tiennent prêts.

— Vous avez entendu ? s'écria le commandant en s'adressant à ses autres officiers. Allez, vous autres ! Et vite !

Les officiers se dispersèrent et le *ra'is* resta seul avec le blessé. Il fit signe aux soldats de l'asseoir dans son fauteuil pliant et de les laisser. Les deux hommes se retrouvèrent seuls. Le blessé, livide, retenait des gémissements de douleur et, pendant un bref instant, le commandant songea qu'il aurait mieux fait d'écouter celui-là plutôt que tous ceux qui le courtisaient et qui n'étaient pas des hommes de mer.

— Avons-nous une chance de gagner ? finit-il par questionner.

— De gagner, souffla le Franc, je ne sais pas. De les entraîner en enfer avec nous, sans doute.

L'Almohade hocha à nouveau la tête. Il était arrivé à la même conclusion et un grand calme se fit en lui. Il se battrait jusqu'au bout et il n'y aurait pas de survivants. Ils finiraient tous par le fond et jamais personne ne saurait ce qu'il était advenu des navires normands ni de ce dromon parti en grande pompe du port d'Oran. Là-bas, les femmes le pleureraient, son père affréterait une nouvelle galère, ses frères le remplaceraient. Peut-être, à l'égal des Muhammad b. Maymun, l'un d'entre eux deviendrait-il le souverain sur mer qu'il avait rêvé d'être ?

Tout était dit.

16

Enfin hors de portée de tir, le knörr amorça son demi-tour. Tancrède grimpa l'échelle quatre à quatre et sa voix était joyeuse quand il s'écria :

— Nous les avons eus... et vous êtes vivante ! acheva-t-il en baisant la main d'Eleonor. Je vous ai vue tirer et j'ai regretté de ne pas vous avoir gardée avec nous.

— Heureusement pour moi, messire de Tarse n'était pas de votre avis, Tancrède. Je serais morte de peur si j'avais dû rester enfermée dans ma cabine. Oh ! Regardez !

Là-bas, sur le dromon, les marins essayaient de faire tomber le tissu en feu, mais l'homme de gouvernail avait viré de bord trop tôt et le vent avivait l'incendie.

— Ne chantons pas victoire si tôt, répliqua Hugues avec humeur. Pythagore disait qu'*il ne faut pas tisonner le feu avec un couteau*. Ils n'ont pas encore utilisé toutes leurs armes et celle qui leur reste est la plus redoutable. Tout dépend maintenant de la fureur de leur *ra'is*. Soit il voudra sauver son bateau et il abandonnera la bataille, soit il voudra nous couler... quitte à finir avec nous.

Le visage de Tancrède se rembrunit, tout comme celui d'Eleonor. L'un et l'autre s'en voulaient d'avoir oublié la machine fixée à la proue de la galère ennemie.

— Vous pensez au feu grégeois, murmura le jeune homme.

— Oui. Combien vous reste-t-il de projectiles ?

— Plus grand-chose, mon maître : trois javelots et une quarantaine de flèches. Et nous ne sommes plus que trois. Frère Dreu a été blessé, mais il peut continuer à tirer. Les deux autres sont morts.

— Bjorn ?

— Je le savais vaillant et fier compagnon, mais en plus, c'est un excellent archer.

— Cela ne m'étonne pas, vous oubliez que, dans son jeune âge, il a eu l'éducation d'un seigneur normand.

— C'est vrai.

Le jeune Tancrède regarda autour de lui :

— Qu'a donc fait l'esnèque ? Je l'ai perdue de vue pendant le combat.

— Je crois qu'ils se sont rendu compte qu'ils ne vaincraient pas le dromon en l'attaquant de front. Ils ont déposé le jarl sur l'ancre et…

L'Oriental s'interrompit, la lourde silhouette du dromon avait achevé son demi-tour et revenait vers eux.

— Retournez à votre poste. Le combat va reprendre.

Tancrède dégringola l'échelle en appelant Bjorn et le moine. Malgré l'incendie que le vent de face avivait et qui se propageait vers l'arrière, le bateau de métal se dirigeait droit sur eux. Visiblement le *ra'is* avait choisi le duel à mort.

— Ils tirent ! s'écria Bertil en se jetant sur le plancher.

Un boulet s'enfonça devant l'étrave et les embruns recouvrirent les rameurs.

— Nagez tribord ! ordonna Corato.

D'un seul mouvement, les pelles mordirent les vagues. L'équipe gauche resta immobile, les rames levées au-dessus de l'eau.

— Nagez tribord et bâbord !

Les deux équipes repartirent ensemble et le second projectile s'enfonça à l'emplacement qu'ils venaient de quitter.

— Ils règlent leur tir en attendant d'envoyer les pots à feu, remarqua Hugues. Tant qu'ils ne les utilisent pas, nous avons une chance de nous en sortir.

Tout en baisant la médaille de la Vierge qu'il portait au cou, Corato le prit à témoin :

— Par la Madone et les dieux qui nous voient, messire, tout ça n'est qu'une danse de mort et je ne suis qu'un pauvre marchand.

— ... qui a plus de vaillance que bien des hommes de sang ! l'encouragea Hugues en armant sa baliste.

Derrière lui, Eleonor se tenait très droite, une flèche dans l'encoche de son arc.

Là-bas sur le dromon, les officiers avaient à nouveau réglé leur tir. Quand Corato le comprit, il était trop tard pour éloigner le lourd navire marchand.

Le boulet heurta le mât dont l'extrémité se brisa net et dégringola sur le pont avec la hune. En quelques secondes, le pont ne fut plus qu'un enchevêtrement d'espars, de cordages, d'avirons brisés et d'hommes hébétés au milieu des cadavres de leurs compagnons.

— Allongez ! Allongez ! cria Hugues pour encourager les rameurs restés sur leurs bancs.

Le maître de nage répéta l'ordre, les survivants appuyèrent sur les poignées, Corato reprit la barre d'une main ferme et le knörr réussit à éviter un nouveau tir.

Le silence retomba, entrecoupé de cris de douleur. Là-bas, les machines de guerre s'étaient tues. Les *naffatun* s'agitaient autour des braseros.

— Nous avons encore un peu de temps avant qu'ils ne lâchent les flammes de l'enfer sur nous, déclara gravement Hugues.

Corato se signa.

— On est perdus.

— Pas encore, Corato, pas encore. *Dum spiro, spero.* Tant que je respire, j'espère.

Eleonor, qui s'était jetée au sol en protégeant Bertil de son corps, se redressa en vacillant, une longue balafre sanglante en travers du front.

— Ça va ? demanda Hugues en l'aidant à se relever. Laissez-moi regarder.

Et sans attendre de réponse, l'Oriental dégagea les cheveux collés sur la plaie.

— Ce n'est rien, protesta la jeune fille, essuyant le sang d'un revers de main.

— Restez tranquille ! ordonna Hugues.

Eleonor se raidit, à la fois gênée qu'Hugues prenne le temps de s'occuper d'elle et troublée par la douceur de ses gestes. Bertil les contemplait d'un air absent. Ses oreilles résonnaient encore du sifflement du boulet et du fracas du mât qui se brisait. La peur lui tordait les entrailles, lui donnant une violente envie de vomir.

— Tu es blafard, remarqua Eleonor en prenant conscience de la fixité de son regard.

Incapable de parler, le gamin se contenta de hocher la tête.

— Vous avez eu de la chance, fit Hugues en s'écartant. L'entaille est longue mais peu profonde. Je vous fabriquerai un emplâtre dès que nous serons sortis d'affaire.

— Voilà une pensée réconfortante, murmura Eleonor. C'est donc que vous croyez qu'il y aura un après !

Elle se pencha par-dessus la rambarde et blêmit :

— Vous parliez d'enfer, on dirait qu'il s'est déjà déchaîné sur notre pauvre navire. Quel massacre ! Où est Tancrède ?

Les hurlements s'étaient tus, faisant place à des plaintes et à des gémissements. À l'énoncé du nom de son protégé, les mains de l'Oriental se crispèrent, mais il entendit sa voix qui appelait Bjorn.

— Aidez-moi ! hurlait Tancrède. Je n'arrive pas à le dégager.

Bjorn de Karetot se précipita vers lui, enjambant les décombres. Un des rameurs gisait sous la tête du mât. Livide, il râlait et ses jambes faisaient un angle impossible avec son torse.

— Je vais le prendre sous les aisselles et, à mon signal, vous soulèverez.

Bjorn acquiesça d'un signe de tête et se pencha pour saisir l'énorme morceau de chêne.

— Prêt ! jeta-t-il.

— On y va !

D'un coup de reins, Bjorn redressa la hune de quelques centimètres alors que Tancrède tirait le blessé. Sous l'effort, le jeune homme tomba en arrière, entraînant le marin avec lui. Il allait se redresser quand la tête de l'autre roula au creux de son épaule. Incrédule, Tancrède le secoua. L'homme poussa un faible soupir. Ses yeux se révulsèrent, il était mort.

Le Normand resta un moment immobile, incapable de faire autre chose que de serrer le cadavre comme s'il pouvait encore lui donner de sa chaleur. Son ardeur guerrière s'était envolée. Il entendait les cris de souffrance, les lamentations, et avait envie de hurler de rage et d'impuissance. Pour la première fois de sa vie, il comprenait que son sentiment d'immortalité n'était qu'un leurre, que lui aussi aurait pu être là, mutilé ou mort.

— Il était trop tard pour celui-là, fit Bjorn qui s'était approché. Il avait les deux jambes brisées, la douleur a eu raison de lui. Venez, messire. On a besoin de nous. Il faut libérer le pont avant que le dromon ne repasse à l'attaque.

Incapable de répondre tant sa gorge était nouée, Tancrède regarda autour de lui : des éclats de pierre et de bois parsemaient le pont, frère Dreu entourait d'un morceau de sa robe le bras sanguinolent du maître de nage qui continuait à crier ses ordres. Les blessés étaient nombreux, mais la plupart d'entre eux étaient restés à leurs postes. Le Normand desserra son étreinte et se mit debout, allongeant le cadavre le long du platbord et le recouvrant de sa cape.

— Écartons-nous davantage, messire, supplia le capitaine, mon pauvre navire n'est déjà plus que l'ombre de lui-même.

— Laissez-moi le temps de réarmer l'arbalète, répondit froidement l'Oriental. Et manœuvrez pour gagner le flanc tribord. On va rejoindre l'esnèque. Reprenez votre place, Eleonor !

La jeune femme se baissa pour ramasser son arc, rajusta la bandoulière de son couire et saisit une flèche qu'elle glissa dans son encoche.

— Toi aussi, Bertil.

Le visage blême, le cœur soulevé par une violente nausée, l'enfant se força à obéir.

Corato, priant qu'aucun boulet ne les frappe, appuya sur la barre. Le knörr, après avoir décrit un large cercle, revint vers la galère ennemie.

— La Madone m'a entendu ! s'écria soudain le capitaine byzantin. Nous avons un moment de répit. Regardez !

Sur le dromon, les machines de guerre demeuraient muettes. La voile coupée de ses attaches était restée accrochée au bordage et le feu, après s'être propagé le long du mât, courait sur les cordages. Les marins essayaient d'affaler la seconde voile où déjà dansaient des flammèches. Le gouvernail était encerclé par l'incendie et les cris d'agonie des hommes de barre leur parvenaient. Seuls se trouvaient encore intacts le château avant et la proue où se dressait la silhouette du *ra'is*.

— Ils vont se transformer en brûlot, prédit Hugues de Tarse.

17

Toujours debout sur le bras de l'ancre, Magnus le Noir frappait la coque. La brèche qu'il y avait percée n'était pas encore suffisante pour un homme de sa corpulence, mais il s'était aperçu qu'elle ouvrait sur un réduit empli de cordages et de toiles goudronnées. Le bras endolori, il s'arrêta un moment pour souffler et regarda derrière lui. L'esnèque se rapprochait.

« Bientôt, songea-t-il, mes guerriers pourront me rejoindre et nous écrirons un nouveau chant. »

Une terrible odeur de brûlé descendait jusqu'à lui, cependant il ne pouvait voir ce qui se passait sur le pont et il se remit à frapper avec fureur.

Au-dessus de lui, une barre de feu s'était levée, empêchant toute retraite des hommes du gaillard d'arrière vers l'avant. Les rames s'abîmaient dans la mer avec des espars en flammes.

Les galériens, enchaînés à leurs bancs, incapables de se libérer, brûlaient dans les fosses en hurlant. Les gardes essayaient de fuir vers le pont et se heurtaient aux mercenaires qui pensaient trouver un abri dans les cales. Des hommes tombaient à terre, piétinés, d'autres se faisaient transpercer de part en part par les épées des soldats, d'autres encore se jetaient à la mer. Il n'y eut bientôt plus personne à la poupe qu'un jeune officier entouré de cadavres calcinés. La chaleur de l'incendie était insupportable, mais malgré cela le jeune homme restait immobile, comme hypnotisé par les flammes qui rampaient vers lui.

Il ne savait pas nager et l'idée de sauter le terrifiait presque autant que celle d'être brûlé vif. Son arbalète à la main, il finit par reculer jusqu'à ce que ses reins heurtent le plat-bord. C'est alors qu'il entendit les coups donnés par l'Orcadien. Il se pencha et aperçut, incrédule, un homme accroché à l'ancre à quelques toises au-dessous de lui.

Peut-être était-ce là ce qu'il attendait ? La seule chose qui lui permettrait d'oublier sa propre mort. En tout cas, c'était l'occasion d'un ultime combat. Il cria à l'autre de se rendre. Magnus leva la tête et, pendant un moment, leurs regards se croisèrent. L'Orcadien avait intuitivement compris les paroles de l'autre et le défia de venir se battre sur le bras de l'ancre. Le carreau partit si vite qu'il n'eut pas le temps de l'esquiver et qu'il traversa son gilet de cuir et sa chair, ressortant de l'autre côté. Magnus resta un moment abasourdi puis, lentement, s'affaissa sur lui-même, sa main laissant échapper sa hache. Au-dessus de lui, le jeune officier n'eut pas le temps de se réjouir de sa victoire, il avait été rejoint par les flammes et, grimpant sur le bordage, il se jeta à la mer en poussant un grand cri. Son corps tournoya dans le vide puis il toucha les vagues. Alourdi par son gilet de cuir et l'arbalète qu'il avait gardée à l'épaule, il s'enfonça aussitôt dans les profondeurs.

Knut, qui se tenait au centre de l'esnèque, se précipita vers le stirman.

— À bâbord toute ! La tour va tomber ! La tour va tomber ! hurla-t-il à Harald qui poussa le hel en avant pour virer.

La tour de combat bascula dans la mer, entraînant dans sa chute la lourde baliste qui la surmontait. De hautes vagues soulevèrent le « serpent », les embruns balayèrent le pont.

— Où est Magnus ? cria Harald.

— Il est tombé en travers de l'ancre. Je ne sais s'il est mort ou vivant.

— Jetez l'ancre flottante !

L'esnèque s'immobilisa à une centaine de toises du dromon. Seule la proue était encore épargnée par les flammes. Désemparée, la galère dérivait, poussée par des rafales qui avivaient l'incendie.

18

Le knörr la longeait quand la seule machine de guerre encore capable de tirer tourna sur son axe, pointant vers le navire marchand. Hugues observa le manège du *ra'is* et des *naffatun* qui s'activaient autour de l'arbalète à treuil avant de se précipiter vers la rambarde et de crier :

— Feu grégeois ! Tancrède, tirez sur les servants ! Vite !

Le pont était à peine nettoyé et débarrassé des décombres. Tancrède et Bjorn se ruèrent vers l'étrave avec leurs arcs, visant les hommes qui allaient et venaient avec des pots autour de la lourde machinerie. Eleonor décocha une flèche qui alla se planter au pied d'un des servants. Hugues arma sa baliste, mais les restes du mât le gênaient pour tirer. Un pot de fer fila vers eux, et s'abîma dans la mer à quelques coudées de l'épée.

— Éloignez-vous, Corato, vite !

— Bâbord ! Nagez ! hurla Corato en appuyant sur le hel, jurant et se maudissant de n'avoir pas jeté toutes ses marchandises à la mer.

Par chance, le vent était pour eux et la houle les poussait. Ils glissèrent le long de l'épave. Hugues réglait son tir pour toucher la machine ennemie, il allait décocher. C'est à ce moment que tout bascula.

Une flèche de Tancrède avait atteint l'un des *naffatun* qui roula au sol avec le pot de fer qu'il allait déposer sur le rail de la baliste. Le pot s'ouvrit en touchant le plancher et l'enfer se déchaîna.

Un souffle de feu courut, enveloppant hommes et machine. Ils virent le *ra'is* et ses officiers s'embraser comme des torches puis, d'un coup, la proue disparut à leur vue, enveloppée d'un manteau de flammes. Un des mâts bascula dans la mer. Tancrède et Bjorn s'étaient jetés à côté des marins sur les bancs et avaient saisi les avirons.

— Appuyez ! Appuyez !

Le knörr s'écarta au moment où le second mât basculait de leur côté, soulevant d'énormes vagues. L'une d'elles courut vers le « serpent » qu'elle recouvrit, se brisant sur le gaillard d'arrière. Les rameurs continuaient à tirer sur les bois. Des marins se précipitèrent pour écoper. Ils arrivaient à l'arrière de l'épave quand un cri de Bertil alerta Hugues.

— Messire ! Le jarl ! Regardez !

Magnus gisait toujours en travers du bras de l'ancre. Le feu allait bientôt l'atteindre. Hugues évalua rapidement la distance qui les séparait et se tourna vers Corato.

— Je prends le canot. Je vais le chercher. Éloignez-vous au maximum du dromon et rejoignez l'esnèque.

— Mais… Et vous ?

Eleonor voulut protester, mais Hugues avait déjà dégringolé l'échelle qui menait au pont.

— Le canot ! cria-t-il. Le canot !

Tancrède et Bjorn avaient compris et, en quelques instants, la barque se trouva à l'eau. Les deux hommes sautèrent dedans, Hugues les suivit. Il se déshabillait déjà, passant un filin autour de sa taille, alors que les deux autres ramaient de toutes leurs forces vers le dromon. Ils sentaient la chaleur de l'incendie sur leurs visages et leurs mains. Des sursauts agitaient la carcasse de l'énorme galère qui allait bientôt se disloquer et s'abîmer dans la mer.

— Faites demi-tour ! ordonna Hugues.

— Quoi ?

— Vous avez bien entendu ! Sciez à culer ! s'écria l'Oriental. J'ai le filin, vous me halerez.

Le corps de Magnus tomba dans l'eau au moment où Hugues plongeait. Le filin se déroulait au fond de la barque. Tancrède et Bjorn repartirent vers le knörr. Pendant un moment, rien ne se passa.

Le jarl avait coulé comme une pierre. Hugues n'était plus visible, mais le filin continuait à courir. Au-dessus d'eux, tout ce que le dromon devait contenir de poix, de résine, de soufre s'était embrasé d'un coup. Les flammes dévoraient le navire et s'étendaient aux vagues alentour.

Bjorn et Tancrède souquaient avec l'énergie du désespoir tout en surveillant le rouleau de cordage à leurs pieds. Derrière eux, les deux navires normands s'étaient mis bord à bord et les marins horrifiés contemplaient le spectacle.

Nul ne songeait à se réjouir de la victoire remportée sur l'ennemi tant la fin du dromon était terrifiante. Aucun de ces hommes n'avait jamais vu le feu grégeois et cette houle couronnée de feu qui allait en s'élargissant autour de l'épave comme une coulée de lave sur les pentes d'un volcan resterait à jamais dans leur mémoire.

Le canot accosta le knörr et, debout, Tancrède scruta la mer. À ses pieds, le filin venait d'arrêter sa fuite. Il sentit sa gorge se serrer et envisagea soudain la mort d'Hugues, l'imaginant cerné par les flammes ou noyé. Une douleur terrible l'envahit… Hugues était toute sa famille, à la fois un père et un frère aîné, un maître et un ami. Hugues était tant de choses pour lui et jamais il ne le lui avait dit…

Bjorn poussa un cri. Une tête était apparue au milieu des vagues, puis une autre. Un bras se leva.

— Halez ! lança Bjorn qui avait saisi le filin et tirait déjà de toutes ses forces.

Tancrède se jeta sur le cordage, le halant comme un fou. Un long moment passa ainsi, les deux hommes n'en finissant plus d'amener à eux les rescapés que les vagues recouvraient parfois. Enfin, Hugues s'accrocha d'une main au plat-bord, soutenant le corps inanimé de Magnus de l'autre.

— Aidez-moi, vite ! souffla-t-il. Il respire encore !

Bjorn se pencha pour saisir l'Orcadien et réussit à le hisser sur le canot. Quelques secondes plus tard, Hugues le rejoignait. Il était bleu de froid. Tancrède l'aida à s'asseoir au fond de la barque. Mais sa tête bascula sur le côté ; il s'était évanoui.

Le cri d'alarme de la vigie retentit. Le dromon avait coulé à pic, mais de hautes flammes venaient vers eux, attisées par le vent. Elles formaient une nappe incandescente qui se propageait sur l'eau et que rien ne semblait devoir arrêter. L'esnèque hissa la voile et s'éloigna, traînant derrière elle le knörr et son canot.

— Une mer de feu ! murmura Bertil, effaré. Une mer de feu !

Bien des heures plus tard, alors que des lieues les séparaient de l'épave et que la nuit tombait, ils voyaient encore à l'horizon le scintillement du brasier marin.

LES OMBRES DE CALES COVES

19

Le jeune novice – il se nommait frère Roger et n'avait pas vingt ans – fixait les vagues qui montaient à l'assaut des rochers. Était-ce leur mouvement incessant ou le bruit de tonnerre qu'elles faisaient en se fracassant ? Il semblait tout à la fois fasciné et terrifié.

Bâti en force avec des mains larges et de robustes épaules, frère Roger était un garçon au tempérament doux. En d'autres lieux, on l'eût nommé « simple d'esprit » ou fou, ici, au Castelas, les frères l'appelaient l'« innocent », et dans leurs bouches ce mot sonnait comme un titre donné par Dieu lui-même.

Ce matin-là, comme tous les autres, il était parti, avec sa bêche sur le dos, vers le potager à l'extérieur de l'enceinte. Il devait retourner la terre et c'est ce qu'il fit, s'arrêtant souvent pour contempler le vol d'un papillon, éclatant d'un rire d'enfant à la vue d'un rouge-gorge se juchant sur le manche de son outil.

Et puis, il y avait eu la voix. La voix qui murmurait son nom.

— *Roger, Roger…*

Ce n'était pas la première fois qu'il l'entendait et, chaque fois, elle le plongeait dans une terreur abyssale. Il regarda autour de lui et ne vit personne. C'était normal, la voix était invisible comme Dieu l'est au commun des mortels. Pourtant, Roger pensait plutôt qu'elle était celle d'un démon. Celui-là même qui s'était installé dans leur monastère. Un démon qui avait transformé leurs vies à tous et qui faisait que les regards avaient changé, les offices étaient troublés et que, quand la nuit venait, chacun craignait pour sa vie et son âme.

La voix reprit :

— *Roger, Roger.*

Le moine laissa tomber sa bêche et partit droit devant lui, courant à perdre haleine à travers les épineux avant de s'arrêter, à bout de souffle, au sommet d'une falaise, face à la mer. La poitrine en feu, il se plia en deux puis finit par se redresser pour s'approcher du bord. Les vagues frappaient la roche avec régularité et il se perdit dans leur contemplation, oubliant pourquoi il s'était enfui. Le mistral s'était levé et la mer, si calme la veille, s'était couverte d'un manteau d'écume. Les récifs disparaissaient sous les hautes vagues et les phoques, qui d'habitude jouaient dans les remous, s'étaient réfugiés dans une anse aux eaux plus tranquilles.

Le temps s'écoula. Frère Roger ne bougeait toujours pas.

— *Roger ! Roger !*

Les goélands perchés sur les rochers s'envolèrent en criaillant. Le corps rebondit plusieurs fois sur l'à-pic et termina sa course dans la mer, happé par les déferlantes.

20

Profitant d'un vent favorable, l'esnèque et le knörr avaient navigué jusqu'à l'île de Minorque dans l'archipel des Baléares. Bien que l'endroit fût sous la domination des Maures depuis plus de trois siècles, les côtes en étaient si sauvages et désolées qu'un mouillage forain y restait possible et moins dangereux, avaient estimé les Normands, qu'une escale sur les côtes de l'al-Andalus.

Les deux navires étaient donc entrés dans une baie aux eaux vertes cernée de falaises. L'endroit était désert et, hormis le chant des grillons, étrangement silencieux. Des cistes et des chênes verts escaladaient des pentes creusées de cavernes. Les bouches noires des grottes, il y en avait des dizaines et de toutes tailles, s'ouvraient à flanc de rocher, donnant aux parois grises un aspect insolite.

La baie se refermait sur eux. Pique la Lune relevait son fil de sonde et ils allaient jeter l'ancre quand Knut s'adressa brusquement au pilote.

— Personne n'habite là-dedans, tu es sûr ?

— Non, maître, répondit Jacques. D'ailleurs, voyez, s'il y avait du monde, il y aurait des feux. Ce n'est qu'une ancienne nécropole et comme y paraît qu'elle est hantée par des esprits mauvais, personne, pas même les Maures de Mahon, n'ose s'y aventurer.

— Des esprits mauvais… Tu y as déjà fait escale ? insista le Norvégien.

— Pas vraiment. J'ai mouillé au large…

L'homme hésita :

— C'est un Génois qui m'a raconté ça.

— J'espère qu'il ne s'est pas moqué de toi, marmonna Knut. Bon, allez-y ! De toute façon, on n'a pas le choix : il faut qu'on répare et qu'on soigne nos gars.

L'ancre glissa bientôt le long de la coque et crocha au fond, immobilisant l'esnèque.

— C'était aussi un port ? demanda le Breton en désignant les restes d'un quai de pierres où subsistaient des anneaux rouillés.

Jacques, qui s'apprêtait à aller chercher son paquetage pour descendre à terre, se retourna d'un coup. Au fil des jours, les deux hommes avaient appris à se connaître et le pilote avait vite été agacé par le comportement du jeune sondeur. Ni le vin ni les jeux ni les puterelles ne l'intéressaient, il ne parlait que de la mer et disait volontiers qu'elle l'avait dépucelée mieux qu'aucune femme n'aurait pu le faire. Autant de choses que Jacques ne pouvait comprendre, lui qui ne faisait ce métier que pour l'argent. Il grommela avec humeur :

— Oui, du temps des Romains… Mais qu'est-ce que ça peut bien te faire ? T'es toujours à poser des questions, toi ! Et les récifs ? Et le vent ? Et les algues ? Et les amers ? Et les ports ? Tu te prends pour qui ? Pour un pilote ? Ici, le pilote c'est moi ! Tu ferais mieux de ranger tes lignes !

Le Breton recommença à enrouler ses cordages. Autant il était connu pour sa susceptibilité quand il pilotait lui-même, autant, depuis qu'il naviguait comme sondeur, il supportait les rebuffades sans mot dire. Il n'avait d'ailleurs pas avoué à Jacques que oui, il était pilote, et qu'il connaissait l'océan Atlantique du royaume d'Angleterre jusqu'au golfe de Gascogne. Il ne lui avait pas dit non plus qu'il ne désirait qu'une chose : apprendre la mer intérieure.

Une fois son matériel rangé, le jeune homme se redressa et contempla ce qui l'entourait d'un air ravi. Il découvrait la Méditerranée avec l'ardeur d'un amant qui explore le corps de sa maîtresse. Tout était nouveau pour lui : odeurs, mouvements, couleurs… Jusqu'aux poissons parfois si étranges qu'il en restait interdit.

Son visage lunaire planté d'un nez à la retrousse tourné vers les falaises, il respira l'air à pleins poumons et s'étonna de déjà ressentir la chaleur du soleil sur sa peau alors qu'il n'était qu'au début du printemps.

Sur la plage, les matelots allaient et venaient, débarquant les civières de fortune où reposaient les blessés.

Les passagers étaient déjà sur la grève avec le maître de la hache. Harald et Corato veillaient à tout et l'on entendait leurs ordres se croiser. Des guerriers fauves avaient pris place en sentinelles tandis que d'autres s'en allaient chasser.

— Tara ! Tara ! appelait Eleonor.

Après avoir couru comme un fou sur le pont, la bête grise avait sauté par-dessus bord pour gagner la plage où elle s'était ébrouée avant de disparaître dans les buissons. Des chèvres sauvages s'enfuirent à son approche, bondissant de rocher en rocher.

— Tara ! cria Eleonor. Ici !

Le ton était si furieux que l'animal finit par s'arrêter. Au troisième appel, il revint la queue basse et se laissa attacher à la souche d'un arbre mort.

— Tu vas rester là jusqu'à ce que les guerriers reviennent de la chasse, marmonna la jeune femme. Sinon, c'est toi qu'ils vont mettre à la broche et non les chèvres !

Elle se redressa et vacilla sur ses jambes, devant faire un effort pour se persuader qu'elle était bien sur la terre ferme tant ses muscles anticipaient encore les mouvements de la houle.

Son regard s'arrêta sur le camp que les marins étaient en train de monter, déployant les mâts des tentes, dépliant les toiles goudronnées, installant les chaudrons... Bien qu'épuisée par une nuit de veille au chevet des blessés, elle était heureuse de sentir cette agitation familière autour d'elle. Cela lui procurait un sentiment de sécurité et de retour à une routine à laquelle elle s'était habituée. La vie à bord n'était pas facile, elle s'en était aperçue dès le premier jour, les escales sauvages non plus. Les conditions d'hygiène, la promiscuité, les tensions entre marins et passagers n'étaient pas choses aisées pour une femme seule. Et même si les marins n'osaient l'aborder, leurs regards étaient parfois si lourds, leurs murmures si triviaux que, malgré sa tenue cavalière et le poignard qui ne la quittait jamais, elle s'enfermait dans sa cabine ou rejoignait les passagers. Mais après tous ces jours de mer, ces escales et ces dangers, cette vie-là était devenue la sienne et elle en redoutait le terme.

Elle savait qu'ensuite elle épouserait le sire de Marsico, cet homme qu'elle n'arrivait à imaginer malgré le portrait qu'on lui en avait tracé. Une idée chaque jour plus insupportable, sans doute parce qu'elle avait goûté à une liberté que peu de femmes peuvent connaître, mais aussi… Elle soupira et s'arracha à ses rêveries, repensant à la fin du dromon. Le combat, avec ses cadavres, ses hurlements de douleur, le sang qui coule, les boulets qui sifflent, les flammes qui rampent sur la mer, n'était déjà plus qu'un terrible souvenir.

Elle allait rejoindre les autres quand le manège de son chien et ses grondements sourds l'en dissuadèrent.

L'animal fixait un bosquet tout près de l'entrée d'une caverne. Elle vit une branche bouger, mais cela aurait pu tout aussi bien être le vent ou quelque bête sauvage. Elle resta un moment à attendre, en retenant son souffle. Puis, alors qu'elle détournait la tête, une ombre passa qui disparut dans les ténèbres. Elle attendit encore… En vain. Mais n'avait-elle pas rêvé ? À ses pieds, le chien s'était tu. Les eaux vertes venaient mourir avec un doux bruit sur la grève. Le soleil illuminait la baie. Pourtant, elle n'arrivait pas à se débarrasser du sentiment de malaise qui l'oppressait depuis qu'elle avait débarqué sur ce rivage silencieux.

— C'est bon de faire escale, même si le lieu est étrange, déclara frère Dreu qui s'était approché.

Un bandage serrait son front qu'une écharde de bois avait balafré pendant la bataille. Le moine avait parlé à voix basse et elle lui répondit de même.

— Vous ressentez cela aussi, mon frère ? C'est ce que je me disais : j'ai l'impression d'être dans un sanctuaire abandonné des hommes. Un endroit interdit.

— Vous n'êtes pas tellement loin du compte, répondit le jeune moine. Le pilote de l'esnèque m'a dit que c'était une ancienne nécropole. Un lieu maudit pour les habitants de l'île qui n'osent s'y aventurer.

— Ce n'est guère rassurant, frissonna Eleonor. Ces grottes seraient des tombes ?

— Je ne sais trop. L'homme n'est pas causant. Il a juste ajouté que le lieu s'appelle Cales Coves. Peut-être n'en sait-il pas davantage.

— Cales Coves, murmura la jeune femme en détaillant les cavernes qui les surplombaient, certaines si vastes qu'elles auraient pu abriter tout l'équipage. J'ai la sensation… que des centaines d'yeux nous observent.

Alors qu'elle prononçait ces mots, une plainte sourde venue de nulle part résonna un instant avant de s'éteindre.

— Ce doit être le vent qui passe dans ces cavités, fit le moine autant pour la rassurer que pour se réconforter lui-même. Votre chien, non plus, n'a pas l'air d'apprécier.

Tara avait relevé le museau et le poil de son échine s'était hérissé.

— C'est vrai. Vous savez, mon frère, je suis presque sûre d'avoir aperçu une ombre se glisser dans cette grotte là-bas.

— Une ombre ? demanda le moine en observant la caverne. Vous voulez dire celle d'un homme ?

— Pour être honnête, je ne sais pas. Cela a été si fugitif !

Frère Dreu haussa les épaules.

— Nous sommes trop fatigués, vous et moi. Pour se moquer de mes rêveries, mon père disait qu'il est difficile d'attraper un chat noir dans une pièce sombre, surtout quand il n'y est pas !

La jeune femme sourit :

— Vous avez raison, mon frère.

— Moi qui trouvais la vie au monastère trop tranquille, il m'arrive maintenant de rêver de ma cellule et de ma paillasse.

Le moine regarda vers les navires et reprit :

— Ils ont fini de transborder les blessés, nous nous reposerons plus tard.

— À propos de blessure, je ne vous ai même pas demandé comment allait votre tête ?

— Oh ! Ce n'était rien ! Messire Hugues m'a dit que l'entaille n'était guère profonde… Je crois que Tancrède a besoin de nous.

Effectivement, le Normand qui se tenait avec Hugues au milieu des civières leur faisait signe de les rejoindre.

— Nos mains n'y suffiront pas, déclara Tancrède quand ils l'eurent rejoint. Pouvez-vous nous aider ?

— Nous sommes là, fit Eleonor dont le regard s'attarda longtemps sur le visage blafard du jarl.

Depuis qu'il avait été repêché, Magnus n'avait pas repris connaissance et sa vie restait en danger.

— Que faut-il faire ? demanda Dreu.

— Les équipages vont dresser les tentes, déclara Hugues, mais je pense qu'il serait préférable de porter les blessés jusqu'à l'une de ces grottes. En cas de pluie ou de tempête, ils y seront plus au sec. Nous allons les inspecter avec Tancrède et il faudrait pendant ce temps que vous changiez à nouveau les pansements et que vous nettoyiez les plaies.

— Volontiers, fit le moine. Je vais chercher de l'eau et de quoi allumer un feu.

— Je… hésita Eleonor que l'idée d'aller se réfugier dans une caverne ne réjouissait guère.

— Oui ?

— J'ai… Cet endroit ne me plaît pas.

— Que voulez-vous dire ?

— Ne vous moquez pas, messire, mais ne sentez-vous pas comme une présence autour de nous ? Ces grottes ne me disent rien qui vaille.

— J'ai bien trop d'estime pour votre jugement pour me moquer, répliqua l'Oriental. J'ai ressenti la même chose que vous en arrivant ici, mais, pour l'instant, j'ai tendance à penser que ce que nous percevons vient davantage des morts enterrés dans ces lieux que des êtres malfaisants dont parlait notre pilote. Et puis, de toute façon, nous devons réparer les bateaux et soigner les blessés. La garde sera renforcée comme à chaque fois que nous faisons des escales foraines et, demain, nous lèverons l'ancre.

— Pardon. Vous avez raison, messire. Je crois que j'ai surtout besoin de sommeil, fit Eleonor en se penchant vers un marin qui essayait de se redresser en gémissant. Ne bougez pas ! Attendez.

L'homme obéit et elle l'aida à s'asseoir avant de s'adresser de nouveau à Hugues de Tarse :

— Trouvez-nous vite un endroit où nous puissions installer ces malheureux.

21

Rarement Eleonor avait vu dans le ciel et sur la mer un bleu aussi intense. Un bleu lisse et cru, sans nuages, impossible à imaginer sur les prairies de son lointain pays normand. Elle s'était arrêtée pour reprendre son souffle et contempler le camp en contrebas. Les chasseurs avaient ramené sur leur dos les carcasses des chèvres sauvages et c'était un réconfort de voir la fumée qui s'élevait des braseros au milieu des tentes et de sentir monter vers eux l'odeur de viande rôtie.

— Vous venez ? demanda Hugues de Tarse, debout sur le sentier au-dessus d'elle.

— J'arrive.

Et ils repartirent. Perdu dans de sombres pensées, Hugues, qui désespérait de sauver le jarl avec le peu de médications qu'il avait à bord, marchait d'un pas rapide, sautant de roche en roche, oubliant la jeune femme qui peinait à le suivre.

Alors qu'elle s'obligeait à mettre un pied devant l'autre et que chaque pas lui devenait plus difficile, les pensées d'Eleonor revinrent à leur première rencontre à l'auberge de Barfleur. Elle se rappela combien cet homme à la peau sombre et aux yeux d'un noir profond l'avait troublée… et combien lui aussi était resté sans voix. Sans en prendre conscience, elle ralentit le pas et la distance entre eux se creusa davantage.

Au bout d'un moment, elle sursauta en entendant sa voix. Elle ne s'était pas aperçue qu'il était redescendu et lui parlait d'un air inquiet.

— Eleonor ? Vous m'entendez ? répéta-t-il.

— Oui, pardonnez-moi, fit-elle en se passant la main sur le front.

— Ça va ? Ce n'était pas une bonne idée de vous emmener pour chercher ces plantes. J'aurais dû vous laisser vous reposer au camp. Vous devez être épuisée.

— Non, non, protesta-t-elle.

— Vous vous sentez assez forte pour continuer ?

— Oui.

— Alors allons-y ! Plus tôt nous serons revenus au camp, et plus tôt je commencerai mes préparations.

Ils repartirent. Le sentier était bordé de cistes et de chênes verts. Ici et là poussaient du thym et de la sarriette mais sur ce versant exposé aux vents, tout était aride et sec. Hormis quelques lichens desséchés que ramassa l'Oriental, ils ne trouvèrent rien.

Bientôt, était-ce la chaleur ou le manque de sommeil, Eleonor commença à trébucher puis finit par s'effondrer de tout son long. Hugues se précipita et l'aida à se relever.

— Vous êtes livide, fit-il tout en regardant autour de lui.

Il avisa une grosse pierre à l'ombre d'un chêne et l'y entraîna, la portant à moitié. La jeune femme, les lèvres pincées, s'efforçait d'avancer mais la tête lui tournait.

— Asseyez-vous par terre. Comme ça, le dos appuyé à la roche.

Hugues avait ôté sa cape et en avait fait une boule qu'il glissa sous sa tête.

— Là, là, fit-il. Eleonor, ça va mieux ? Parlez-moi !

Mais la jeune femme ne luttait plus. Le paysage tournait et elle n'entendait plus ce qu'il lui disait. Tout devint noir et elle glissa à terre.

Un moment passa puis, lentement, elle reprit conscience. Elle sentit qu'on l'obligeait à desserrer les dents et un liquide amer coulait dans sa gorge. Elle toussa et ouvrit les yeux. Hugues la serrait contre lui, la mine inquiète, et sa voix était aussi douce que ses gestes.

— Vous m'avez fait peur.

Elle essaya de protester mais les mots n'arrivaient pas à sortir. Il posa un doigt sur ses lèvres.

— Ne dites rien. Attendez. Ça va passer. On va se reposer et, après, on rentrera au camp.

Elle sentait une douce torpeur l'envahir et se laissa aller contre la poitrine de l'Oriental.

— Il ne faut pas dormir. Pas encore. Ce que je vous ai donné va bientôt faire effet. Tenez, sucez cela ! C'est de la cardamome !

Elle obéit comme une enfant, étonnée du goût épicé qui se répandait dans sa bouche. Peu à peu, de la couleur revint à ses joues et Hugues l'aida à s'adosser contre le rocher.

— C'est passé… Je n'aurais jamais dû vous emmener. Pardonnez-moi.

Dans le ciel au-dessus d'eux retentit le cri d'un vautour noir.

— Nous n'avons guère eu le temps de parler depuis l'attaque du dromon, ajouta Hugues en lui prenant les mains et en les serrant dans les siennes. Laissez-moi vous remercier, Eleonor… J'ai une dette envers vous.

Troublée par la pression des doigts de l'Oriental, elle fit signe qu'elle ne voyait pas de quoi il parlait.

— Sans vos talents d'archer, je serais sans doute mort et Magnus aussi… Vous êtes une jeune femme peu ordinaire, Eleonor, et je…

Il s'interrompit et elle sentit les battements de son cœur s'accélérer tant le regard qu'il posait sur elle était intense. Ils restèrent les yeux dans les yeux de l'autre, puis Hugues se redressa et s'éloigna de quelques pas sur le sentier. Sa démarche était nerveuse. Eleonor l'entendit prononcer des mots dans une langue inconnue. Enfin, l'Oriental revint vers elle.

— Si vous vous sentez mieux, nous allons repartir.

Elle se releva, incapable de répondre, trop agitée de pensées contradictoires.

— Nous allons couper par là, cela devrait nous ramener au plus près de notre sentier sans faire les mêmes détours qu'à l'aller.

Ils repartirent, Eleonor accordant son pas à celui d'Hugues qui, de temps en temps, lui tendait la main pour escalader un rocher ou contourner des épineux. Instants trop brefs où chacun pouvait sentir le trouble de l'autre.

Puis soudain, l'Oriental lui fit signe de s'immobiliser. Quelque chose venait droit sur eux à travers les buissons. Ils entendaient des craquements, des pierres qui roulaient et ils craignirent la charge d'un sanglier. Eleonor allait se jeter de côté quand la silhouette efflanquée de Tara, des restes de corde suspendus à son cou, se rua sur elle pour déposer un lièvre à ses pieds.

— Je crois qu'il attend quelques remerciements, remarqua Hugues qui avait remis son poignard à sa ceinture.

— Il n'en aura pas ! Là, là, du calme ! ajouta-t-elle tant les sauts joyeux de l'animal menaçaient de la faire tomber.

Le chien parut comprendre et s'assit, la langue pendante.

— Ne disputez pas trop ce fidèle compagnon, fit Hugues en ramassant le gibier et en le glissant dans la sacoche qu'il portait au côté. Venez, repartons !

Ils étaient en vue du camp quand ils entendirent sonner la trompe d'un des guetteurs.

— C'est l'alerte, le camp est attaqué ! jeta Hugues. Courons !

Au moment où il disait ces mots, une pierre le heurta à l'épaule. Hugues se tourna dans la direction d'où le projectile était parti puis tout se passa très vite. Avant qu'ils aient pu faire un geste, le grand chien avait disparu dans les buissons. Ils entendirent des cris aigus. Quand enfin ils réussirent à trouver l'animal, il avait les pattes avant sur le torse d'un garçonnet et les dents sur sa gorge.

— Tara ! Lâche ! Lâche, je te dis ! gronda la jeune femme en le saisissant par l'encolure.

Le chien obéit à regret. L'enfant, pieds et jambes nus, juste vêtu d'une chainse de toile souillée, roulait des yeux affolés mais ne bronchait pas plus qu'un mort. Eleonor se pencha pour s'assurer qu'il n'était pas blessé et lui tendit la main.

— Viens, redresse-toi, c'est fini. Le chien ne te fera rien.

L'enfant ne bougeait toujours pas. Hugues s'était baissé pour ramasser un morceau de bois en forme de fourche et un large lacet de cuir.

— Ne grondez pas votre chien, il n'a fait que son travail. C'est ce gamin qui nous a tiré dessus.

— Pourquoi aurait-il fait ça ?

— Aux Baléares, tout le monde a une fronde ou un arc et sait s'en servir. Quant à savoir pourquoi... Je me demande surtout ce qu'il fait là... et s'il est seul.

Hugues força le garçon à se remettre sur ses pieds.

— Comment t'appelles-tu ? demanda-t-il.

L'enfant se contracta comme si Hugues l'avait frappé. Là-bas le cor avait cessé de sonner.

— Regagnons le camp ! Et toi, tu viens avec nous, fit l'Oriental en saisissant la main du gamin dans la sienne et en l'entraînant de force.

22

— Je ne sais pas, répondit Tancrède aux questions de son maître. Apparemment, les guetteurs ont aperçu des formes qui se faufilaient sur le sentier. Les guerriers sont partis aussitôt, sans rien trouver. Par contre, vous, vous avez déniché un petit drôle, on dirait.

— Il n'est guère bavard mais habile à la fronde. Je lui devrai sans doute un joli bleu.

— Ce lieu n'est donc pas aussi inhabité que le pilote le prétend. S'il y a un gamin, il y a des parents. Peut-être un village tout près, derrière la crête. Les guerriers ont doublé la garde et ils ont raison.

Le garçon restait planté au milieu d'eux, muet et la mine effrayée.

— Qu'allez-vous en faire ? demanda Eleonor. Il a peur, c'est sans doute pour cela qu'il ne veut pas parler. Peut-être pourrais-je essayer ?

L'enfant, comme s'il avait deviné qu'il était l'enjeu de la conversation, coula un long regard suppliant vers la jeune femme.

— Pour l'instant, nous avons mieux à faire que de nous occuper de lui. Nous allons l'enfermer à bord du knörr, répondit Hugues en appelant l'un des marins à qui il confia le garçonnet.

Eleonor hésita à plaider à nouveau sa cause, un coup d'œil au visage fermé d'Hugues lui fit comprendre qu'il ne servirait à rien d'insister.

— Bon, je vous laisse, finit-elle par dire. Je vais relayer frère Dreu.

Une fois la jeune femme partie, Tancrède demanda :

— Avez-vous trouvé les herbes que vous cherchiez ?

— Pas la moindre.

Puis, plus bas :

— Mais j'ai trouvé ce que je ne cherchais pas... *Et je vis désormais dans un corps étranger.*

— Qu'avez-vous dit ?

— Rien, je citais une phrase de Caton. Où en sommes-nous ici ? Et quel est l'état du jarl ?

Tancrède fronça les sourcils. Il sentait que quelque chose n'allait pas chez son maître et tout en même temps que ce n'était pas le moment d'en parler. Il se contenta donc de répondre :

— J'ai fait ce que vous m'avez dit. Mais avant le jarl, il faut que nous voyions ensemble le marin qui a eu la mâchoire fracassée : il souffre le martyre et je crains que l'infection ne l'emporte.

Un juron échappa à Hugues et Tancrède réalisa soudain combien, malgré son hâle, son maître était épuisé et soucieux.

— Pardonnez-moi, fit l'Oriental qui déjà s'était repris. Je ne supporte pas l'impuissance qui est la nôtre. Pourquoi n'ai-je pas pris davantage de remèdes avec moi ?

— Pourquoi vous accuser, mon maître ? Vous ne pouviez prévoir ce qui nous est arrivé et, depuis le début, vous avez déjà tant fait !

Hugues ne parut pas entendre ces paroles réconfortantes. Il reprit :

— Quant à ce malheureux, si la gangrène le prend, je ne pourrai rien faire. Allons le voir, je vais lui donner un peu d'opium. Vous ne m'avez pas répondu pour le jarl ?

— J'ai changé ses pansements. Mais malgré nos soins, la fièvre est toujours aussi forte et il délire.

Tout en parlant, ils s'enfonçaient dans la vaste caverne où ils avaient couché les blessés sur des paillasses de branchages. Un bon feu réchauffait l'atmosphère humide, le silence n'était troublé que par les gémissements des malades et le murmure réconfortant des voix du moine et d'Eleonor qui s'activaient à leur chevet. Hugues lui fit signe de poursuivre.

— Knut a trouvé de quoi réparer les bordées de l'esnèque et consolider le mât du knörr. Il travaille avec deux de ses gars et pense avoir fini à la nuit tombée. Harald a proposé qu'on se réunisse ce soir sous la tente de Magnus.

— Bien.

— Notre ami Pique la Lune est parti pêcher, il a ramené de drôles d'animaux qu'il voulait vous montrer et il a trouvé une source sous un rocher au ras de la mer, nous pourrons donc faire aiguade ici.

— Bien, fit Hugues en se penchant sur le marin à la mâchoire fracassée qu'il examina avant de lui donner une cuillère d'opium.

Eleonor, qui le regardait faire, s'écarta pour le laisser passer.

— Surveillez bien celui-là, lui demanda Hugues avant d'aller s'occuper du jarl.

Quelques instants plus tard, les deux hommes étaient de retour à l'entrée de la caverne. Hugues aperçut Harald qui leur faisait de grands signes. Les équipages se rassemblaient. Le cuisinier du knörr sortait la viande des broches et coupait les chèvres en quartiers. Corato avait mis des tonneaux de bière en perce.

— Je vois que notre ami a décidé de sacrifier quelques-unes de ses marchandises pour réconforter les équipages. Allons-y, fit Hugues. Manger nous fera du bien.

— Je vais chercher Eleonor et frère Dreu.

Alors qu'ils se dirigeaient vers le campement, Pique la Lune vint vers eux avec sa prise de la matinée.

— Messire, j'ai besoin de votre aide, s'exclama le Breton. Ça ressemble à un homard sans pinces et il y en a plein là-dessous, est-ce que ça se mange ?

— Oui, et c'est même excellent. Cela s'appelle une langouste.

— Une langouste ! Alors je vais essayer d'en pêcher d'autres, fit Pique la Lune en contemplant sa proie d'un œil intéressé.

La nuit tombait presque quand ils se retrouvèrent tous sous la vaste tente de toile de Magnus le Noir. La lueur des braseros éclairait des visages tendus, des traits tirés. La fatigue du combat de la veille était encore présente et chacun, pendant cette journée, avait travaillé dur. Hakon, le second du jarl, avait pris le commandement des guerriers fauves. C'est lui qui les reçut, les faisant asseoir sur les tapis et les nattes de joncs disposés à même le sol, avant de s'accroupir devant le fauteuil de son chef.

Il y avait là Eleonor, Harald et Knut, Bjorn de Karetot, Pique la Lune, Jacques le pilote, le capitaine Corato, frère Dreu et le géographe Afflavius. Les armes luisaient, suspendues à leur trépied de fer, les coffres ouvragés étaient rangés près du lit de camp, et

Tancrède songea que rien n'avait changé depuis la dernière fois où ils s'étaient réunis pour juger un homme qui n'avait d'homme que le nom.

— À quoi pensez-vous ? lui murmura Hugues qui s'était assis à ses côtés. Vous semblez bien songeur.

— Au jugement de la bête de Barfleur.

Hakon fit circuler de la bière puis se leva pour prendre la parole. C'était un homme rude, peu habitué aux discours :

— Nos morts serrés dans leurs linceuls descendent vers le fond des mers. Paix sur eux. Nous écrirons leur glorieuse histoire.

Puis il se tourna vers Hugues :

— Je pense, messire, que mon jarl aurait aimé que vous preniez la parole sous sa tente. Si personne n'y voit d'inconvénient, vous serez plus à même que moi de dire ce qui doit l'être.

Un murmure d'assentiment parcourut l'assemblée. Hugues se leva. Tancrède le sentait plein d'une énergie nerveuse, d'une volonté qui le portait au-delà de ses forces.

— Merci à tous, fit-il en s'inclinant une main sur le buste. Je vous donnerai d'abord des nouvelles de nos blessés. Je ne parle pas de tous ceux, marins et mousses, dont les plaies étaient légères et qui peuvent à nouveau faire leur ouvrage. Je parle des autres. Deux d'entre eux, blessés au torse et aux jambes par des flèches, pourront reprendre sous peu une place dans l'équipage de l'esnèque, à condition de leur trouver des tâches plus légères que celles qu'ils effectuaient.

Harald hocha la tête en signe d'accord.

— Deux rameurs du knörr sont par contre plus sérieusement blessés, un éclat de pierre est entré dans le crâne de l'un d'eux et je ne peux rien faire ici que de le soulager d'un peu d'opium. Pareil pour celui qui a eu la mâchoire fracassée et pour lequel je crains une infection. Enfin, les deux derniers : celui qui a eu le bras emporté par un boulet, nous avons cautérisé la plaie, j'espère qu'il survivra, il est robuste. Quant au jarl…

— A-t-il repris connaissance ?

— Non, Hakon, et je suis impuissant à le soigner sans un minimum de médication et d'outils. Sa plaie est très étendue et il n'y a que sa résistance et sa force pour expliquer qu'il soit encore de ce monde.

Au fur et à mesure que l'Oriental répondait, le visage d'Hakon s'assombrissait.

— Je sais que vous faites beaucoup, messire, dit-il au bout d'un moment, mais peut-être faut-il faire l'impossible ?

Le silence retomba, chacun restait perdu dans ses pensées. Puis frère Dreu leva la main pour demander la parole :

— Messire Hugues, m'autorisez-vous à vous faire part d'une idée que je viens d'avoir ?

— Bien sûr.

— Je ne sais pas où nous sommes, mais le capitaine Corato doit me mener sur l'île de Cabo Ros.

— Oui… Mais où voulez-vous en venir ?

— Voici bientôt deux ans que j'écris aux moines du Castelas et que je partage leurs vies. Il y a parmi eux un nouveau venu, un frère dont la renommée n'est plus à faire et dont peut-être vous avez entendu parler : frère Grégoire.

— Grégoire… Celui qu'Hildegarde de Bingen a refusé de prendre pour secrétaire ?

— Celui-là même. Il a demandé à s'installer au Castelas pour fonder une infirmerie et aussi pour se retirer du monde. Depuis, des gens de la côte et des îles voisines viennent se faire soigner au Castelas tant ses talents de mire sont étonnants.

— Frère Grégoire… J'ai entendu parler de lui. Pourquoi pas ? Nous n'avons rien à perdre. Où en sont les bateaux, Harald ?

— Je vais laisser Knut vous expliquer cela.

Le grand Norvégien, maître de la hache, se leva et prit la parole d'une voix rauque :

— Il n'y a plus de problème pour les bordées de l'esnèque ni pour les avirons. Je pourrai faire mieux quand j'aurai un bois plus résistant, mais tout ça tiendra jusqu'à ce que nous fassions escale dans un port digne de ce nom. Pour le mât du knörr, je n'ai pu que le consolider et fixer la vergue plus bas qu'elle n'était. Il pourra naviguer sous voilure réduite. Corato et moi avons discuté, nous lui passerons quelques rameurs et des guerriers fauves prendront place sur nos bancs. Ils ont l'habitude de la nage.

Hakon acquiesça.

— Si ce moine peut sauver notre jarl, il faut aller là-bas maintenant, fit-il.

Knut se rassit.

— Il ne reste donc qu'une chose à résoudre, reprit Hugues, et c'est à vous, Jacques, que je pose la question. Pensez-vous qu'il est possible de gagner directement l'insula de Cabo Ros ?

Jacques se leva. Mal à l'aise devant cet auditoire aux regards sévères, il se dandinait d'un pied sur l'autre.

— Vous voulez dire qu'il nous faudra remonter au nord sans caboter le long des côtes ?

— C'est ce que je dis.

— Si le ciel reste clair, je pourrai vous aider, fit la voix douce d'Afflavius. Les étoiles n'ont pas de secret pour moi…

— Je n'ai besoin de personne, rétorqua sèchement Jacques. On ira directement à Hyères si le vent du sud continue à souffler.

— En combien de temps croyez-vous que nous serons là-bas ? reprit Hugues.

Le pilote haussa les épaules d'un air fataliste :

— Seul Dieu le sait.

Hakon bondit sur ses pieds. Son visage était durci par une colère qui ne demandait qu'à éclater.

— Il s'agit de la vie de notre jarl, l'homme, jeta-t-il. Parle plus fort, nous n'avons pas entendu ta réponse.

— Un jour de mer, ou bien un jour et une nuit, sire Hakon, bégaya Jacques. Si les vents sont pour nous.

— Ils souffleront pour nous ! rétorqua Hakon. Sans ça, nous les aiderons de la force de nos bras.

— Bien dit, approuva Harald.

— Buvons à Magnus le Noir ! s'écria Hakon.

— À Magnus le Noir ! firent Harald et Knut en levant leurs cornes à boire dans lesquelles l'Orcadien versa de la bière.

— À Magnus ! reprit le reste de l'assemblée.

23

La pleine lune éclairait le campement. L'appel des guetteurs résonnait et dans le ciel étoilé volaient des centaines de chauves-souris échappées des grottes. Dans la caverne, Eleonor, épuisée, s'était enfin endormie. Frère Dreu, recroquevillé sur lui-même, ronflait bruyamment. Tancrède, appuyé sur son épée, somnolait à l'entrée de la caverne tandis qu'Hugues continuait à passer d'un malade à l'autre, épongeant le front de l'un, changeant les pansements d'un autre, donnant à boire. Enfin, l'Oriental sentit la fatigue le gagner, ses gestes se ralentissaient, ses paupières se fermaient malgré lui et il vacillait. Il jeta un dernier coup d'œil autour de lui et, s'enroulant dans son manteau, se coucha à même le sol, la tête sur un rocher. Quelques secondes plus tard, il dormait profondément.

Il devait être la mi-nuit quand l'alerte résonna. La pleine lune était sortie des nuages et les ombres qui s'étaient approchées du camp avaient été repérées par les guetteurs. Hakon se lança à leur poursuite avec ses guerriers, le chien d'Eleonor galopant devant eux. Quand Hugues et Tancrède arrivèrent au camp, l'affaire était déjà terminée : les Orcadiens avaient rattrapé les fuyards et tous revenaient.

Bientôt, dans la lueur des torches apparurent une vingtaine de femmes et d'enfants en haillons. Les guerriers fauves jetèrent sur le sol les armes qu'ils leur avaient prises : quelques mauvais bâtons, des fourches et quantité de frondes.

Effrayés, les prisonniers se serraient les uns contre les autres.

— Mon Dieu, que se passe-t-il ? s'écria Eleonor. D'où sortent ces pauvres gens ?

— Je crois que vous avez là l'explication du malaise dont vous m'avez parlé hier, répondit Hugues. Les falaises avaient bien des yeux, et même des oreilles.

— Mais il n'y a pas d'hommes, remarqua-t-elle.

Après avoir essayé en vain de questionner les prisonnières dans plusieurs langues, l'Oriental appela le pilote.

— Jacques, venez !

L'homme s'approcha de sa démarche chaloupée de marin.

— Essayez de savoir qui elles sont et quelle langue elles parlent.

— Je crois que je peux vous répondre, messire, fit le pilote d'un ton d'excuse. Le Génois m'avait parlé d'elles, mais je ne l'ai pas cru. De l'autre côté de la pointe, il y avait un village de pêcheurs dont tous les hommes sont morts en mer lors d'une grande tempête. Celles-ci doivent être leurs femmes.

— Pourquoi ne sont-elles pas restées dans leur village ?

— La pauvreté et la violence des hommes les en ont chassées et elles seraient venues ici pour protéger la vie de leurs enfants.

— Et tant que la légende court d'un lieu maudit, c'est vrai qu'elles sont plus en sûreté ici qu'ailleurs, poursuivit Hugues.

L'une des femmes, plus ridée qu'une datte, les yeux durs, s'approcha.

— C'est moi la chef du village, fit-elle en arabe. Nous sommes venus reprendre l'un de nos fils que vous avez capturé. Nous ne vous voulions pas de mal.

— Croyez-moi, c'est vous qui auriez pu avoir du mal. Nous n'avons pas capturé cet enfant. S'il ne s'était pas servi de sa fronde, il serait encore avec vous et peut-être n'aurions-nous jamais su que vous habitiez là. Nous aurions cru comme les autres aux ombres mauvaises de Cales Coves.

La vieille femme marmonna, mais Hugues reprit :

— Nous allons vous rendre le garçon, fit-il en faisant signe à l'un des marins.

Quelques instants plus tard, le garçonnet courait vers les femmes, mais un geste de la vieille l'arrêta net. Il vint à pas lents, la tête basse. Elle lui parla et il répondit d'une toute petite voix, se jetant à ses pieds. La femme hocha la tête.

— Vous avez dit le vrai. Il sera puni.

Une des mères vint chercher l'enfant qu'elle gifla et poussa devant elle sans ménagement.

— Nous levons l'ancre demain, et je vous fais promesse d'oublier que vous vivez ici, déclara Hugues. Vous pouvez partir.

Le regard aigu de la femme fouilla le sien.

— Que Dieu vous garde, qui que vous soyez, messire.

— Vous aussi… et les vôtres.

Hakon fit signe à ses hommes de laisser les prisonniers s'en aller. Les femmes ramassèrent leurs armes, les enfants s'égaillèrent sur le sentier de la falaise et l'étrange tribu, les « ombres de Cales Coves » ainsi qu'ils les appelèrent plus tard, disparut aussi vite qu'elle était apparue.

L’INSULA DE CABO ROS

24

Frère Censius était de ces hommes ordinaires qui ne demandent rien tant que de s'absorber dans des tâches où ils resteront le regard baissé et ne verront rien du monde qui les entoure.

Alors qu'il entamait son noviciat, son talent pour les chiffres avait été remarqué par ses aînés, et, bien des années plus tard, quand le chancelier du monastère mourut, il prit sa place. Censius aurait dû rester frère chancelier, à s'occuper de registres, à additionner, à soustraire, à diviser… Inlassablement, avec méthode et concentration. Mais la vie en avait décidé autrement.

Un lointain jour de septembre de l'année 1150, l'abbé du Thoronet le fit appeler près de lui et Censius, qui ne le rencontrait qu'aux réunions du chapitre ou avec d'autres officiers, chercha, affolé, de quelle faute il avait pu se rendre coupable.

Après l'avoir prié de s'asseoir, le révérend abbé parla des îles d'Hyères offertes par la famille de Fos à l'abbaye du Thoronet et de son intention de créer un monastère sur l'une d'elles ayant pour nom l'Insula de Cabo Ros. Censius se demandait en quoi tout cela pouvait bien le concerner quand l'abbé lui conta la suite. Ainsi qu'il était coutume, il avait prié douze moines de se présenter devant lui afin de pourvoir à la création de cette abbaye fille. Et ces douze moines l'avaient élu, lui Censius, comme leur futur abbé.

Ces religieux avaient-ils confondu son zèle au travail et aux offices, sa douceur résignée, son talent à ne pas se mêler des affaires d'autrui avec des signes de sainteté ? C'était fort probable. Et c'est donc ainsi que Censius devint l'abbé du Castelas, un monastère perdu sur un îlot rocheux au large d'Hyères.

Le lieu était battu par les vents, très chaud en été, glacial en hiver. Nul n'y vivait hormis une famille de paysans, un chevalier du guet, quelques chèvres et des centaines de lapins. Cela faisait bientôt six ans que Censius était là avec ses frères et le religieux ne s'y habituait toujours pas.

Pourtant, l'idéal de pauvreté de Cîteaux trouvait tout son sens dans ce lieu désert. Une impression de dénuement, d'aridité et de sauvagerie en émanait. La première maison, qui occupait la pointe d'un éperon rocheux dominant les flots, regroupait la cuisine et le réfectoire, la seconde, édifiée le long d'un haut mur d'enceinte, une petite infirmerie et la troisième, adossée au sud, et de loin la plus vaste, la salle du chapitre, la chapelle et le dortoir où dormaient ensemble les moines et leur abbé. Deux citernes alimentaient le monastère en eau douce. L'une d'elles était construite au premier étage de la maison principale à côté de la chapelle, l'autre en haut d'une volée de marches de pierre à l'est de l'enceinte.

Une fois de plus, alors qu'il sentait jusque dans ses os le choc sourd des vagues montant à l'assaut de la falaise, l'abbé regretta sa vie d'avant. Il essaya de s'absorber dans la lecture de la Bible, mais rien n'y fit : les vibrations de la roche que frappaient les flots et le froid humide de la mer avaient pris le dessus sur la lecture. Ses doigts étaient gourds, ses pieds nus dans ses sandales aussi et ce n'était pas la mauvaise laine de sa robe ni de sa coule qui allait le réchauffer.

— Et puis ce vent qui n'arrête pas de souffler ! grommela-t-il en réprimant un frisson.

Le frère bâtisseur, qui était resté avec eux jusqu'à la fin des travaux, avait choisi ce piton rocheux sur la côte nord de l'île alors que lui, Censius, rêvait d'un paisible vallon où il pourrait oublier qu'il était sur un caillou au milieu de nulle part.

Il relut pour la quatrième fois le passage du Deutéronome et s'arrêta sur l'une des malédictions promises par Yahvé : *Les cieux au-dessus de toi seront d'airain et la terre sous toi sera de fer*... Il referma le grimoire en grimaçant. Tout cela le ramenait malgré lui aux derniers événements. Souvenirs terribles qu'il essayait d'effacer de sa mémoire mais qui, la nuit, le faisaient se réveiller en sueur. La seule chose qui le consolait, c'est qu'il n'était pas le seul à cauchemarder. Souvent, il entendait ses frères gémir ou crier dans leur sommeil. Il y avait eu tant de morts et de disparus. Il repensa au jeune frère Roger dont on n'avait retrouvé que la bêche...

Si demain, ou cette nuit, venait son tour ? Il secoua la tête. Et s'il avait rêvé tout cela ? S'il était en train de devenir fou ? Mais pourquoi Dieu l'avait-il désigné pour être abbé ? Voulait-il le punir de quelque faute ?

— Mon père !

Il sursauta en apercevant la longue silhouette encapuchonnée dressée devant lui.

— Mon père, c'est moi, frère Henri, votre camérier, insista la voix. Vous vous sentez bien ?

Censius cacha le tremblement de ses mains dans ses manches. Il arrivait de moins en moins à dissimuler sa peur.

— Euh, oui... Très bien. Je... Je réfléchissais au texte pour le prochain office et... et à celui pour le réfectoire. Que me voulez-vous ?

— Un de nos frères vient de nous signaler deux bateaux en approche.

— Des… Des bateaux… Quel genre de bateau ?

Censius grinça des dents comme à chaque fois que quelque chose le troublait. La mer dans ces parages était peu sûre et les Barbaresques razziaient souvent la côte et les îles, emmenant en captivité les malheureux qu'ils n'avaient pas tués.

— Des navires normands, mon père. Un navire marchand escorté d'un navire de combat, ils se dirigent droit sur nous.

— Ah ! Bien, bien. Des Normands…

Le grincement reprit.

— Si vous m'en donnez l'autorisation, je vais prévenir le frère hôtelier.

Censius ne répondit pas. Sa pensée s'égarait à nouveau. Ne faudrait-il pas se méfier de ces Normands ? N'étaient-ils pas dangereux, eux aussi ? Peut-être allaient-ils piller le monastère et les tuer tous ? Peut-être…

— Mon père ! insista le camérier. Vous ne m'avez pas répondu.

— Mais à quoi ?

Nouveau grincement de dents.

— Je vous demandais si j'allais prévenir frère Joce. Nous devons recevoir ces Normands s'ils requièrent notre hospitalité, n'est-ce pas ?

L'abbé chercha ce qu'on attendait de lui. Devait-il répondre par oui ou par non ? Devait-il donner des instructions détaillées ? Comme d'habitude, il opta pour une retraite prudente.

— Faites au mieux, mon frère, faites au mieux.

— Je pense, reprit l'autre, qu'il vous faudra les recevoir.

Une lueur affolée passa dans les yeux de l'abbé.

— Je serai près de vous si vous le désirez, le rassura le camérier. Nous pourrions les convier à un repas au réfectoire.

— Oui, oui. Nous ferons ainsi.

Censius n'avait plus qu'une hâte : se retrouver enfin seul. Il passait sans cesse sa main sur son crâne rasé et grinçait des dents sans plus pouvoir s'arrêter.

Le camérier s'inclina :

— Pardonnez-moi de vous avoir interrompu dans vos réflexions, mon père. Je veillerai à ce que nul ne vous dérange.

Il n'y eut aucune réponse, l'abbé avait rouvert son livre, regardant sans les voir les enluminures qui dansaient sous ses yeux. L'autre sortit aussi discrètement qu'il était entré.

25

Frère Albéron leva son tranchoir et l'abattit de toutes ses forces sur le poisson couché en travers du plan de travail. Le sang gicla, éclaboussant son tablier, ruisselant sur le bois avant de s'écouler dans les rigoles creusées dans le sol. Un nouveau geste et un large morceau de thon alla rejoindre les autres. Le frère cuisinier essuya ses mains ensanglantées sur son tablier puis retourna au chaudron sous lequel se consumaient des brandes de bruyère.

— Pose ça où tu peux, conseilla-t-il au religieux qui attendait dans l'encadrement de la porte.

Le moine Paul avait apporté les langoustes qu'il avait pêchées à l'aube dans les rochers. Albéron, né à Toulon, savait cuisiner ces choses-là. Il en faisait une soupe épicée qu'aimaient les frères et à laquelle il donnait le nom étrange de *caldereta de llagosta*, une recette ramenée des Baléares par un marin génois. Les deux religieux se connaissaient depuis bientôt vingt ans, mais il avait fallu la promiscuité du Castelas pour qu'ils deviennent enfin amis.

Une fois le panier de langoustes sur un coin de table, Paul se tourna vers le gros frère qui s'activait toujours à la cuisson. Une bonne odeur de lard et d'oignon chatouillait ses narines, effaçant celle, plus fade, du sang. Par la meurtrière qui ouvrait sur le large entrait un rayon de lumière et un lourd parfum de sel et d'algues.

— Regarde sur la tablette, là-bas, fit le cuisinier. Tu es parti tôt pour relever tes filets ce matin, je pensais que tu aurais faim.

— Merci, fit Paul en saisissant le morceau de pain, l'oignon et le fromage de chèvre préparés par son ami. Mais je peux pas rester, tu sais.

— Assieds-toi et mange ! ordonna Albéron d'un ton bourru destiné à masquer son affection.

Paul ne se le fit pas dire deux fois, saisit un tabouret et, quand il fut installé, dévora son repas avec un évident plaisir.

Il aimait cet endroit. Était-ce la calme présence d'Albéron ? Les odeurs ? La lumière particulière qui y régnait ? Il s'y sentait toujours bien, ce qui n'était pas le cas dans le reste du monastère… ni sur cette satanée île.

La cuisine se trouvait à la pointe de l'éperon rocheux où se dressait le Castelas. C'était une vaste salle dont la moitié était occupée par les tables du réfectoire, l'autre par l'âtre et le four à pain où doraient toujours quelques miches ou d'épaisses galettes. Le frère cuisinier y travaillait seul, aidé pour les occasions spéciales par les novices. Aux solives étaient suspendus des jambons et des saucissons. Dans des paniers s'entassaient des oignons, à l'autre bout de la pièce s'empilaient des sacs de farine, des jarres d'huile, des tonneaux de vin. Toutes les réserves du monastère.

Paul avait fini depuis longtemps son en-cas quand il demanda :

— Qu'allons-nous faire ?

— Manger tes langoustes, répliqua Albéron en haussant ses larges épaules.

— Tu sais très bien de quoi je veux parler.

Le gros frère se tourna vers Paul et répéta :

— C'est pourquoi je te dis que nous allons manger.

— Mais enfin…

Albéron ouvrit le panier et en sortit une langouste rouge qu'il agita sous le nez de son ami.

— Tu as remarqué comme elles sont grosses depuis quelque temps ? Rien à voir avec celles de l'an dernier.

— C'est vrai, mais pourquoi dis-tu ça ?

— T'es-tu demandé ce qui les rendait ainsi ?

Paul fronça les sourcils, cherchant où voulait en venir son ami, puis finit par secouer négativement la tête.

— Alors laisse-moi t'éclairer. Elles mangent des algues, des éponges, adorent les oursins, les crevettes et autres petites bêtes… Mais vois-tu, je crois que ce qui les rend si belles en ce moment, c'est la chair des cadavres.

Frère Paul esquissa un mouvement de recul. Des images atroces revenaient à sa mémoire.

— Tu veux dire…

— Qu'elles sont nécrophages, mon ami. Elles s'en repaissent tout comme sur terre les asticots en font leur ordinaire. Je me souviens d'une fois à Toulon où une nef a coulé à l'entrée du port. Dans les tavernes, tout le monde mangeait de la langouste à s'en faire éclater la panse, sauf moi. J'imaginais les corps des noyés et ces bêtes rouges qui leur couraient dessus. Je n'ai pas pu en avaler une bouchée.

Paul fit la grimace.

— Que veux-tu que nous fassions d'autre ? renchérit le gros cuisinier. Nous sommes plus sûrement prisonniers ici qu'entre les murs de n'importe quelle geôle de France ou d'Aquitaine.

— Des bateaux arrivent. Nous pourrions peut-être…

Il sursauta, la porte s'était ouverte brusquement et un moine s'était dressé dans l'encadrement.

— Eh bien, mes frères, vous semblez oublier bien facilement la règle de silence, déclara le nouveau venu.

Les moines s'étaient tus. Le frère hôtelier, Joce, s'approcha :

— Que faites-vous ici, frère Paul ?

— J'ai apporté ces langoustes…

— Et ensuite ?

— Ensuite, rien, mon frère, j'allais partir.

Joce fixa les deux moines qui baissaient la tête.

— Il m'a semblé vous entendre parler de bateaux… Mais je dois me tromper.

À cette remarque qui prouvait que Joce était là depuis un moment, Paul ne put s'empêcher de blêmir.

— Je retourne à mon ouvrage, fit-il en essayant de se glisser vers la sortie.

— Il ne serait pas bon que je sois obligé de vous dénoncer à la prochaine réunion du chapitre, remarqua frère Joce en lui barrant le chemin.

— Nous n'avons rien fait de mal, frère Joce, protesta Paul.

— Vous avez rompu la règle de silence.

Frère Paul baissa la tête.

— Pardon, mon frère.

— Allez m'attendre dans la cour ! J'ai besoin de parler à frère Albéron.

Le cuisinier, qui n'avait rien dit pendant l'échange, touilla plus ostensiblement ses morceaux de lard. L'hôtelier, grand gaillard maigre au visage en lame de couteau, s'était tourné vers lui :

— Vous savez donc, mon frère, que des bateaux arrivent ?

— Tout le monde le sait, dit le cuisinier en jetant un hachis d'herbes dans sa préparation.

— Frère Paul ne parlait-il pas de s'enfuir ? fit la voix douce de l'hôtelier.

— Sauf votre respect, mon frère, je n'ai rien entendu de pareil.

Joce secoua la tête, sentant qu'il ne tirerait rien d'autre de cet homme massif aux gestes sûrs. Il changea de sujet :

— Aurons-nous assez pour nourrir les futurs arrivants ?

Le gros homme jeta un coup d'œil vers le panier de langoustes, puis vers le thon qu'il débitait.

— Vous ne m'avez pas dit combien de personnes je dois nourrir et, en tant que cuisinier, j'avoue que c'est le seul renseignement qui m'intéresse.

— Vous êtes un homme avisé.

— En tout cas, s'il y a deux navires, poursuivit le cuisinier, faisant semblant de ne pas entendre la remarque, il me faudra davantage de poissons. Nous garderons la *caldereta* pour notre abbé et les hôtes de marque. Je ferai une soupe de poissons de roche et de pois pour les autres.

— Bien, je vais m'occuper de votre approvisionnement. Que vous faut-il d'autre ?

— Je me proposais d'aller chercher des œufs à la ferme.

— Vous avez assez à faire comme cela, frère Albéron, susurra Joce. Je m'en occupe.

— Je reste donc ici.

— Vous êtes un homme intelligent, frère Albéron. Bon cuisinier et intelligent. Vous vivrez longtemps… si Dieu le veut.

Un frisson parcourut l'échine du gros homme qui, une fois Joce sorti, se jeta à genoux au milieu de la cuisine :

— Aie pitié de nous, sainte Vierge ! Aie pitié de tes enfants. Sors-nous d'ici avant qu'il ne soit trop tard. Fais que ton fidèle Albéron puisse encore te servir. Je ne suis pas prêt à mourir, douce mère de Dieu, aie pitié. Et s'il faut pour cela que je te promette de ne plus boire, je le…

Le cuisinier s'interrompit net et se releva. Il n'arrivait pas à renoncer au vin et se disait que la Vierge le sauverait malgré ça, doutant pourtant chaque jour davantage d'être épargné par la malédiction qui les frappait.

26

Le frère hôtelier traversa la cour, allant directement à Paul qui l'attendait, immobile et tendu.

— Il nous faut d'autres poissons, mon frère.

— Bien, répondit Paul dont le visage s'éclaira malgré lui à l'idée de quitter l'enceinte du monastère.

— Mais ne vous réjouissez pas trop vite, poursuivit l'autre, je vous verrai ce soir ou cette nuit… À moins que notre camérier ne désire vous entretenir en personne.

Paul blêmit. Joce ne disait plus rien, mais il ne lui avait pas encore donné congé. Le pauvre moine resta indécis, passant d'un pied sur l'autre, se demandant s'il devait partir ou bien rester, ne se résolvant ni à l'un ni à l'autre.

À l'autre bout de la cour, un frère taillé comme un Hercule apparut, sortant du dortoir. Il allait s'éloigner sans leur prêter attention quand l'hôtelier le héla.

— Venez ici, mon frère !

L'homme les rejoignit d'un pas lourd, les muscles de ses bras et de son torse jouant sous la toile trop serrée de sa robe. Son regard était sans expression quand il se posa sur Joce puis sur le petit religieux à ses côtés.

— Voici celui qu'il nous faut, fit Joce. Frère Iñigo, vous accompagnerez frère Paul à la pêche. Veillez à ce qu'il nous ramène du poisson pour plusieurs jours.

— Mais je peux me débrouiller seul, protesta Paul.

— Vous avez quelque chose à reprocher à frère Iñigo ou bien vous contestez mes ordres, mon frère ?

— Je… Non, pas du tout, je ne me permettrais pas… Ça ira très bien.

— Alors, assez perdu de temps. Allez, tous les deux !

Les religieux partis, Joce tourna les talons, obliquant vers la gauche, grimpa une volée de marches taillées à même la pierre. Une fois en haut, il se retourna pour contempler le monastère à ses pieds.

Le Castelas était une sorte de fortin. À l'est, où le religieux se tenait, tout comme au nord, sa défense venait d'à-pics vertigineux tombant dans la mer. Au sud, il y avait un fossé et à l'ouest, où s'ouvrait la poterne, un haut mur de pierre. Une position fortifiée voulue par les cisterciens qui connaissaient les dangers de cette côte où les Sarrasins se croyaient encore les maîtres.

Le regard de Joce balaya une nouvelle fois le monastère. On n'aurait su dire ce qu'il cherchait, car nul n'était visible à cette heure, hormis le frère portier assis près de sa cabane. Joce regarda l'enfilade des îles que dorait le soleil matinal, les voiles des navires qui passaient au large, puis les vallons et les crêtes de Cabo Ros, s'arrêtant un long moment sur le feu qui brûlait au nord-est. Un faro installé au sommet de la tour de guet, fait pour être vu de la côte et des bateaux, capable aussi de prévenir Hyères et Toulon de l'arrivée des pirates barbaresques.

Un sourire s'épanouit sur son visage : tout allait bien. Enfin, il redescendit les marches et, après un bref salut au portier, partit d'un bon pas sur le chemin pierreux, s'arrêtant à l'hôtellerie, une ancienne bergerie bâtie en dehors de l'enceinte, devant laquelle s'activait un novice.

— Tu nettoies le seuil, c'est bien, mais as-tu préparé les paillasses comme je te l'avais ordonné ?

N'ayant pas entendu venir l'hôtelier, Benoît lâcha son balai de branchages sous le coup de la surprise.

— Pa… Pardon, mon frère, bafouilla-t-il. Mais oui… oui, des paillasses de bruyère et de fougère. Et j'ai ramené du bois sec pour faire un feu dans l'âtre.

— Assez parlé. Continue ton ouvrage !

Le novice ramassa vivement son balai et se remit au travail. Joce était déjà loin. Il avait obliqué vers la grève de l'Avis et devant lui était apparu ce que tous dans l'île nommaient pompeusement la « ferme ». En vérité, une pauvre bicoque au toit de chaume percé d'un trou par où s'échappait un filet de fumée, un appentis en bois flotté et un enclos.

Levés à l'aube, les fermiers étaient revenus chez eux pour prendre leur premier repas de la journée. Meublée en tout et pour tout d'une paillasse, d'un coffre et de deux tabourets, la maisonnette était basse de plafond, fort sombre et enfumée.

Un chevreau allait et venait autour des paysans, glissant son museau soyeux dans la poche du tablier de la femme, poussant le bras de l'homme pour réclamer sa part du festin.

Assis sur son tabouret, le fermier ne parut même pas s'en rendre compte. Il fixait le feu sans le voir, agrandissant de la pointe de ses sabots les sillons qu'il faisait chaque jour dans le sol de terre battue. La vieille avait rempli leurs bols d'un brouet où surnageaient de petits morceaux de pain sec et un oignon émincé. Elle avait repoussé le chevreau et allait prendre place au côté de son mari quand la porte s'ouvrit brutalement. Ils s'immobilisèrent tous deux, laissant leurs gestes inachevés. Craintif, le chevreau fila se blottir dans un recoin.

— Eh bien, fit Joce, on dirait qu'on prend du bon temps, ici !

Les deux vieux restaient plus figés que des statues.

— J'ai besoin de miel et d'œufs. Tout ce que tu as, bonhomme.

Le fermier se leva, versant au passage le contenu de son bol dans le chaudron.

— Je vais vous chercher ça, fit-il.

Mais le frère, posant la main sur son épaule, le força à se rasseoir.

— Tu restes là, nous avons à parler entre hommes. Ta femme sort.

La vieille se leva précipitamment, saisit un panier et sortit, refermant derrière elle.

— As-tu vu frère Grégoire ce matin ?

— J'crois qu'il est dans sa cabane, mon frère, à moins qu'y soit encore dans les collines.

— Pas une cabane, un *herbarium*, mon brave… Un *herbarium*. Mais oublions Grégoire, ce n'est pas de cela que je voulais t'entretenir. Tu sais toi aussi, j'imagine, que nous allons avoir de la visite ?

Le paysan baissa la tête.

— Réponds !

L'homme sursauta puis, non sans hésitation, marmonna :

— J'sais qu'y a deux bateaux qu'arrivent. Rien de plus.

— Sais-tu ce que cela veut dire ?

L'homme secoua le chef.

— Cela veut dire que la règle de silence est valable pour toi aussi, bougre d'imbécile ! s'énerva Joce.

— Oui, marmonna le fermier.

— Tu diras à ta femme de tenir sa langue, sinon…

Le religieux ne finit pas sa phrase et le vieux protesta :

— On s'est jamais mêlés de rien, nous deux, savez…

— Alors continuez comme ça. Tu sais ce qu'il en coûte de désobéir à notre abbé ?

Bien qu'il n'y eût pas de réponse, tout dans l'attitude craintive et le regard fuyant du paysan montrait qu'il savait à quoi s'en tenir. On entendait des pas pressés dehors. La fermière entra, portant un panier d'œufs et deux pots de terre qu'elle tendit au moine. Une fois le religieux parti, elle servit à nouveau son mari et reprit sa place devant la pierre plate du foyer. Le frottement des pieds sur le sol avait recommencé. Aucun mot ne fut échangé.

27

Les navires normands avaient jeté l'ancre dans l'anse de l'Avis. Alors que les marins, guidés par Knut, établissaient le camp non loin de la plage sur un plateau cerné de genêts et de chênes verts, une petite troupe s'en alla par la sente caillouteuse qui remontait vers le centre de l'île. Guerriers fauves et marins portaient les civières où gisaient les blessés. Le moine Dreu ouvrait la marche avec Hugues et Tancrède.

— Vous connaissez bien les lieux ? demanda le jeune Normand, que l'assurance du religieux surprenait.

— Pas vraiment, répondit Dreu, mais dans leurs écrits, mes frères m'ont fait des descriptions assez précises de leur île. C'est un lieu rude, ici.

— Souvenez-vous, déclara Hugues en s'adressant à son protégé, des *horribles et vastes solitudes* dont aimait à parler Bernard de Clairvaux.

Le regard de Tancrède parcourut les collines escarpées, les pentes sauvages couvertes de bruyère, de myrte et de romarin. Avec son maître, il avait bénéficié de l'hospitalité généreuse des monastères cisterciens, admirant au passage le travail des moines bâtisseurs, les complexes réseaux d'irrigation, les viviers et les moulins… Et rien dans ce lieu désolé ne lui rappelait pour l'instant ce qu'il connaissait de Cîteaux. Mais il était vrai qu'il n'avait jamais vu de monastère à sa fondation.

— Ils ne sont là que depuis cinq ans, messire, reprit Dreu comme s'il avait suivi sa pensée. Et sur Cabo Ros, en dehors d'eux, il n'y a personne qu'un chevalier du guet au service du cosuzerain de l'île, Guy de Fos, et un couple de vieux paysans. Pas le moindre manant. D'ici quelques années peut-être, l'île sera transformée. Et puis n'oubliez pas qu'ils ne sont que douze. C'est le chiffre requis pour fonder une nouvelle abbaye, mais il eût été préférable que d'autres frères les rejoignent et nul, hormis frère Grégoire, l'infirmier que nous venons voir, ne l'a fait.

— Frère Grégoire… Je me souviens de n'avoir pas entendu que de bonnes choses sur son compte, remarqua Hugues.

— C'est vrai, répondit Dreu.

Puis, plus bas :

— On a même dit qu'il était un peu fou.

— Pire que ça, je pensais à cet homme pendu à Cologne pour avoir profané des sépultures. Avant de mourir, il a accusé frère Grégoire. Ce serait lui qui lui aurait ordonné de déterrer les cadavres et de les lui amener.

— Mais pourquoi frère Grégoire aurait-il fait cela ? s'indigna Dreu. Il n'y a eu aucune preuve, messire. Ce n'était à mon avis que pure calomnie.

— On l'a accusé aussi d'avoir empoisonné Volmar, le secrétaire d'Hildegarde de Bingen, pour prendre sa place.

— Volmar n'est pas mort. Il a repris son office.

— Non, mais quelle que soit la cause de son malaise, il était suffisamment indisposé pour qu'un autre propose de faire son ouvrage. Et si je me souviens bien, Hildegarde a même exigé que Grégoire quitte le couvent de Bingen.

— C'est ma foi vrai. Mais je crois que vous vous trompez sur son compte. On a dit aussi qu'il avait sauvé tant de gens et les hommes sont si envieux !

— Sans doute, sans doute, mon frère. Je reconnais bien là votre générosité naturelle, mais pour moi, je suis encore du siècle et le doute m'habite souvent quant aux idéaux et aux qualités de nos frères les hommes.

Ils se turent, continuant un moment sur le sentier escarpé avant que Dreu ne reprenne :

— C'est étrange, normalement, ils ont dû nous voir accoster. Ils devraient venir à notre rencontre... Ah ! Ceci doit être la ferme.

Le moine désigna une masure et un enclos où piétinaient des chèvres.

— L'endroit est bien désert, remarqua Tancrède. N'y a-t-il personne ici ?

— Les fermiers doivent être à leur ouvrage dans les collines. Je me souviens qu'ils s'occupaient d'abeilles.

Ils avaient dépassé la ferme et, à un embranchement, Dreu s'arrêta, regardant les chemins cernés de broussailles qui s'ouvraient devant eux d'un air indécis.

— Ma foi, fit-il au bout d'un moment. Je ne sais lequel choisir.

— Posez les civières ! ordonna Hugues aux marins qui les suivaient.

Les hommes obéirent aussitôt.

— Ne vous inquiétez pas. À mon sens, c'est celui qui part le plus à gauche, mais Tancrède et moi allons explorer l'autre. Pendant ce temps, les porteurs vont souffler et donner à boire aux blessés.

Sans attendre de réponse, les deux hommes partirent sur le sentier caillouteux, disparaissant bientôt au milieu des hauts buissons d'arbousiers et des genêts. Ils marchèrent un moment puis le sentier obliqua franchement vers l'est.

— C'est l'autre chemin, faisons demi-tour.

— Ne trouvez-vous pas curieux que nous n'ayons rencontré personne ? demanda Tancrède. Cette île est plus étrange encore que la baie de Cales Coves.

Hugues ne répondit pas. L'état de Magnus le préoccupait et, à peine arrivé auprès des autres, il donna le signal du départ. Malgré les plaintes des blessés, les hommes soulevèrent les civières, et le convoi s'enfonça dans le moutonnement des ronces et des arbustes. Ils aperçurent des champs cultivés puis, au loin, se dessina un toit de tuiles.

— Ce doit être la bergerie, déclara Dreu. Nous sommes bientôt arrivés, on ne devrait pas tarder à voir le Castelas.

Ils repartirent. La file s'allongeait sur l'étroit sentier quand une haute silhouette revêtue de la robe claire des cisterciens leur barra le passage, s'inclinant pour les saluer.

— Que Dieu soit avec vous, mes frères.

Le visage du religieux restait dans l'ombre de sa capuche.

— Et avec vous. Mon nom est frère Dreu.

— Je suis Joce, le frère hôtelier. Le guetteur nous a prévenus de votre arrivée et je suis venu vous chercher pour vous conduire à notre hôtellerie.

Le religieux s'était approché des blessés.

— Mais je vois que vous avez aussi besoin des soins de nos infirmiers, ceux-là m'ont l'air bien mal en point.

— Nous avons été attaqués par les Barbaresques, expliqua Dreu en le voyant se pencher sur Magnus.

Le moine se signa.

— Le Seigneur nous en protège ! Mais vous raconterez tout cela à notre abbé. Venez, suivez-moi.

Et il repartit d'un bon pas.

Quelques instants plus tard, ils pénétraient dans la pénombre fraîche de l'ancienne bergerie. Les murs étaient passés à la chaux et des clous y étaient plantés pour suspendre les vêtements. Des paillasses sur lesquelles étaient posées des couvertures pliées étaient installées de part et d'autre d'une allée. Des bassines étaient emplies d'une eau claire et dans un baquet de bois étaient rangés des linges propres et un savon noir. Le novice s'activa en silence autour des nouveaux arrivants, aidant les blessés à s'installer. Hakon plaça deux guerriers au chevet de son chef qui n'avait toujours pas repris connaissance, faisant dresser autour de lui une alcôve de draps.

Le voyant faire, Joce s'approcha de Dreu, lui demandant en confidence :

— Quel est donc cet homme dont vous prenez tant de soin ?

— Un jarl venu des Orcades. Son nom est Magnus le Noir. Il est le chef des guerriers fauves, la garde d'élite de notre roi Henri II Plantagenêt. Il est mortellement blessé. C'est d'ailleurs pour lui que nous sommes ici. Il serait bon que vous préveniez au plus vite votre infirmier frère Grégoire.

— Vous connaissez frère Grégoire ? s'étonna Joce. Je n'ai pas prononcé son nom.

— Je le connais de réputation, mon frère, et puis, je sais qu'il est arrivé ici il y a quelque temps.

— Vous savez ?

Le visage maigre de l'hôtelier exprimait l'incompréhension.

— Je me disais bien que vous ne me remettiez pas ! s'écria frère Dreu avec un grand sourire. Je suis le moine envoyé par l'abbaye de Savigny pour créer un scriptorium.

Joce le regarda en fronçant les sourcils, et marmonna :

— Un scriptorium, le scriptorium… Frère Dreu… Bien sûr, où avais-je la tête ?

— C'est moi qui m'excuse. Notre arrivée avec tous ces blessés a de quoi bousculer l'esprit le mieux organisé.

— C'est vrai, c'est vrai… Et ces hommes vêtus de cottes de drap noir que recouvrent des gilets de peaux de loup, leurs haches de guerre en travers du dos, sont donc les guerriers fauves ?

— Oui.

— Et ils sont tous là ?

— Oh, non !

— Ah ! Je suis trop curieux, pardonnez-moi. C'est mon métier qui me rend ainsi. Existe-t-il des hôteliers qui ne se soucient pas de leurs visiteurs ?

— Sans doute pas. Mais je vous en prie, mon frère, si je puis encore vous éclairer, cela sera avec grand plaisir.

— Une dernière question, alors. Cet homme là-bas, c'est un Maure ?

— Non, messire Hugues de Tarse est gréco-syrien. Il vient de la cour de Roger II de Sicile et ce jeune homme, Tancrède d'Anaor, est son protégé.

— Où sont passés les autres ?

— Ils ont installé un camp au-dessus de la plage où nous avons accosté, non loin des bateaux.

— À la plage de l'Avis. Mais combien êtes-vous exactement ?

Dreu, qui n'y avait jamais réfléchi, hésita à répondre et Joce, se méprenant sur son silence, reprit :

— Je dois pouvoir vous nourrir, comprenez-le.

— Si ce n'est que cela, ne vous inquiétez pas, mon frère, les marins feront aiguade ici et tueront quelques lapins avec votre autorisation, et cela sera déjà bel et bon.

— Les lapins sont la propriété du cosuzerain de l'île, Guy de Fos, mais ils sont si nombreux qu'il n'y verra que du feu. Voyons, assez discuté, je vais aller chercher notre frère infirmier et prévenir notre abbé. D'ici là, si vous avez besoin de quoi que ce soit, frère Benoît s'occupera de vous.

28

— Qui s'occupe des blessés ? Je veux le voir ! s'écria le religieux qui venait d'entrer dans l'hôtellerie.

Le novice qui lessivait le dallage pâlit et s'éloigna insensiblement vers le fond de la salle. Le murmure des conversations s'était tu, tous les regards convergeaient vers le nouveau venu : un gros homme à la face épanouie.

— C'est moi, répondit Hugues de Tarse en essuyant ses mains souillées de sang sur le linge que lui tendait Tancrède. Mon nom est Hugues de Tarse. Vous êtes l'infirmier, frère Grégoire ?

Le religieux ne répondit pas, détaillant sans aménité l'Oriental des pieds à la tête avant de demander d'un air arrogant :

— Vous êtes mire ?

— Non, dit Hugues qui se garda bien d'évoquer ses années d'études de médecine et les blessures qu'il avait soignées sur les champs de bataille des Pouilles.

Ce n'était ni le lieu ni l'heure et rien, dans l'attitude impatiente du moine, ne l'y incitait.

— Quel est le cas le plus grave ? poursuivit l'autre.

Sans s'offusquer de la brusquerie de ses manières, Hugues désigna l'alcôve fermée d'un rideau devant laquelle se dressaient les gardes.

— L'homme là-bas. Un carreau d'arbalète l'a traversé de part en part, il a perdu beaucoup de sang, a la fièvre et n'a pas repris connaissance…

— Et les autres ? le coupa frère Grégoire.

Hugues énuméra les blessures de chacun et ce qu'il avait fait jusqu'alors. Le gros moine n'émit aucun commentaire. Il paraissait à peine l'avoir entendu.

Au bout d'un moment, il se dirigea droit vers l'alcôve. Hakon fit signe à ses hommes de le laisser passer et resta en retrait, la main sur la garde de son poignard tandis que le moine se penchait. Magnus, rouge de fièvre, respirait difficilement et le moine ôta les pansements pour regarder la plaie. Tancrède remarqua à quel point ses gestes étaient précautionneux et sa main habile.

— Ce n'est pas la peine de refaire les pansements, posez un linge dessus, ça ira, ordonna-t-il au jeune homme avant de se redresser et de faire le tour des malades.

Il s'arrêta longtemps devant chacun, examinant chaque blessure, passant le doigt sur les rebords de certaines, goûtant la sueur ou les humeurs des autres. Puis il s'arrêta comme stupéfait devant Eleonor que Tancrède était allé chercher et qui s'affairait au chevet d'un marin.

— Une femme ! marmonna-t-il d'un air réprobateur en secouant la tête. Une femme !

Puis il ressortit de la bergerie comme il était entré.

— Mais il s'en va ! s'exclama Hakon.

— Il va revenir, murmura Hugues.

Et le gros moine était effectivement revenu, chargé d'un panier empli de pots, de fioles, de bandes de charpie et d'herbes séchées.

— Vous, vous allez m'aider ! fit-il en se dirigeant droit vers Hugues.

— Volontiers, acquiesça celui-ci avec un sourire.

Eleonor leva la tête. L'extrême courtoisie d'Hugues la surprenait toujours et l'agaçait parfois, surtout quand il tolérait, comme en cet instant, que quelqu'un l'aborde de façon si cavalière. Combien de fois depuis le début du voyage l'avait-elle vu séparer des adversaires avec cette diplomatie tout orientale qui le caractérisait ? Combien de fois aussi des gens qui semblaient le mépriser, comme l'infirmier, avaient-ils fini par s'incliner devant sa fermeté et son calme ?

Un gémissement la rappela à sa tâche. Elle essora le linge dans le baquet de bois, et humecta à nouveau le front et le cou du blessé dont elle s'occupait.

— Toi, ordonna le moine au novice Benoît, remets du bois dans ce brasero ! Pousse-le près du blessé là-bas et fais-moi bouillir de l'eau ! Beaucoup d'eau.

Laissant tomber son balai, le novice partit en courant pour exécuter les ordres de l'irascible infirmier.

Grégoire se dirigea vers l'alcôve, s'arrêtant devant les lances croisées des guerriers. Il s'empourprait déjà, mais l'ordre d'Hakon résonna :

— Laissez passer !

— Non seulement il va falloir qu'ils laissent passer mais aussi qu'ils s'éloignent ! grommela Grégoire. Je ne vais pas travailler avec des javelots dans le dos. Ou vous vous débrouillerez tout seul !

Hakon faillit répondre sèchement, mais Hugues l'apaisa d'un geste, posant sa main sur son avant-bras. Sur un signe de leur chef, les guerriers allèrent se poster à l'extérieur. L'infirmier semblait déjà avoir oublié l'incident.

Il s'était assis à côté de Magnus, une main sur la gorge de celui-ci, les yeux mi-clos. Le sifflement de la respiration du blessé était de plus en plus irrégulier. Au bout d'un moment, le moine repoussa les couvertures et examina à nouveau la plaie. À plusieurs reprises, Hugues le vit hocher la tête avec l'air satisfait d'un homme qui se réjouit d'avoir à résoudre un problème inhabituel.

Le carreau d'arbalète avait emporté une partie du flanc, laissant sur le corps ce qui ressemblait à une large morsure au pourtour déchiqueté et noirci.

— Il y avait des morceaux de tissu dans la plaie ? demanda-t-il sans lever la tête.

— Oui, répondit Hugues, et du cuir, c'est la première chose que j'ai nettoyée.

— Soulevez-lui la tête et aidez-moi à lui desserrer les dents ! fit Grégoire en sortant une petite fiole de sa poche. Cela devrait lui redonner de la virilité. Sa sève s'en va, il faut qu'elle revienne.

Les doigts d'Hakon se refermèrent sur son poignet, l'empêchant d'achever son geste.

— Qu'est-ce que vous lui donnez ? demanda l'Orcadien.

— Mais lâchez-moi ! s'écria le gros moine en essayant en vain de se libérer.

Hakon ne bougeait pas, il attendait sa réponse et Hugues comprit très vite qu'il ne céderait pas avant de l'avoir.

— *Teucrium chamaedrys*[1], marmonna Grégoire avec une mauvaise volonté évidente.

L'Orcadien ne relâcha pas son étreinte. Bien qu'il ait compris à quel remède l'infirmier faisait allusion, Hugues saisit la fiole et en goûta le contenu avant d'expliquer :

— C'est du chasse-fièvre, Hakon. Tout va bien.

Les doigts du guerrier s'ouvrirent. Indigné, la face rouge de colère, le moine se redressa.

— Soit vous me laissez tranquille, soit vous le soignez vous-même !

Le guerrier fauve regarda son chef, l'infirmier, puis Hugues. Il savait qu'il devait faire confiance au gros homme mais avait du mal à s'y résoudre.

1. Germandrée petit-chêne.

— Je suis là, Hakon, remarqua Hugues. Je vais assister frère Grégoire.

— Aidez-moi à le maintenir sur le côté, demanda l'infirmier à l'Oriental. Et vous, fit-il en s'adressant à Hakon, donnez-moi quelque chose afin que je puisse le caler.

Sa décision prise, l'Orcadien s'empressa, revenant avec des couvertures roulées et des oreillers emplis de foin. Une fois Magnus sur le côté, Grégoire regarda à nouveau la plaie, puis il y plongea un doigt, l'enfonçant lentement et le ressortant souillé de sang et d'humeur qu'il lécha.

Hakon fronça les sourcils en le voyant faire. Autant il avait laissé Hugues s'occuper de son chef, autant les manières du gros moine lui déplaisaient. Frère Grégoire lui tendit les bandes de tissu qu'il avait apportées dans son panier :

— Tenez, si vous voulez faire quelque chose d'utile pour lui, pissez là-dessus et rapportez-les-moi !

Il n'y avait rien à répondre. Comme nombre de guerriers, Hakon connaissait les vertus désinfectantes de l'urine, il s'empara des bandes et sortit.

— Ça ira, frère Grégoire, continuez, dit Hugues d'un ton apaisant. Il ne vous gênera plus, je vous en fais promesse.

L'infirmier souleva le couvercle de l'un de ses pots de terre.

— Aidez-moi, il faut remplir la plaie de cette pâte. Nous le banderons et nous laisserons agir jusqu'à l'office de sexte. Ensuite, nous verrons.

— Ne pensez-vous pas qu'il serait utile de placer un drain afin que les humeurs s'écoulent ?

À ces mots, l'infirmier releva brusquement la tête.

— Il suffit de tous ces mensonges ! gronda-t-il. Qui êtes-vous vraiment ? Tout dans vos paroles et dans vos gestes montre que vous connaissez le corps de l'homme !

— Je n'ai pas dit que je n'avais jamais étudié.

— Quelles étaient les autres plantes dans la fiole ?

— Racines d'impératoire, sommités de bourrache, peut-être un peu de genévrier et de buis ou du sureau. Mais j'ai passé plus de temps sur les champs de bataille qu'à lire les grimoires de Rhazès ou d'Avicenne.

— Vous connaissez Avicenne… Les champs de bataille…

Une drôle de lueur s'était allumée dans les yeux du moine.

— Quel heureux homme vous faites ! s'exclama-t-il. Avoir des corps à disposition ! Savoir enfin les mystères…

Il s'interrompit net et se leva.

— Restez à son chevet. Je vais m'occuper des autres.

29

— Mon frère, demanda Tancrède en s'approchant du novice, pourriez-vous me dire où chercher de l'eau fraîche pour les blessés ?

Benoît, qui achevait de changer l'une des paillasses, sursauta comme si on l'avait piqué. Il jeta un coup d'œil effrayé vers l'infirmier qui pourtant ne leur prêtait aucune attention, fit signe qu'il devait se taire et se pencha à nouveau vers son ouvrage. Le Normand posa la main sur l'épaule du jeune moine et répéta d'une voix ferme :

— Vous n'avez pas bien compris, mon frère : les blessés ont besoin d'eau.

Le moine esquissa quelques gestes rapides dans le langage des signes propre à sa communauté, puis fit mine de sortir. Tancrède allait lui barrer le passage quand Hugues, qui avait suivi leur échange, se leva, offrant sa tablette de cire et son stylet.

— Dessinez-nous un plan, mon frère, ainsi vous ne romprez pas vos vœux de silence et nul ici ne pourra vous faire reproche.

Une expression de soulagement se répandit sur le visage maigre de Benoît qui acquiesça d'un signe de tête et indiqua en quelques traits rapides où se trouvait la source.

Quelques instants plus tard, un seau dans chaque main, le jeune Normand s'éloignait d'un bon pas entre les argousiers et les buissons d'épineux. Des lapins s'enfuyaient à son approche tandis qu'un merle le précédait, voletant sans se presser d'un chêne vert à l'autre. Un doux murmure se fit bientôt entendre dans les taillis, le jeune homme se fraya un chemin parmi des cistes et découvrit un filet d'eau qui jaillissait d'un talus avant de disparaître au milieu de hautes herbes.

Il cala son seau avec une pierre et s'assit en attendant qu'il se remplisse, heureux de se retrouver seul avec lui-même, loin des plaintes et des cris de douleur des blessés.

Il avait aimé cette singulière bataille, même si la mort et les mutilations en pouvaient être le prix à payer. N'était-ce pas là ce qu'il recherchait depuis toujours ? Comme une lame neuve, il avait besoin de passer à la flamme pour se révéler, pour savoir de quel métal il était fait.

Il s'était passé tant de choses depuis qu'Hugues lui avait annoncé qui était son père. Aucun rêve ne venait plus le tourmenter, pas même la vision de sa mère, la douce Anouche.

Le merle s'était posé à quelques pas devant lui, l'observant de son œil rond. Tancrède ramassa une herbe et se mit à en sucer le suc.

Pour la première fois depuis qu'ils avaient passé les colonnes d'Hercule, il se répéta les paroles qu'Hugues avait prononcées : *Vous êtes le fils de Roger, duc de Pouilles, l'héritier préféré de Roger II de Sicile, le prince qui aurait dû lui succéder sur le trône à la place de Guillaume Ier. Vous êtes Tancrède d'Anaor. Votre père vous a légué des terres et un fortin planté sur un piton rocheux au cœur du Val di Noto. Votre mère, Anouche, y a vécu. Sa sœur y habite toujours.*

— Tancrède d'Anaor, répéta le jeune homme à voix haute, écoutant la sonorité de son patronyme comme on écoute celle d'un nom étranger.

Et n'était-ce pas ce qu'il était ? Un étranger à lui-même ? Il se souvenait maintenant des égards du seigneur de Pirou, de la façon révérencieuse qu'il avait eue de s'adresser à lui, de l'aide qu'il leur avait apportée pour embarquer. Même bâtard, il restait le petit-fils de Roger II de Sicile. Un homme qu'on ménageait sans qu'il comprenne pourquoi.

La mélancolie qui l'avait quitté revint d'un coup. Parfois, tout lui semblait lumineux et d'autres fois, comme en cet instant, la vision de son avenir, le destin qui l'attendait par-delà les mers était plus trouble et opaque que l'eau d'un marigot.

Qu'allait-il faire en Sicile ? Prendre possession de son château et de ses terres ? Se rendre à la cour de Palerme pour saluer le frère de son père, ce Guillaume qu'un chroniqueur surnommait déjà le Mauvais ? Et pourquoi ? Il aurait pu tout aussi bien rester en Normandie ou en Aquitaine à chercher fortune en tournoyant plutôt que réclamer un hypothétique héritage.

Un bruit d'eau à ses côtés le fit se retourner, le seau débordait… Il jura et posa l'autre à sa place, s'en voulant de ces rêveries inutiles. Il fallait, puisqu'ils avaient quelques jours de repos forcé sur cette île, qu'il trouve un moment pour parler à son maître.

Au son de pas précipités, il releva la tête. Un homme jaillit des taillis devant lui et s'arrêta net. C'était un moine à la robe en lambeaux et à la barbe hirsute. Le souffle court, il roulait des yeux effrayés, ouvrant et fermant ses poings. Ils restèrent un moment à se fixer, puis le moine jeta un coup d'œil inquiet derrière lui, son mouvement découvrant une vilaine plaie à la base de son cou.

— Vous l'entendez ? fit-il d'une voix éraillée.

— Je… Non, répondit le Normand sans bien comprendre de qui ou de quoi ce singulier personnage voulait parler. Vous êtes blessé…

— Elle arrive ! s'écria l'autre. La voix. Elle arrive.

— La voix ?

Tancrède ne percevait que la plainte du vent dans les arbres et le murmure de l'eau entre les hautes herbes.

— Fuyez ! hurla le religieux. Elle va vous tuer, vous aussi. Fuyez !

Et avant que le jeune homme ait pu faire un geste, il avait disparu dans les buissons.

LA RÈGLE DE SILENCE

30

Après l'office et un repas plus rapide qu'à l'ordinaire, les moines avaient regagné leur dortoir, laissant la place aux Normands. La nuit était tombée et la lueur des torches éclairait le vaste réfectoire où flottait une odeur de pain chaud et de soupe.

— Entrez, entrez ! s'exclama frère Henri en accueillant les nouveaux venus. Notre père abbé vous attend. Je suis le frère camérier. Prenez place, prenez place. Frère Grégoire ne vous a pas accompagnés ?

— Non, il a préféré rester près des blessés, répondit Corato.

Bientôt tout le monde fut assis, la silhouette maigre de l'abbé Censius occupant le haut bout de la table, entouré de l'hôtelier et du camérier. Harald et Knut s'assirent à l'autre extrémité, laissant Hugues de Tarse, Tancrède, le géographe et Corato près des religieux.

L'abbé récita le *De verbo Dei*, donnant le signal du dîner, les novices s'activèrent et la *caldereta de llagosta* ne tarda pas à fumer dans les écuelles. L'abbé bénit la nourriture et se tut, faisant signe à frère Henri de prendre la parole. Tout au long du repas, celui-ci montra une exquise courtoisie : demandant des nouvelles des blessés, il s'informa des réparations à effectuer sur les navires, proposant l'aide des moines, conseillant les sources où ils pourraient faire aiguade, s'empressa auprès de chacun et hâta les novices afin que le vin ne manque pas.

— Vous reprendrez bien un peu de cette soupe, messire ? demanda frère Henri en se tournant vers Tancrède.

— Volontiers, répondit le jeune homme.

— Je crois que vous n'êtes pas le seul, n'est-ce pas ?

Un murmure d'assentiment parcourut la table. Tous, sauf Hugues qui n'avait cessé de l'observer, semblaient avoir oublié le silence de l'abbé. La soirée était plutôt joyeuse et le vin, bien qu'abondamment coupé d'eau, capiteux.

— Frère Albéron ! appela Henri. Resservez nos invités, voulez-vous ?

Le gros cuisinier fit le tour des écuelles, tandis que frère Benoît versait le vin dans les gobelets de terre. Un long silence suivit, juste troublé par quelques exclamations de plaisir des convives.

— Ma foi, fit le capitaine Corato, en repoussant son écuelle vide avec un air de profonde satisfaction, voilà qui nous change de notre ordinaire. Je ne pensais pas, en un lieu si perdu, trouver si bonne table.

— Même quand le poisson se fait rare à cause des tempêtes, frère Albéron sait réjouir les palais, convint le camérier. Or donc, capitaine, vous voilà en Méditerranée. Mais vous ne m'avez pas dit d'où vous étiez parti ?

— Oh, c'est une longue histoire ! protesta le Byzantin qui aimait à se faire prier.

— Notre abbé serait ravi de l'entendre. N'est-ce pas, mon père ?

Censius, qui s'était absorbé dans la contemplation de son gobelet vide, sursauta :

— Euh, oui ! C'est ce que j'ai dit.

— Eh bien, voilà, reprit Corato qui, comme beaucoup d'Orientaux, avait le goût des histoires. Nous sommes partis de Barfleur en Normandie et nous allons à Syracuse en Sicile…

— Barfleur par voie de mer, voilà un périple peu habituel pour des Normands, l'interrompit frère Joce. D'ordinaire, vous préférez voyager par voie de terre et embarquer à Aigues-Mortes, Marseille ou Gênes.

À ces mots, Harald et Knut relevèrent la tête. Sans doute craignaient-ils quelque indiscrétion de la part de Corato mais celui-ci, en homme avisé et en marin fervent, se contenta de défendre l'intérêt de la navigation et les qualités des esnèques.

— Vous avez dû faire de nombreuses escales ? s'enquit frère Henri.

— Oh oui ! répondit Corato en les énumérant toutes. Puis nous avons franchi le détroit de Gibraltar et nous avons été pris dans la plus gigantesque tempête de sable que j'ai jamais vue.

Et le Byzantin, faisant force gestes et baisant les médailles qu'il portait au cou, se lança dans un long récit de leurs mésaventures.

— Après l'attaque du dromon, conclut-il, les vents sont restés pour nous, et maître Afflavius, grâce à sa connaissance des astres, nous a aidés à remonter droit sur vous sans caboter.

— Qu'en pensez-vous, sire abbé ? demanda le camérier.

— C'est merveille, mon frère, c'est merveille ! fit l'abbé en grinçant des dents.

À ces mots qui prouvaient que leur hôte n'écoutait guère, Hugues tourna à nouveau son regard vers l'abbé. À aucun moment Censius ne s'était adressé à eux directement. Il attendait que le camérier le questionne ou quête son approbation pour s'exprimer. Ses mains tremblaient et d'intempestifs grincements de dents l'agitaient. Pourtant, l'Oriental n'aurait su dire si cette singulière attitude était une incapacité à assumer sa fonction ou l'influence néfaste d'un camérier avide de gouverner à la place de son supérieur.

Comme toute communauté humaine, les monastères n'étaient pas exempts de luttes de pouvoir et de rivalités de toute sorte. Saint Benoît le savait, lui qui avait édicté la règle de l'ordre des Bénédictins, créant un conseil de doyens pour seconder l'abbé plutôt que de lui adjoindre un prieur.

Le Castelas était de trop petite taille pour qu'un prieur soit nécessaire, mais peut-être le camérier, moine financier veillant à l'argent, aux archives, aux titres et aux contrats, l'avait-il remplacé ? L'abbé ne semblait jouir sur cette île perdue d'aucun des droits auxquels il pouvait prétendre : habitation particulière ou revenus, par contre, en tant que vicaire du Christ, il en avait tous les devoirs. Devoirs qui pouvaient s'avérer écrasants pour un homme trop faible.

— Ainsi, père abbé, demanda-t-il, vous avez décidé la fondation d'un scriptorium ?

C'était la première fois depuis le début du repas qu'on s'adressait aussi directement à Censius, et son attitude montrait assez qu'il ne savait quoi répondre. Le silence s'installa. Les autres convives s'étaient tus et le regardaient. Enfin, d'un geste qu'il voulait discret, le camérier l'encouragea à s'exprimer.

— Je… Oui, messire de Tarse, répondit-il.

— Vous espérez ainsi accroître la renommée de votre monastère ? poursuivit Hugues.

Frère Henri prit la parole :

— Il est vrai que cette idée de notre abbé pourrait donner sa juste place au Castelas.

— Et attirer vers vous de nouveaux moines. Mais pour cela, ne vous faudra-t-il pas construire d'autres bâtiments ?

— C'est prévu, messire, c'est prévu. Et si vous nous parliez de vous ? Qu'est-ce qu'un homme de votre qualité fait sur un navire normand ?

Hugues comprit qu'il ne tirerait rien de plus de l'abbé.

— Des histoires de bornage et de terres dont nous devons prendre possession, éluda-t-il.

Tancrède, qui, tout en nettoyant son écuelle, suivait la scène, approuva. Songeant qu'il s'était dit beaucoup de choses pendant ce repas, mais aucune sur le monastère. Il commençait à peine à prendre la mesure de l'isolement des moines, imaginait l'aimable frère Dreu vivant au milieu de ces hommes rudes. Il avait remarqué le dénuement des habits, la façon dont le vin était si abondamment coupé qu'on eût dit de l'eau... Sans parler de ce moine fou rencontré près de la source. Il hésita à demander si quelqu'un le connaissait mais quelque chose le retint. Et puis, il n'avait pas même eu le temps de discuter avec Hugues, tant les soins aux blessés les avaient occupés.

— Comment se fait-il, père abbé, que vous ayez choisi cette île plutôt que l'*insula de Porcayrolas* ou celle de *Medianas*, qui ont l'air plus vastes et dont le terrain paraît moins accidenté ? demanda le géographe, resté silencieux jusque-là.

— Me permettez-vous de répondre à votre place, mon père ? demanda aussitôt frère Henri.

— Bien sûr, fit Censius qui s'agitait sur sa chaise.

— À cause de sa position par rapport à la côte. Songez que le faro établi sur cette île permet d'alerter d'éventuelles invasions. Il a été édifié sur le point de l'archipel le plus visible.

— D'ailleurs, à ce sujet, ajouta frère Dreu qui avait mangé en silence ainsi que l'exigeait sa place dans la communauté, nous n'avons à aucun moment croisé le chevalier du guet.

Le camérier parut pris au dépourvu par la soudaineté de la question et c'est Joce qui répondit :

— Il nous a quittés et c'est un de nos moines qui remplit son office. Une charge de plus pour nous autres, qui ne sommes pas assez nombreux.

La conversation se poursuivit un moment et Knut prit la parole de sa voix sèche d'homme peu habitué aux discours :

— Ainsi que nous vous l'avons dit, nous avons besoin de réparer. Je me suis promené dans l'un des vallons non loin de la crique où nous avons jeté l'ancre. Il y a là quelques arbres de taille suffisante pour que je remplace le mât du knörr, change complètement les bordées endommagées et fabrique quelques avirons de rechange. Consentiriez-vous à me les vendre sur pied ?

— Nous trouverons certainement moyen de nous arranger. J'ai peut-être même du bois sec à vous proposer. Sinon, vous me montrerez les arbres, je viendrai à votre camp pour régler tout ça à la première heure demain matin.

Le camérier se tourna vers Censius, quêtant son approbation :

— N'est-ce pas, messire abbé ?

— Bien sûr, bien sûr, répondit Censius d'un air las.

— Vous m'aviez dit de vous prévenir, mon père, quand il serait temps de laisser nos invités prendre un repos mérité.

— C'est vrai, c'est vrai, fit Censius en se levant aussitôt.

Après les salutations d'usage, l'abbé s'en alla, escorté par le camérier, et Joce se proposa de les raccompagner à la poterne. Frère Albéron s'approcha du sire de Tarse avec un panier empli de provisions et d'une jarre de vin.

— Pour vos blessés et frère Grégoire.

Le gros cuisinier baissa le ton et murmura :

— On m'a dit que vous aviez une dame avec vous, ce bol lui est destiné. Un peu de soupe chaude la réconfortera.

— Merci pour elle, mon frère.

Mais déjà le cuisinier était retourné près de son four à pain, houspillant Benoît qui balayait le sol avec mollesse.

Ils sortirent, retrouvant le fracas des vagues et l'odeur salée des algues. La lueur blafarde de la lune éclaira le rude visage du portier. Dreu salua ses amis.

— Je vais regagner le dortoir, fit-il sans enthousiasme, réalisant qu'allaient lui manquer leur compagnie et cette drôle de vie qu'ils avaient menée ensemble.

— Attendez-moi, frère Dreu, ordonna Joce. Prenez ça, messire de Tarse, cette torche est pour vous. La lune est une infidèle, je n'aimerais pas que vous vous égariez.

— N'ayez crainte, déclara Hugues en saisissant le flambeau.

— Mais peut-être désirez-vous que le portier vous guide ?

— Nous connaissons le chemin.

— Alors, que Dieu vous garde !

La poterne s'ouvrit sur la lande déserte. Quelques instants plus tard, la petite troupe s'éloignait en silence.

31

— Venez, frère Dreu, fit Joce, je vous accompagne au dortoir.

— C'est bien aimable à vous, mon frère, mais ne vous dérangez pas pour moi. On m'a déjà désigné ma couche, protesta le petit moine.

— Je le sais, mon frère, répondit sèchement l'hôtelier. Mais je tiens à vous rappeler quelques principes de notre vie au Castelas. Cette vie fort libre à bord des bateaux a pu vous faire basculer dans le péché.

Dreu s'empourpra ; s'il devait se confesser, il aurait bien des écarts à se faire pardonner. Lui si sobre auparavant, si frugal ! Il soupira, se disant qu'il était plus facile d'aller vers la gourmandise que vers l'ascétisme.

— Vous voyez. Nous vous entendrons demain, mon frère. Et n'oubliez pas qu'ici l'observance de la règle de silence est très stricte.

— Je n'oublierai pas.

Mais l'hôtelier avait déjà tourné les talons.

Dreu ouvrit doucement la porte du dortoir et s'arrêta un moment sur le seuil, regrettant une fois de plus sa cellule à Flavigny et même son hamac dans le dortoir du knörr.

Les lits des moines, de simples planches recouvertes d'une natte et d'une couverture, étaient répartis de part et d'autre d'une allée centrale qui menait à la salle du chapitre, aucune cloison ni rideau n'y était permis, pas même pour l'abbé qui dormait au milieu de tous. Dreu écouta les ronflements puis, ôtant ses sandales, se décida à traverser la salle. Sa natte était placée, avec celle d'un autre religieux, sous la volée de marches d'un escalier menant à l'étage. Une place plutôt enviable puisqu'un peu isolée des autres. Son voisin semblait dormir. Dreu se glissa tout habillé sous la couverture et il fermait déjà les paupières quand une voix pressée murmura :

— C'est vous, frère Dreu, je vous attendais.

Il rouvrit les yeux. Il ne pouvait discerner les traits de l'autre, mais la voix venait de sa couche.

— Je suis frère Paul, souffla la voix. Vous vous souvenez de moi ? Nous avons échangé quelques écrits.

— Bien sûr que je me souviens, murmura Dreu, tout heureux que quelqu'un se rappelle enfin les nombreuses lettres envoyées au Castelas.

— Il faut que je vous parle. J'ai besoin de votre aide.

— De mon aide ? s'étonna le jeune moine.

— Parlez moins fort, je vous en prie. Aidez-moi à fuir ce monastère. Je veux embarquer sur l'un de vos bateaux. Je dois fuir et vous aussi.

La voix du moine était hachée.

— Fuir ? Mais…

Un grincement au-dessus de sa tête le fit taire. Le cœur cognant à grands coups, Paul se tourna vivement de l'autre côté.

Quelqu'un se tenait-il au-dessus d'eux sur les marches ? Les avait-il entendus ? Paul n'avait parlé de rien de moins que de déserter son ordre, faute lourde pour n'importe quel chapitre, même le plus indulgent. Et frère Joce qui venait de lui dire que les entorses à la règle de silence étaient sévèrement châtiées !

Dreu se demanda s'il y avait quelque « logement » ou cachot pour punir les *poena gravis* ou *gravissima* ? À Savigny, l'abbé était plutôt connu pour son excès de douceur, mais au Castelas, qu'en était-il ? Peut-être y aurait-il des chaînes, l'obscurité, le jeûne ?

Le petit moine feignit de dormir, simulant une respiration régulière. Le grincement ne se reproduisit pas, il n'y avait plus que le souffle des dormeurs auquel se mêla bientôt le puissant ronflement du jeune moine, vaincu par la fatigue des derniers jours.

32

Les silhouettes noires avaient gravi les marches, hissant leur lourde charge sur l'étroit chemin de ronde qui surplombait la mer. En contrebas, les vagues montaient à l'assaut de la paroi avec un bruit de tonnerre.

— Allez ! ordonna l'un des hommes.

Il fallait faire vite. L'aube approchait, et déjà rien n'était plus pareil : l'intensité de la lune faiblissait, le contour des choses se précisait, les couleurs allaient bientôt apparaître, révélées par le soleil.

L'autre homme écarta le tissu à ses pieds, dévoilant le visage sanguinolent d'un cadavre.

— Tu l'as salement abîmé, remarqua-t-il.

— Moins qu'il ne le sera quand il aura fini sa descente. Prends les pieds, je prends les mains.

Quelques secondes plus tard, le corps tournoyait dans le vide avant de heurter la falaise et de s'écraser sur les écueils. La cloche résonna, appelant les moines du Castelas à l'office de laudes.

Le mort, happé par les remous, allait et venait entre la paroi et les récifs. Une mouette se posa sur un rocher, observant son manège, puis une autre et une autre encore. Des poissons viendraient bientôt se joindre à elles…

Dans le dortoir, Dreu se réveilla en sursaut, incapable de se rappeler où il était. Il porta la main à son front encore douloureux de la blessure reçue pendant la bataille avec le dromon. La cloche sonnait toujours, un bruit aigrelet, désagréable, qui ne lui rappelait en rien la sonorité grave de celle de Savigny. À ses côtés, la couche de frère Paul était vide. Les autres moines se levaient. Dreu enfila rapidement ses sandales tout en essayant de rassembler ses idées. Il entendait à nouveau la voix de Paul en train de lui demander son aide, le revoyait à l'office de matines à deux heures du matin, si différent, essayant de l'éviter. À croire qu'il avait rêvé tout cela.

Pourtant, non, il en était sûr, Paul avait parlé de fuir. Mais qui et pourquoi ? Il ne l'avait pas dit.

— Vous rêvez ? fit la voix sévère de Joce. L'office de prime va bientôt commencer.

Dreu sursauta et s'empressa de rejoindre ses frères qui gravissaient les marches menant à la petite chapelle au premier étage.

33

Pique la Lune était parti tôt ce matin-là avec l'idée de pêcher dans l'une des nombreuses criques de l'île. Un cordage roulé autour de sa taille, des hameçons et des appâts dans sa besace, il marchait sur les sentiers caillouteux en sifflotant, heureux de se trouver sur cette terre si différente de sa Bretagne natale. Il remonta de l'anse de l'Avis jusqu'à la ferme, remarquant au passage les volets obstinément clos de cette dernière, puis obliqua vers la gauche, se dirigeant vers le Castelas. L'aube était venue, teintant d'or roux la mer et les îles.

Une sente le conduisit à une falaise dont il ne pouvait savoir le nom mais que les moines appelaient la pointe du « Cimetière », tant il était vrai que, par le jeu mystérieux des courants, tout ce que la mer charriait, y compris des cadavres de grands souffleurs ou de dauphins, venait s'échouer dans la calanque du même nom, en contrebas.

Arrivé au bout de l'éperon rocheux, le jeune homme examina la côte de son œil exercé, notant la position de l'archipel par rapport au rivage, se remémorant les passes qu'ils avaient utilisées.

Il songeait déjà à être pilote dans ces eaux étrangères tout en se disant qu'il ne comprenait pas encore l'humeur de cette mer. Il ne savait lire ses nuages ni son horizon comme là-bas sur l'Atlantique. La

Méditerranée restait secrète et capricieuse comme une femme qui ne se dévoile que pour mieux se dérober. Il avait découvert le vent du désert, mais peinait à imaginer les effets des vents étésiens, du *levante* ou du *poniente* que citait parfois Jacques.

Il soupira et, revenant à lui, se pencha au-dessus du vide. De forts courants drossaient les vagues contre l'à-pic rocheux qu'elles recouvraient d'écume. Des cormorans plongeaient dans les lames et disparaissaient sous la surface. Il lui sembla apercevoir des formes argentées, sans doute un banc de poissons, mais il y avait tant de remous qu'il n'en était pas sûr.

Il déroula la corde qui enserrait sa taille, l'amarra à un rocher puis attrapa l'autre extrémité, la lestant d'un caillou et d'un hameçon sur lequel il enfila un petit crabe. Enfin, répétant les gestes appris dans l'enfance, il fit tournoyer la ligne au-dessus de sa tête de plus en plus vite. Quand il détendit enfin le bras, la pierre et l'appât filèrent au-dessus du vide. Le filin se dévida puis se tendit. L'appât et son lest avaient touché l'eau et s'étaient enfoncés. Le Breton s'assit et, une fois les jambes dans le vide, imprima de petites secousses à la ligne qu'il maintenait coincée entre ses doigts de pied.

L'attente ne fut pas longue. Une série de coups secs lui indiqua qu'un poisson avait mordu et essayait de se dégager. Au bout d'un moment, Pique la Lune, certain que la bête était ferrée, la hissa. C'était un loup au corps argenté, un poisson qui chassait en banc. Un sourire se dessina sur son visage rond. Avec un peu de chance, la pêche serait miraculeuse. À nouveau, la ligne tournoya en sifflant.

Le soleil était déjà haut quand Pique la Lune, regardant le tas de poissons, estima qu'il était temps de rentrer au camp. Il attacha ses prises les unes aux autres et les balança par-dessus son épaule, filant d'un bon pas sur la sente qui longeait la calanque.

C'est un rassemblement de mouettes qui attira son attention. Il s'approcha du bord et remarqua une barque couchée sur le flanc et ce qui semblait être un marsouin ou un dauphin échoué sur le sable. Les oiseaux s'amassaient dessus en criaillant, se disputant les restes.

Pique la Lune hésita mais la barque avait l'air en bon état et s'il pouvait la ramener au camp, ou la revendre aux moines… Il se décida à sauter de roche en roche jusqu'à la crique. De longues algues recouvraient l'animal mort d'où montait une puissante odeur de charogne. Pique la Lune allait s'en détourner pour examiner la barque quand quelque chose de clair retint son regard. Il posa ses poissons et, avec de grands gestes des bras, se dirigea d'un pas résolu vers les mouettes. Elles s'envolèrent en protestant, découvrant un habit de drap écru, une robe cistercienne.

Pique la Lune écarquilla les yeux, puis se plia en deux pour vomir. Le visage du cadavre était méconnaissable tant les poissons et les oiseaux s'étaient acharnés dessus, les membres étaient déchiquetés et le tissu déchiré laissait voir les plaies béantes que fouaillaient les becs des oiseaux.

Il se redressa, essuyant sa bouche d'un revers de main, et tenta de combattre la nausée. Les mouettes tournoyaient rageusement au-dessus de lui, frôlant ses cheveux, mais il ne les entendait plus. Il resta un moment indécis, ne sachant que faire. Il ne pouvait porter le corps jusqu'en haut de la falaise ni le laisser à la merci des bêtes.

De part et d'autre du mort, les charognards se posaient déjà, pressés de reprendre leur festin. Il fit des moulinets de ses bras pour les effrayer et, saisissant le tissu, commença à tirer. Des relents de putréfaction montaient à ses narines. Il grimaça et tira plus fort encore. L'homme était lourd, et il lui fallut un long moment pour arriver à l'amener près de la barque. Une fois là, dans un dernier effort, il saisit des deux mains le rebord du canot et le bascula au-dessus du cadavre.

Ses yeux s'arrêtèrent sur la coque et il fronça les sourcils. Le bois était sain, mais le fond était éventré et les morceaux éparpillés sur le sable comme si quelqu'un s'était acharné dessus avec une hache. Le canot n'avait pas été endommagé par les brisants, il avait été volontairement détruit.

Une mouette se posa dessus, puis une autre, l'arrachant à ses observations. Il se secoua, ramassa ses poissons au passage et entreprit de remonter le long de la falaise. Quelques instants plus tard, essoufflé et en sueur, il cognait à la porte du monastère.

34

Après une toilette à l'eau glacée dans la cour du monastère, les moines s'étaient rendus à la réunion du chapitre présidée par l'abbé. Chacun s'était agenouillé devant les inconfortables bancs de bois et l'abbé, debout devant sa chaise cathèdre, avait commencé la lecture des textes saints.

Il était trop tôt pour que la lumière du jour pénètre par les étroites meurtrières et la voix de Censius était si basse que l'attention de Dreu se détourna rapidement des Saintes Écritures pour se consacrer à l'étude des frères qu'éclairait la lueur des torches.

Grâce aux échanges entre Savigny et le Castelas, il connaissait les prénoms de tous les moines et s'efforça de deviner qui était qui. Il devait y avoir là le sacristain Guy, le sous-sacristain Domenico et aussi le chancelier Osmond. Il avait correspondu avec plusieurs d'entre eux, le cellérier Bernard, frère Joce l'hôtelier et deux ou trois moines. Mais depuis qu'il était arrivé, il s'étonnait de n'en voir aucun venir spontanément à lui. Eux, si chaleureux dans leurs écrits, restaient indifférents et ne semblaient plus s'intéresser au projet de scriptorium qui les avait tant enthousiasmés.

Deux places restaient vides, et l'une d'elles devait être celle de frère Paul. Le jeune moine repensa une nouvelle fois à l'appel de détresse de ce dernier. Une phrase surtout le troublait maintenant qu'il s'en souvenait : *Je dois fuir et vous aussi.*

Qu'un moine veuille fuir son monastère n'était déjà pas chose courante, mais pourquoi lui dire à lui, qui venait à peine d'arriver, de se sauver aussi ? Que craignait-il ? Quelle sorte de danger ?

— Merci, mon père, fit un moine qui s'était levé à son tour.

Dreu sursauta. Il n'avait pas entendu l'abbé passer la parole à l'officier aux manières nerveuses qui venait de se tourner vers eux. On devait déjà en être aux questions administratives. Dreu fixa son attention sur le nouvel orateur, d'autant que celui-ci regardait de son côté.

— Je voudrais tout d'abord, ainsi qu'il est d'usage, vous présenter le nouveau venu : frère Dreu qui nous vient de la célèbre abbaye de Savigny.

Le jeune moine baissa humblement le visage, rougissant malgré lui. Il s'attendait à ce que l'abbé évoque sa fonction de copiste, sa mission au monastère et la création future du scriptorium, mais rien ne vint. Pourtant, devant les invités au repas de la veille, l'abbé en avait fait état. Il y eut quelques murmures vite réprimés. Le cellérier parlait déjà de l'économat du Castelas.

— Je veux ici exposer mon rapport concernant nos dépenses. Il est de mon ressort, en tant que frère cellérier, de souligner une consommation de vin excessive ces derniers temps. Je vais devoir nous rationner si nous voulons tenir jusqu'à la livraison d'automne.

À nouveau un murmure parmi les moines.

— Par ailleurs, messire abbé, le cuisinier m'a avisé que des charançons avaient dévoré des sacs d'épeautre.

L'abbé hocha la tête et le cellérier continua à discourir. Le frère cuisinier, Albéron, le regardait si fixement que Dreu finit par baisser la tête.

Le silence retomba, Censius lisait la règle de saint Benoît, enfin il leva les mains et prononça les paroles annonçant le chapitre des coulpes :

— *Si aliquid sit loquendum, dicite* ; si quelqu'un a quelque chose à dire, qu'il le dise.

Le camérier, frère Henri, se leva, son regard sévère parcourant les rangs des moines.

— *Quae est causa, frater.* De quoi s'agit-il, mon frère ?

— Je me dois de signaler que j'ai entendu du bruit cette nuit dans notre dortoir.

Un silence de mort s'abattit sur la salle. Dreu avala sa salive, n'osant relever la tête de peur de croiser le regard glacé de l'officier.

— Ce bruit était celui d'une discussion, martela le camérier. Des moines enfreignent la règle de silence.

— *Taciturnitas virtutes plurimas nutrit*, la taciturnité est la mère de toutes les vertus, marmonna l'abbé Censius.

— Qu'ils se dénoncent maintenant.

Un frisson parcourut l'échine de Dreu qui ne broncha pas. Il avait eu l'occasion à Savigny de battre sa coulpe mais ici, au milieu de ces frères inconnus, il se sentait paralysé.

Le camérier demandait s'il y avait des délations à faire dans l'intérêt de tous et le sacristain se leva. Dreu essaya de se remémorer si sa couche était près de la sienne. Frère Guy, le sacristain, commença :

— Je veux prier pour son salut et je sais qu'il me saura gré de l'avoir aidé à avouer sa faute...

Dreu sentit son cœur battre plus fort. Il ferma les paupières.

— J'accuse le novice Benoît d'avoir dérobé une miche de pain au réfectoire.

Même si ce n'était guère chrétien de se réjouir ainsi, Dreu ressentit un immense soulagement en entendant prononcer un autre nom que le sien.

Le camérier avait repris la parole.

— L'accusation est grave, expliquez-vous, mon frère. Et vous, frère Benoît, venez au milieu de nous tous.

Le pauvre novice se leva, se plaçant devant les officiers et l'abbé, la mine défaite.

— Comme vous le savez, frère Grégoire ne mangeait pas avec nous hier au soir, reprit le sacristain. Pourtant, notre cuisinier avait placé sa part de pain dans son écuelle. Quand nous avons rassemblé les écuelles, celle de l'infirmier était vide.

— Avez-vous vu frère Benoît voler le pain ?

— Oui, répondit frère Guy.

— Frère Benoît, voulez-vous avouer votre faute à vos frères et requérir leur pardon ?

La voix du camérier était d'une douceur qui ne présageait rien de bon pour le pauvre novice qui devint écarlate. Il essaya de répondre, mais referma la bouche sans avoir réussi à émettre aucun son.

— Nous vous écoutons, insista frère Henri.

— Je... Oui.

— Oui, cela veut dire : vous avez volé ?

— Oui, mon frère. *Mea culpa.*

— Pourquoi ?

— J'avais... faim.

— Il avait faim ! explosa le camérier. Avec tout ce qu'on lui donne chaque jour ! Et pour cela, il a volé !

Frère Benoît se jeta face contre terre.

— *Mea culpa*. Pardon, gémit-il, je ne me rendais pas compte. Pardon, mon père. Ayez pitié.

— C'est effectivement à notre père abbé de décider de votre sort, déclara frère Henri en allant murmurer quelques mots à l'oreille de Censius qui hocha la tête en fermant les yeux.

Le camérier se tourna vers le chapitre. Le novice était resté allongé sur le sol, la joue contre le dallage glacé. Dreu ne put s'empêcher de ressentir un élan de compassion. Il se voyait à sa place, lui qui, à Savigny, n'avait cessé de mortifier sa nature pour aller vers l'ascétisme, il avait vite oublié tout cela lors de la traversée. Il repensa avec émotion aux beignets dégoulinants de miel qu'il avait dévorés à Jersey, à l'hydromel et aux vins qu'il avait bus…

— Notre abbé ordonne que vous soyez enfermé dans le logement séparé pendant trois jours. Trois jours où vous jeûnerez pour comprendre la gravité de votre faute.

Le novice poussa un faible gémissement, mais n'osa protester. Dreu frissonna à l'idée de ce cachot inconnu. Est-ce que frère Paul y était en ce moment ? Mais dans ce cas, les moines l'auraient signalé lors de la réunion du chapitre et ils l'auraient fait comparaître.

— Frère Iñigo, appliquez la sentence ! ordonna frère Henri.

Le frère bâti en Hercule s'approcha du jeune novice, le soulevant presque par son habit pour le remettre sur ses jambes. Au lieu de sortir, ils passèrent derrière l'abbé, allant à une porte masquée par une tenture au fond de la salle. Une fois le lourd tissu retombé, le silence revint.

— Y a-t-il d'autres délations ? demanda Henri.

Nul ne dit mot et l'abbé déclara que le chapitre était clos. Un à un, leurs sandales raclant le dallage, les moines se dirigèrent vers la sortie.

Dreu ne put s'empêcher de pousser un soupir de soulagement en se retrouvant dehors. Il se promit de demander pardon au Seigneur et à la Vierge Marie pour sa lâcheté, mais n'arriva pas à regretter son silence pendant le chapitre. Des pétrels survolaient le monastère, décrivant de larges cercles. Le ciel était d'un bleu de lin et la journée s'annonçait belle. Pourtant, le soulagement du petit moine fut de courte durée. L'agitation régnait près de la poterne d'entrée que de violents coups ébranlaient.

Le Breton Pique la Lune apparut, réclamant de l'aide. Le père abbé et ses officiers se précipitèrent vers lui. Le cuisinier, qui regagnait ses fourneaux, s'immobilisa. On envoya des moines chercher une civière à l'infirmerie et bientôt une colonne s'en alla, guidée par le Breton.

Le camérier dispersa les moines avec autorité. Dreu retourna vers le dortoir que le cellérier lui avait ordonné de nettoyer. Alors qu'il achevait de le laver à grande eau, il aperçut les frères qui revenaient. Sur la civière reposait une forme humaine recouverte d'un linceul.

LES SUBTILITÉS DES CRÉATURES DIVINES

35

La nuit n'en finissait plus de s'étirer et dehors retentit une nouvelle fois l'appel des guerriers fauves qui surveillaient l'hôtellerie. À l'intérieur de la bâtisse, les torches étaient restées allumées dans l'obscurité, éclairant ceux qui s'activaient autour des blessés. Frère Grégoire, infatigable, ne laissait guère de répit à ses aides, donnant des ordres, filant à son herbarium préparer une médication et revenant l'appliquer lui-même. Hugues et Eleonor avaient recouvert les plaies d'une pâte épaisse et malodorante, une recette de l'infirmier, avant de renouveler une fois de plus les pansements. Quant à Tancrède, il humidifiait sans cesse les corps enfiévrés.

Sur la requête d'Harald qui avait besoin de main-d'œuvre au camp, Hugues avait autorisé les blessés les moins touchés à reprendre le travail. Les quatre derniers, dont le jarl, restaient entre la vie et la mort.

— *Dum spiro, spero*, répétait l'Oriental à Tancrède. Tant que je respire, j'espère. Celui qui soigne doit espérer la guérison. Il doit avoir l'orgueil et la fougue d'un combattant sûr que la place sera bientôt à lui.

Et Hugues espérait.

Pourtant, alors que le coq chantait, un des hommes mourut. Gagné par la gangrène, le corps rompu de souffrances, le marin à la mâchoire fracassée s'éteignit dans les bras d'Eleonor. Son agonie avait été longue et au moment de mourir il s'était agrippé à elle, pleurant comme un enfant qui appelle sa mère. Après lui avoir fermé les paupières, elle se leva en vacillant, le cœur désespéré, fixant sans les voir les ombres qui se découpaient sur la cloison de drap toute proche. Elle entendait le souffle rauque et le murmure des voix, mais rien de tout cela ne l'atteignait.

Un bras entoura ses épaules.

— Eleonor ? Vous allez bien ? demanda Tancrède.

Était-ce la douceur de la voix du jeune homme, la fatigue accumulée ? Au lieu de répondre, Eleonor se tourna vers lui, les yeux pleins de larmes. Le jeune homme la serra contre lui en essayant d'apaiser les sanglots silencieux qui la secouaient.

— Je vais m'en occuper, murmura-t-il en lui caressant les cheveux. Vous ne pouviez rien faire de plus que ce que vous avez fait. Il faut vous reposer maintenant.

Un long moment passa, puis, la voix de Tancrède aidant, les pleurs d'Eleonor s'espacèrent et elle s'arracha à son étreinte.

— Allez vous coucher, je vous en prie, insista le Normand. Vous ne ferez rien de bon dans cet état.

Elle hésita, tout en sentant s'abattre sur son corps la fatigue de cette nuit de veille et des précédentes. Depuis combien de temps n'avait-elle pas dormi une nuit entière ? Avant le combat, avant la mer intérieure…

— Vous me réveillerez ? demanda-t-elle dans un souffle.

— Au point du jour. Je vous le promets.

Incapable d'ajouter un mot, la jeune femme gagna sa paillasse et s'y laissa tomber tout habillée. Quelques instants plus tard, elle dormait d'un sommeil profond, ses longues boucles brunes s'échappant de son chignon défait.

Tancrède, qui avait recouvert le mort d'un linceul, revint vers elle, remontant la couverture qui avait glissé à ses pieds. Le corps abandonné, Eleonor avait déjà retrouvé dans le sommeil ce visage d'enfant qu'elle avait quand elle s'émerveillait en regardant les étoiles ou le vol d'une raie près du bateau.

Il y avait chez elle un mélange de faiblesses toutes féminines et de ténacité qui fascinait le jeune homme. Dès le début du voyage, et bien qu'il s'en défende puisqu'elle devait épouser un autre en Sicile, elle l'avait attiré. Et il n'était pas le seul. Marins et passagers tournaient autour. Une femme seule au milieu de tant d'hommes… Seul son maître restait distant. Même Corato, qui pourtant se vantait de ne songer qu'à ses marchandises, avait des inflexions émues en parlant de sa passagère.

Les longs jours de mer et la promiscuité aidant, Tancrède avait substitué le visage puis le corps d'Eleonor à ceux de Sigrid de Pirou[1], son amante lointaine, sa dame blanche. Bien que la brûlure de ce premier amour soit encore vivace, il avait trouvé dans les yeux clairs d'Eleonor et dans ses éclats de rire quelque chose qui le troublait. Et maintenant qu'il l'avait serrée contre lui, qu'il avait senti l'odeur de pain chaud et la douceur de sa peau, il rêvait de se glisser à côté d'elle sous les draps et de l'aimer comme il osait parfois le faire dans ses rêves.

— Tancrède ! appela la voix d'Hugues.

Le jeune homme se redressa avec l'impression d'avoir été pris sur le fait.

— J'arrive.

Au loin retentit la cloche appelant les moines à l'office de prime. Frère Grégoire et Hugues achevaient d'extraire l'éclat de roche fiché dans le crâne de l'un des blessés.

1. Voir *Le Peuple du vent*, *op. cit.*

— Faites-nous bouillir de l'eau ! ordonna son maître.

— Bien, fit le jeune homme après un bref regard aux mains sanglantes des deux hommes.

Frère Grégoire avait jeté la pierre dans le seau à ses côtés, puis il se pencha pour examiner la plaie aux bords déchiquetés et noircis.

— L'os a été perforé, remarqua-t-il. Hippocrate aurait conseillé de trépaner et d'ôter la matière endommagée.

Il se tourna vers Hugues. Depuis que les deux hommes travaillaient ensemble, l'attitude de l'infirmier envers l'Oriental avait changé du tout au tout. Il quêtait son approbation à propos des moindres choses, et semblait heureux d'avoir enfin quelqu'un avec qui échanger.

— Avez-vous déjà trépané un blessé sur vos champs de bataille des Pouilles ?

— Non, mais je l'ai vu faire par deux fois. Le premier, à Cordoue, avait été soigné pour son haut mal, il est mort le lendemain. Le second, dans les Pouilles, pour une blessure par flèche. Il a survécu, mais son crâne après bien des années ne s'était toujours pas reconstitué et il portait nuit et jour un casque de cuir.

— Un casque de cuir. Voilà une idée, sauriez-vous m'en faire le dessin ?

— Oui, je le crois.

— Le haut mal… Contrairement à Galien que j'admire en tout… Vous connaissez Galien et ses écrits sur le haut mal ?

— Oui, répondit Hugues. Il pensait que ces crises pouvaient venir d'une mauvaise circulation des quatre fluides irriguant le corps.

— Cholère ou bile jaune, sang, bile noire, flegme, énuméra frère Grégoire avec une évidente satisfaction. Il extrayait de la sorte l'humeur du cerveau. Je disais donc que je ne crois pas que la trépanation puisse guérir ce type de maux. Comment avait procédé le second mire ?

— Comme il se doit, il avait entaillé le crâne en biseau afin de ne pas risquer d'endommager la dure-mère, mais je n'ai pas vu la fin de l'opération. Le combat était trop proche, il a fallu défendre la tente contre les assaillants.

— Et là, pensez-vous qu'il faille trépaner ? demanda Grégoire en se penchant à nouveau pour examiner la plaie.

Hugues hésita. D'un côté, la trépanation pouvait soulager le malade d'une excessive pression crânienne, d'un autre, si elle était mal exécutée, elle le tuerait plus sûrement que le projectile qu'ils avaient extrait.

— Vous ne répondez pas ! remarqua Grégoire.

L'Oriental exposa ses hésitations et l'infirmier hocha la tête. Tancrède était revenu avec une bassine fumante qu'il posa près d'eux.

— Nous avons perdu l'homme à la mâchoire fracturée. La gangrène, murmura-t-il à son maître.

— Maudite noire mort ! murmura l'Oriental, une barre soucieuse sur le front. Avez-vous conseillé à damoiselle Eleonor de prendre du repos ?

— Oui, mon maître. Elle dort.

— Bien, préparez-nous de la charpie, voulez-vous ?

Les hommes s'affairèrent autour du blessé, le lavant, posant des compresses d'herbes et des bandages sur son crâne meurtri.

— Mais qu'est-ce que ce bruit ? gronda soudain l'infirmier.

Dehors, les gardes avaient crié :

— Qui va là ?

Hugues souleva le rideau, remarquant que par la porte rentrait la lumière du soleil. Il s'étira, les membres rompus, se demandant quel office avait sonné.

— Où est frère Grégoire ? fit la voix de frère Joce, l'hôtelier.

— Je suis là ! s'écria l'infirmier avec humeur en sortant de l'alcôve. Que me voulez-vous ?

— On a besoin de vous au Castelas. On a trouvé un cadavre.

— Un cadavre ! s'énerva Grégoire. Qu'est-ce que vous me dérangez pour un cadavre alors que je m'occupe de soigner des vivants !

— Je vous ai amené frère Thierry pour vous aider, il remplacera frère Benoît.

Un moine était entré derrière l'hôtelier. Il restait la tête basse, fixant le bout de ses sandales de cuir, attendant les ordres.

— Nous avons un mort nous aussi, mon frère, dit Hugues, peut-être pourriez-vous lui faire la toilette et prévenir qu'il faudra célébrer un office pour le repos de son âme ?

Le moine s'inclina, avant d'aller vers le linceul qu'il souleva.

— Pourquoi avez-vous changé le jeune Benoît ? protesta Grégoire. Il travaillait bien.

— Si vous assistiez aux réunions du chapitre, vous le sauriez, répliqua Joce.

On sentait qu'il faisait des efforts surhumains pour garder son calme face à l'attitude revêche de Grégoire. Il finit par l'entraîner à l'écart tandis qu'Hugues expliquait à Tancrède qu'il lui fallait rester au chevet du blessé.

— Il faut que je vous parle, fit le jeune homme.

Hugues le regarda de ses yeux rougis par le manque de sommeil.

— Qu'y a-t-il ?

Tancrède hésita, puis baissa la voix pour ne pas être entendu des autres :

— J'ai fait une drôle de rencontre en allant à la source hier au soir, un moine vêtu comme un sauvage, avec une blessure au col…

Hugues lui fit signe de se taire, les autres revenaient. Frère Grégoire entra dans l'alcôve pour rassembler ses outils, grommelant en essuyant ses coutels pour les ranger dans sa besace. L'hôtelier restait derrière lui, le visage impassible.

Au moment de partir, Grégoire se retourna :

— Vous m'accompagnez, messire ?

Hugues acquiesça d'un signe de tête et allait lui emboîter le pas quand frère Joce s'interposa :

— Votre présence n'est pas nécessaire.

— Elle est nécessaire ! répliqua Grégoire. Je vous obéirai en tout ainsi que j'en ai fait promesse, mais j'ai besoin du sire de Tarse à mes côtés. Il est pour nombre de choses plus savant que moi.

Le gros homme s'était dressé comme un coq sur ses ergots et frère Joce, après une brève hésitation, hocha la tête, leur expliquant en chemin la macabre découverte du Breton, puis il ajouta :

— J'enverrai des moines chercher votre marin pour l'office funèbre et il sera enterré dans notre cimetière. Vous ne m'avez pas donné des nouvelles de votre jarl ?

— La fièvre a l'air de reculer et sa respiration s'améliore, répondit Hugues alors que la muraille du Castelas surgissait devant eux. Peut-être frère Grégoire arrivera-t-il à le sauver.

— Il le faut, n'est-ce pas, frère Grégoire ? On ne peut laisser périr un tel homme.

La voix du camérier était douce, pourtant l'infirmier grimaça en acquiesçant d'un signe de tête.

36

Le frère portier s'effaça pour les laisser passer et ils pénétrèrent dans la cour du monastère, Grégoire les entraînant vers l'étroite bâtisse de pierre qui servait d'infirmerie. À peine la porte ouverte, une terrible odeur leur sauta au visage. Éclairée par des torches, la forme recouverte d'un linceul reposait sur la table.

— Ouvrez le volet, voulez-vous ? demanda l'infirmier en découvrant le cadavre.

L'hôtelier qui se tenait derrière eux ne put s'empêcher de reculer. Le visage n'était plus qu'une bouillie informe d'os, de cheveux et de chairs, et le corps ne valait guère mieux : une jambe et un bras arrachés, une seule main à demi dévorée.

— Que voulez-vous que je fasse de celui-là ? s'insurgea Grégoire avec humeur. Il faut l'enterrer et vite avant qu'il n'empuantisse tout le monastère.

— L'abbé veut savoir qui il est... Et comment il est mort.

— Qui il est ? Drôle de question. Il porte notre robe, que je sache. Avez-vous un moine qui manque à l'appel ce matin ?

— Oui, le frère Paul.

— Frère Paul... Frère Paul.

L'infirmier tournait autour du corps, examinant les macabres restes de son œil exercé.

— Alors amenez-moi le cuisinier.

— Le cuis... Je vais le chercher, dit frère Joce en ressortant.

Hugues était resté impassible malgré la singulière réaction de l'infirmier. Rien ne semblait intéresser Grégoire, pas même la vie d'un homme qu'il côtoyait depuis des mois. Il avait saisi un coutel avec lequel il découpa la robe du moine, enfin il lava le corps avec application, poussant l'eau brunâtre qui ruissela hors de la table dans une rigole à leurs pieds avant de s'échapper par un trou dans le mur.

— J'ai fait creuser ces évacuations en arrivant, elles donnent dans les fossés, fit-il remarquer à son hôte avant de retourner à ses observations. Le visage est méconnaissable, le nez éclaté, ainsi que le menton et les arcades sourcilières. Les prédateurs ont achevé la tâche, dévorant les yeux. Qu'en pensez-vous, messire ?

— Il a chuté d'une grande hauteur, répondit l'Oriental en désignant les os broyés en différents endroits… Volontairement ou non.

— Que voulez-vous dire par « volontairement ou non » ?

— Rien ne nous prouve que cet homme n'a pas été poussé dans le vide, déclara l'Oriental.

À ces mots, une ombre passa dans les yeux du gros moine.

— Gardez-vous d'une trop grande perspicacité, protesta-t-il. Quoi qu'il se soit passé, cela ne nous concerne ni vous ni moi. Nombre de frères ici peuvent vous paraître avoir un comportement étrange, mais c'est ce rocher qui les rend fous, et Paul, si c'est bien lui qui gît ici devant nous, était comme les autres. Ils se sentent prisonniers et ils le sont ! Nous autres sommes d'une race différente, celle des mires et des chirurgiens, et il nous faut faire des observations, rien que des observations.

Hugues s'inclina en signe d'acquiescement. Était-ce la peur qui dirigeait les actes de Grégoire ou quelque chose de plus complexe ? L'homme était étrange, plein d'un orgueil démesuré à la limite de la folie, passant sans transition de la plus étonnante arrogance à la fureur ou au silence. Il s'était déjà tourné vers le corps, désignant les larges plaies :

— Ces morsures, la jambe manquante, tout ça est la marque d'un requin ou de quelque poisson carnassier, nos eaux n'en manquent pas. Le reste semble plutôt le fait d'oiseaux. Quant à l'identifier, tout semble indiquer que ce soit frère Paul, mais nous allons bientôt le vérifier.

Un bruit de pas le fit se redresser. Frère Albéron se tenait sur le seuil de l'infirmerie, l'hôtelier derrière lui.

— Entrez ! Entrez ! les invita Grégoire de son air le plus revêche.

— Que puis-je pour vous ? marmonna le cuisinier, mal à l'aise.

— Vous étiez l'ami de frère Paul.

Le cuisinier n'essaya pas de protester, tout le monde avait remarqué la fraternité qui liait les deux religieux.

— Nous avons tout lieu de penser que c'est son corps que nous avons là, mais comme vous pouvez le constater, il est méconnaissable. Y a-t-il quelque signe ou marque que vous puissiez reconnaître ?

La face d'une vilaine couleur cendreuse, Albéron s'approcha du cadavre et, après en avoir fait le tour, désigna ce qui restait du bras gauche où une large cicatrice courait du poignet jusqu'au milieu de l'avant-bras.

— Il s'est fait ça au Thoronet alors qu'il ramenait un cheval aux écuries, souffla-t-il. C'est bien lui.

— Merci, mon frère, ce sera tout.

— Prévenez l'abbé qu'il nous rejoigne, ajouta l'hôtelier.

Le cuisinier repartit d'un pas lourd. L'hôtelier resta sur le seuil, peu pressé de s'exposer à nouveau à la terrible odeur de putréfaction qui montait du cadavre.

— Nous en avons fini ici. On va attendre qu'il arrive et on retournera à l'hôtellerie voir nos blessés, commenta Grégoire. Il faudra que je vous emmène visiter mon herbarium, messire… Ah, voici les officiers !

L'abbé Censius arrivait, suivi par Henri le camérier, Bernard le cellérier, le sacristain Guy, le sous-sacristain Domenico et le chancelier Osmond. L'hôtelier leur céda le passage et les religieux entrèrent à pas lents dans la pièce.

Hugues se glissa de l'autre côté de la table, observant leurs réactions. Le camérier resta impassible, en revanche il n'en fut pas de même pour le cellérier et le chancelier Osmond qui ressortirent en courant. Le sacristain et le sous-sacristain étaient restés immobiles, mais le tremblement de leurs mains montrait assez leur émotion. L'abbé, devenu livide, ferma les yeux.

— C'est… c'est frère Paul ? demanda-t-il en se signant.

— Oui, père abbé, c'est lui, affirma Grégoire.

— Que lui est-il arrivé ?

— Vraisemblablement une chute, mon père. Une chute depuis le haut de la falaise.

— Une chute… répéta l'abbé comme s'il ne comprenait pas le sens du mot.

— Oui, un accident ou un suicide, nous n'en saurons jamais rien.

— Frère Paul ne me paraissait pas homme à se suicider, protesta le cellérier qui venait de rentrer.

Malgré son teint verdâtre et la nausée qui semblait ne pas devoir le quitter, il s'efforçait de regarder le mort.

— Un rocher mouillé, un instant de distraction et on bascule dans le vide, reprit Grégoire. La côte est si escarpée de ce côté de l'île ! Puis-je vous conseiller, mon père, de le faire enterrer dès que l'office des morts sera célébré ? Avec la chaleur du jour, la décomposition va s'accélérer.

— Je m'en occupe, déclara frère Henri.

Il s'approcha du père abbé qui était resté les paupières closes :

— Venez. Ne restez pas ici, mon père, je vais vous conduire à la chapelle.

L'abbé ouvrit enfin les yeux et s'appuya sur le bras tendu de son officier avant de sortir du pas hésitant d'un vieil homme. Le chancelier Osmond revint la mine pâle, il portait sur son bras une robe neuve et une coule, cette grande capuche dont le tissu recouvre les épaules.

Avec l'aide de l'infirmier et d'Hugues, les moines y glissèrent le corps, rabattant la capuche pour masquer le visage, cousant les vêtements afin qu'ils ne flottent pas autour du corps. Des religieux attendaient dehors avec une brouette dans laquelle ils déposèrent la dépouille de frère Paul. Le son aigre des crécelles retentissait déjà dans le monastère, appelant les moines à l'office funèbre.

Après un bref moment de recueillement au vu et au su de tout le monde dans la cour, frère Grégoire était reparti avec Hugues sur le sentier menant à l'hôtellerie.

— Cet abbé n'est pas un mauvais homme, vous savez, remarqua-t-il au bout d'un moment. Il comprend l'importance de ma mission et me laisse plus libre qu'un autre.

— C'est en effet fort rare qu'on permette à un moine de ne pas assister à l'office d'un de ses frères. Vous avez une liaison régulière avec la terre ?

— Je… Pas vraiment régulière, hésita l'infirmier. Nous avions un canot qui nous permettait de regagner la côte mais il a disparu.

— Disparu ?

— Oui, nous le laissions à l'anse de l'Avis près de la ferme, il devait être mal arrimé. Cela arrive. Sinon, le cosuzerain de l'île vient parfois nous rendre visite et il en profite pour chasser les lapins. Deux fois par an, un navire marchand nous livre du matériel ou des marchandises.

— Qui va transmettre le rouleau des morts ?

— Je… Il est probable que nous vous le confierons, messire.

— Vous êtes donc bien prisonniers. Vous ne me dites pas tout, mon frère. Pourquoi Paul se serait-il donné la mort ? Que se passe-t-il sur cette île ? demanda abruptement Hugues. Vos fermiers se cachent. Votre abbé est incapable d'aligner deux mots sans l'appui de ce camérier qui a plus d'autorité qu'un prieur. Quant aux autres, ils semblent terrifiés comme ce novice Benoît qui n'a pas repris son service à l'hôtellerie.

L'infirmier s'était immobilisé, affrontant le regard noir de l'Oriental, puis il se détourna en haussant les épaules.

— Pourquoi vous dirais-je quoi que ce soit alors que vous n'avez fait que me mentir ? éluda-t-il.

— Vous mentir ? Si c'est au sujet de la médecine…

— Oui, où avez-vous étudié, messire ? Et pourquoi ne pas me l'avoir dit quand je vous questionnais ? On ne connaît pas Galien et Hippocrate sans s'être penché sur les livres.

— Je n'ai pas menti au sens où vous l'entendez, je me suis abstenu de parler études à un homme qui m'accueillait comme un intrus. Mais maintenant, je peux vous le dire, j'ai étudié à Cordoue.

— Cordoue. J'aurais dit Salerne…

Frère Grégoire se tut un moment avant de reprendre avec une soudaine véhémence :

— Mais il n'y a pas que ça : en arrivant ici vous saviez qui j'étais, n'est-ce pas ?

— Qui vous êtes vraiment ? Non. Ce qu'on dit que vous êtes, oui. Votre réputation est grande, frère Grégoire, il n'est personne intéressé par la médecine qui ne connaisse votre renommée !

Le moine se rengorgea et Hugues continua :

— On parle de vous du Saint Empire germanique jusqu'aux marches du royaume d'Angleterre.

— Une réputation de maudit et de sorcier, ça, oui. J'en ai entendu de toute sorte !

— On dit surtout que vous avez de grands talents et qu'on vient vous voir de loin.

— Ajoutez-vous foi à tous ces ragots que les gens colportent ? insista Grégoire.

— Je vous crois un homme fasciné par la médecine, mais non par le fait de sauver des vies.

— Vous êtes clairvoyant, sire de Tarse.

— Je pense que vous avez la tentation de connaître le corps humain au-delà de ce qu'il nous donne à voir.

— Même Galien a pratiqué la dissection ! s'enflamma l'infirmier.

— Il ne l'a fait que sur des animaux, rétorqua Hugues.

— Je n'en crois rien, messire. Je n'en crois rien. Ses écrits étaient trop habiles pour qu'il n'ait pas pratiqué la dissection sur l'homme. Nous devons savoir ce que le corps contient, il le faut !

Il baissa le ton et, s'approchant d'Hugues, lui murmura à l'oreille :

— À vous, je peux le dire, messire : j'ai disséqué des hommes. C'est bien moi qui ai payé pour qu'on déterre ces cadavres, là-bas, à Cologne. Et il me faudra bien d'autres dépouilles et même des vivants, avant que je ne comprenne les *subtilités des créatures divines*, ainsi que les appelait Hildegarde de Bingen.

POUSSIÈRE ET CENDRE

37

Un souffle de tempête s'était levé et la mer avait viré au noir et blanc. De courtes vagues s'écrasaient sur les écueils et la grève de l'Avis, faisant éviter l'esnèque et le knörr sur leurs ancres. Les toiles goudronnées des tentes claquaient au vent.

À l'attache, le chien d'Eleonor signala par de longs aboiements l'arrivée du religieux bien avant que les sentinelles ne lui barrent le chemin.

— Qui va là ?

— Je veux voir Harald et Knut, déclara frère Henri sans s'émouvoir malgré les lances qui le menaçaient. Ils m'attendent.

— Qui êtes-vous ? demanda l'un des guerriers fauves.

— Frère Henri, le camérier. Je viens pour le bois de construction dont vous avez besoin pour vos bateaux.

Un des hommes emboucha le cor qu'il portait à la ceinture et un long appel résonna.

— Je vous accompagne, déclara l'autre en faisant signe au moine de passer devant lui.

Les deux hommes suivirent la sente et croisèrent en chemin une patrouille de marins et de guerriers. Sur la plage était installé un vrai chantier naval ; des exhalaisons suffocantes montaient des bassines où chauffait le brai, ce résidu de résine que les marins allaient appliquer à l'intérieur de la coque. Des voiliers recousaient avec aiguille et paumelle les toiles déchirées, des calfats jointoyaient avec de l'étoupe les bordées nouvelles.

Harald et Knut, sa doloire sur le dos, inspectaient le mât du knörr qu'ils avaient fait amener jusqu'au rivage. Les deux Norvégiens discutaient avec animation en norrois des dernières réparations à effectuer quand Knut entendit l'appel du chien.

— Voilà notre bois qui arrive ! fit-il en apercevant la silhouette du religieux qui venait vers eux.

Tara, au lieu de se calmer à la vue de l'homme accompagné par le garde, s'était mis à gronder, le poil hérissé. Enfin, il se tut, déchiquetant la corde qui le maintenait.

— Salut à vous ! fit le religieux.

— Salut à vous, frère Henri, répondit Harald. Nous vous attendions.

Le camérier regarda autour de lui avec intérêt, remarquant un ponton flottant attaché à l'un des navires.

— Vous n'avez pas perdu de temps.

— C'est que nous n'en avons pas à perdre, répliqua Knut. Pouvons-nous vous montrer les arbres que nous aimerions abattre ?

— Vous êtes pressés, on dirait.

— Ma foi, oui, s'il n'y avait la santé du jarl, une fois le moine déposé chez vous, nous serions repartis.

Henri hocha la tête. Hakon et Corato venaient à leur rencontre.

— Salut à vous, mon frère, fit l'Orcadien.

— La bienvenue à notre camp, frère Henri, fit Corato. J'ai appris que l'un de vos moines était mort. Nous sommes tous affligés par ce terrible accident.

— Il a rejoint notre Père, répondit Henri en se signant. Mais les nouvelles vont vite. Je suppose que c'est le Breton qui a découvert ce pauvre frère Paul qui est venu vous prévenir ?

— Oui, c'est lui. Et croyez-moi, il ne s'attendait pas à ce genre de pêche.

— Il nous a dit qu'il y avait un canot à la coque défoncée dans la même calanque, intervint Harald. Vous le saviez ?

— Ma foi non. Mais le monastère a perdu le sien. Peut-être est-ce le même ? J'en parlerai aux frères qui ont ramené le corps.

— Si vous le désirez, mes hommes vous le répareront.

— Je n'osais vous le demander, mais oui. Nous n'avons pas de charpentier de votre qualité. Merci.

— C'est à nous de vous remercier, reprit Corato. Pour votre accueil et pour l'aide que vous nous apportez.

— À ce propos, j'ai une proposition à vous faire qui pourrait peut-être vous intéresser, répliqua le camérier qui essayait de maintenir sa robe que le vent soulevait.

Il regarda vers les tentes.

— Mais peut-être pourrions-nous en discuter à l'abri ? La vie au Castelas est bien assez rude et j'avoue préférer, si l'on m'en donne le choix, les palabres au coin du feu.

— Mais bien sûr, répondit Corato avec courtoisie. N'est-ce pas, Hakon ? Pourquoi n'irions-nous pas sous la tente du jarl ? C'est la plus confortable et nous pourrions offrir à boire au frère.

Hakon fronça les sourcils. Qu'un étranger puisse apercevoir les coffres contenant le trésor ne lui plaisait guère, mais aucune excuse valable ne lui venait à l'esprit pour se dérober, aussi accepta-t-il de mauvaise grâce, faisant signe aux autres de le suivre.

À quelques pas de là, le grand chien avait enfin réussi à couper son attache. Il fila vers le groupe qui remontait vers le camp et s'élança sur le camérier qui partit à la renverse en hurlant, la bête agrippée à ses épaules. Ils avaient roulé au bas de la pente avant que les autres aient pu réagir. Séparés par la chute, ils se faisaient face maintenant, frère Henri armé d'un espar ramassé dans le sable ; l'animal, poil hérissé, babines retroussées, ses yeux jaune et vert luisants comme des flammes.

— Tara ! Arrête ! hurla Corato.

Tara se ramassait pour sauter quand Harald se jeta sur lui. Le Norvégien avait fait un nœud coulant à la corde qu'il portait à l'épaule et il l'avait jeté si vite autour du col de l'animal que celui-ci ne put que se débattre, impuissant contre le lien qui l'étranglait. Il écumait de rage et poussait des aboiements rauques.

Le Bigorneau, qui avait entendu les aboiements et qui, depuis le départ d'Eleonor, nourrissait le grand chien, poussa de petits cris inarticulés en voyant le traitement qu'on lui infligeait. Puis, comme il n'était guère courageux, il se dissimula derrière un canot renversé pour observer la scène.

— Il va se tuer, remarqua Corato en voyant la bête se débattre malgré le nœud coulant. Mais qu'est-ce qui lui a pris ? Je ne l'ai jamais vu comme ça.

— C'est une bête fauve, gronda le moine en époussetant sa robe. Vous devriez l'achever.

Comme s'il avait compris qu'on parlait de l'abattre, Tara s'était calmé d'un coup, s'allongeant sur le sol, le museau entre les pattes, son regard pers toujours fixé sur le religieux. Harald attacha le lien à une souche.

— Ça, non ! protesta Corato. C'est le chien de damoiselle Eleonor. Vous n'avez pas de mal, mon frère ?

— Non. Ça ira.

— Alors, allons-y ! proposa Hakon. Nous avons assez tardé.

Puis, hélant l'un des gardes :

— Toi, là, trouve une autre corde et attache-moi cet animal mieux que ça.

Ils repartirent vers le campement, traversant le fossé et les doubles rangées de pieux qui le cernaient.

— Un vrai camp retranché, remarqua le religieux. Je ne savais pas les marins si doués pour la guerre.

— Après des années de Méditerranée, mes hommes ne sont pas si mauvais, mais les guerriers fauves, ça, ce sont des combattants !

Une note admirative perçait dans la voix du Byzantin.

— Frère Dreu a prononcé ce nom, mais je n'en ai pas bien compris le sens, répliqua le religieux. Il les nomme aussi les bersekirs.

— C'est une garde d'élite du roi Henri II.

— Mais pourquoi une garde d'élite ? Quel type de marchandise ou de passager mérite de tels gardiens ?

Corato, sentant que le religieux l'entraînait sur un terrain mouvant, se détourna. Harald vint à son aide :

— Nos guetteurs ont repéré un navire arborant le croissant des infidèles au large de votre île. Vos eaux ne sont pas sûres, mon frère.

— Nous le savons bien, et c'est pour cela que le Castelas ressemble davantage à un fortin qu'à un lieu de prières.

Ils entraient dans la tente du jarl. Le camérier parut impressionné par les montants de bois ouvragés qui soutenaient la toile et par la panoplie de haches de guerre et d'épées rangées sur le lit de camp. Malgré la toile qui claquait et le vent qui se glissait dans la tente, une douce chaleur s'élevait du brasero disposé au centre des nattes et des tapis.

— Prenez place, je vous en prie, invita Hakon, allant au chariot à roulettes où s'empilaient des coffres de bois.

Il ouvrit celui contenant les affaires de Magnus et en sortit une gourde d'hydromel et des cornes à boire. Une fois tout le monde servi, il prit place dans le cercle. Le camérier avait vidé sa corne d'un trait et l'avait reposée sur un plateau de métal disposé au centre. Les autres l'imitèrent. Puis Knut demanda :

— Alors pour ce bois, que nous proposez-vous ?

— Vous allez vite en besogne, remarqua le moine.

— Ce n'est pas par manque de courtoisie, croyez-le bien, mais nous devons repartir au plus vite, répondit Harald.

— Je ne crois pas que votre jarl soit encore en état de voyager.

— Le jarl est solide, s'il doit vivre, il vivra, rétorqua Hakon. Il n'aimerait pas que nous restions ici.

— Bien, bien, fit Henri en se radoucissant. Vous dites avoir repéré des arbres dans le bois derrière, mais j'ai vu la taille de votre mât sur la grève, aucun n'est assez droit pour le remplacer.

Malgré l'impatience palpable de ses auditeurs, il se tut, ménageant son effet, puis reprit :

— Que ferez-vous d'un bois vert cueilli à la montée de la sève printanière ?

— C'est vrai que ce n'est pas le mieux, approuva le charpentier, mais qu'y a-t-il d'autre ?

— Du bois de charpente, du chêne. Long et droit. Bien sec. Coupé il y a plus de quatre ans.

Un silence accueillit ces dernières paroles. Harald fut le premier à s'exclamer :

— Vous avez ça sur l'île ?

— Puisque je vous le dis. Par contre, vous l'avez vu, nous ne sommes guère riches et nous en démunir pourrait causer préjudice à notre communauté.

— Que nous proposez-vous ? insista Knut, que les détours empruntés par le religieux impatientaient.

— Ce bois devait servir à la construction d'un bâtiment…

— Et vous accepteriez de vous en défaire ? s'écria Corato. Je suis prêt à vous payer plus cher que le tarif de Bordeaux et chacun sait qu'ils ont la main lourde là-bas. Combien en voulez-vous ?

— Vous ferez aumône à notre saint patron Nicolas, capitaine. Et nous serons tous contents.

— Une aumône de combien ? demanda pragmatiquement le Byzantin, qui avait l'habitude des marchandages de toutes sortes.

— Qu'il ne soit pas question d'argent entre nous. Nous avons besoin d'épices pour la cuisine et aussi de quelques matières premières qu'un navire comme le vôtre doit contenir : tissu, farine, vins et autres. Mais nous verrons ces détails plus tard. Si vous m'accompagnez, je vais vous montrer ces poutres afin que votre charpentier puisse faire son choix.

L'entretien était fini. Le moine s'était levé. Il alla au chariot et en admira le travail.

— Je n'ai jamais vu d'ornements comme ceux-là, remarqua-t-il.

— Cela vient de notre palais du Nord, aux Orcades, expliqua Hakon.

— Vous avez des artisans de talent dans votre pays. Je vous conduis à notre réserve ?

— Le temps de rassembler quelques hommes pour le transport, répondit Knut en soulevant la toile de tente.

Corato s'inclina devant le moine en le remerciant.

— Je vous laisse, mon frère, j'ai à faire sur le knörr. Nous nous verrons ce soir et vous me donnerez la liste de ce qui vous est nécessaire.

Les hommes se séparèrent. Au loin retentit l'appel d'un guetteur.

— Une autre visite ? demanda le camérier.

— Non, répondit Hakon. L'un de mes hommes prévient la patrouille de votre départ.

À quelques pas de là, dissimulé derrière des buissons, le Bigorneau gardait les yeux fixés sur le religieux. L'homme lui rappelait quelqu'un, mais dans la confusion de son cerveau, il ne savait plus s'il l'avait rencontré sur l'île ou tout à fait ailleurs.

Enfin, marmonnant et bavant, le mousse s'en alla de toute la vitesse de ses maigres jambes à la recherche de son ami Bertil. Lui saurait. Et il fallait qu'il lui dise qu'on avait maltraité le chien d'Eleonor.

38

Assis sur les marches de l'escalier qui menait à la chapelle, Dreu attendait avec impatience l'entretien que l'abbé devait lui accorder. Depuis l'office funèbre, le petit moine remuait de sombres pensées. La mort de Paul l'avait horrifié. Serait-il possible que le religieux ait mis fin à ses jours ? Ou bien avait-il été rejoint par ce qu'il craignait ? De toute façon, il y avait au Castelas bien des événements et des attitudes qui l'oppressaient. Il aurait aimé se confier à Hugues de Tarse, avoir son avis. Il se souvenait de sa finesse quand il avait démasqué le « Loup de Barfleur[1] » alors que nul ne soupçonnait son identité. Il soupira. Il était à nouveau cloîtré et il y avait peu de chances qu'ils se croisent à nouveau.

Au début, il avait attribué ce malaise à la drôle de vie qu'il avait menée sur le knörr. Il se disait qu'il s'était déshabitué de la vie monacale et de l'observance de la règle de saint Benoît. Pourtant de singuliers détails lui étaient apparus : le relâchement évident de certains moines qui somnolaient ouvertement au lieu de travailler, ne se lavaient pas les mains pour passer à table, ne se signaient jamais, la crainte non moins évidente des autres, l'attitude autoritaire du camérier, la peur qu'exhalait chaque geste de l'abbé, la saleté de l'autel qui ne semblait pas avoir été nettoyé depuis un

1. Voir *Les Guerriers fauves*, *op. cit.*

long moment… Il savait qu'il existait des monastères où la dépravation et la corruption remplaçaient peu à peu la religion. Où les moines ne respectaient plus rien. Et bien souvent, comme ici, c'était le fait d'un abbé trop faible pour diriger.

Si, au moins, il avait pu discuter avec le cellérier ou un autre religieux, mais la règle de silence était si strictement observée, même pendant les promenades dans la cour, qu'il n'avait pu parler avec aucun. Et c'était pour Dreu un autre sujet d'étonnement. Il y avait toujours des mots ou des signes échangés quand les officiers se détournaient, mais là, les moines marchaient le nez au sol, les uns derrière les autres, tels des prisonniers.

La porte de la salle du chapitre s'ouvrit soudain et le camérier s'approcha :

— Allez-y, il vous attend. J'ai à faire, je vous rejoindrai ensuite.

Dreu s'avança à pas lents, referma la porte et resta devant le battant, attendant que l'abbé lui fasse signe.

Censius était assis à sa table, la Bible devant lui. Il n'avait pas levé la tête et, sembla-t-il, ne l'avait même pas entendu. Le rideau derrière lui bougea, soulevé par un léger souffle d'air. C'était par là que ce moine Iñigo était parti avec Benoît.

Dreu frissonna, imaginant le pauvre novice enchaîné au mur, cerné par des rats. Le petit moine patienta encore un peu, mais Censius restait les yeux fixés sur les enluminures. Après un temps, il se décida à émettre un léger toussotement et l'abbé leva la tête.

Une expression de folle terreur déforma alors son visage et il se dressa si violemment que la table se renversa.

— Qui êtes-vous ? cria Censius en reculant jusqu'au mur. Que me voulez-vous ?

— Mon père, mon père, calmez-vous, c'est moi, frère Dreu ! protesta le pauvre moine.

— Allez-vous-en ! Prenez-en un autre. Allez-vous-en ! Dieu, aidez-moi !

L'abbé s'était laissé tomber à genoux et levait les bras au ciel en signe de supplication. Le jeune moine n'osait plus bouger.

— Je ne comprends pas… Mon père, c'est moi, frère Dreu, le copiste de Savigny.

Était-ce le nom de la fameuse abbaye ou quelque éclair de lucidité ? L'abbé se releva, alla à sa table qu'il remit d'aplomb, puis se rassit comme si de rien n'était. Le changement était si brusque que Dreu en resta stupéfait.

— Je… Vous m'avez fait mander !

L'abbé releva la tête et le regarda.

— Que voulez-vous de moi ?

La question le prit au dépourvu. Lui qui s'attendait à ce que l'abbé lui donne des instructions précises, il bafouilla :

— Je viens… de… de Savigny pour la création de votre scriptorium…

L'autre fit un geste de la main.

— Je sais, je sais…

— Je voudrais avoir vos ordres à ce sujet, mon révérend. Savoir quelle partie du bâtiment je dois aménager ou s'il faut construire une nouvelle bâtisse dans l'enceinte. Ensuite, j'aimerais savoir si vous pourriez m'adjoindre quelques copistes.

— Il n'y en a pas. Continuez.

Une moue d'incompréhension déforma le visage de Dreu. Dans leurs écrits, des moines avaient demandé à faire partie du scriptorium. Il n'insista pas et reprit :

— Je vous présenterai ensuite mon projet et…

La porte s'ouvrit derrière lui et un pas léger glissa sur le carrelage. Frère Henri se plaça à côté de l'abbé.

— Avez-vous dit à notre jeune frère quelles tâches lui sont assignées, mon père ?

— J'exposais justement… commença Dreu.

— Je ne vous interrogeais pas ! le coupa sévèrement le camérier.

— Pardon, mon frère, murmura Dreu en baissant la tête.

Le silence retomba.

— Mon père ? reprit le camérier.

— Oui, oui, répondit Censius, l'entretien du monastère avec frère Iñigo.

— Vous avez entendu, frère Dreu, quel est le désir de votre supérieur ? Frère Iñigo vous donnera les ordres. Vous lui obéirez comme à nous-mêmes et ne sortirez plus de cette enceinte jusqu'à nouvel ordre.

— Bien, mon frère, répondit Dreu qui, malgré sa stupeur, avait compris qu'il ne servirait à rien de protester.

Il allait se retrouver au ménage comme un laïc ou un novice.

Quelques instants plus tard, il était dans la cour et le moine de forte carrure, qu'il avait déjà remarqué au chapitre, s'approcha de lui.

— Frère Iñigo, se présenta-t-il. Vous nettoierez les sols, couperez le bois et irez chercher l'eau à la citerne sur le rempart.

Frère Dreu hocha la tête et saisit le balai que l'autre lui tendait. En pensée il se mit à parcourir les courriers échangés avec le Castelas à la recherche d'un détail qu'il n'arrivait pas encore à appréhender mais qu'il savait devoir trouver. Car quelque chose n'allait pas, qui devait expliquer l'étrangeté de ce lieu et de ceux qui l'occupaient. Réfléchissant intensément, le petit moine trempa le linge dans le seau, l'essora et le jeta sur le dallage poussiéreux.

39

Eleonor achevait de changer les pansements du jarl quand Hugues entra sans bruit dans l'alcôve. Il avait les traits tirés et, malgré sa peau mate, des cernes apparaissaient sous ses yeux.

— Vous êtes là, fit-il d'une voix changée. Je vous croyais sortie. Avez-vous réussi à dormir ?

— Oui.

Hugues hésita puis ajouta :

— Nous ne nous sommes guère vus depuis Cales Coves.

Le souvenir de ce qui s'était passé entre eux là-bas fit que la jeune femme s'empourpra malgré elle.

— C'est vrai.

Un silence gêné s'installa, que l'Oriental finit par rompre en désignant l'Orcadien.

— Comment le trouvez-vous ?

— Il va mieux.

— Frère Grégoire lui a donné un nouveau remède dont il n'a pas voulu me confier la composition, mais la fièvre a baissé.

— Sa respiration devient régulière et profonde et jusqu'à son teint qui a quitté cette vilaine couleur de cendre.

Il ne répondit pas, ses yeux s'étaient égarés dans la longue chevelure brune qu'Eleonor n'avait pas encore eu le temps de nouer.

— J'ai dit quelque bêtise ? fit celle-ci.

— Non, vos observations sont justes. La couleur de la chair, tout comme celle du blanc des yeux, indique souvent l'état dans lequel nous sommes. Il faut que je vous parle, Eleonor.

— Je vous écoute.

Hugues regarda autour de lui : frère Thierry allait et venait, changeant les paillasses, jetant des brandes de bruyère dans les braseros.

— Non, pas ici. Marchons un peu, voulez-vous ? Cela vous fera du bien et à moi aussi.

— Je… hésita Eleonor. Oui, bien sûr. Mais vous devriez vous reposer, Hugues. Vous parliez des yeux tout à l'heure, les vôtres sont rouges de fatigue.

— Je veux bien le croire. Venez.

Quelques instants plus tard, ils marchaient côte à côte sur un chemin qui plongeait vers l'est. Le vent soufflait en rafales et l'île s'était assombrie. Avec cette lumière grise, elle paraissait soudain plus aride et sèche, plus dure qu'elle ne leur était apparue à leur arrivée. Dans les bosquets, les oiseaux s'étaient tus et les mouettes volaient en silence.

— La tempête est proche, remarqua Hugues.

— Que vouliez-vous me dire ? demanda Eleonor qui avait repris un peu d'aplomb.

— J'aimerais que vous regagniez le camp.

— Mais pourquoi ? s'indigna la jeune femme. Je vous suis utile, ici.

— Là n'est pas la question. Bien sûr vous êtes utile, et plus que cela.

— Alors dites-moi de quoi il s'agit ! Allez-vous revenir au camp, vous aussi, avec nos blessés ?

Hugues ne répondit pas, il avait posé un doigt sur ses lèvres, faisant signe à Eleonor de se taire. Malgré le sifflement du vent, le grincement des roues d'une carriole leur parvenait.

Des gens venaient sur le sentier. Hugues attira Eleonor dans les buissons, la forçant à s'accroupir à côté de lui derrière un bosquet. Des moines passèrent, poussant un chariot où reposaient deux cadavres enveloppés de leurs linceuls et des pelles.

Une fois le convoi funèbre passé, Hugues resta immobile, sa main serrant celle de la jeune femme.

Le visage soucieux, il relâcha son étreinte et se redressa.

— Suivons-les.

— Mais ce sont des moines, pourqu…

— Silence !

Ils marchèrent un moment puis se jetèrent à nouveau de côté : devant eux la carriole vide se dressait en travers du chemin. Ils se faufilèrent de buisson en buisson, s'arrêtant derrière un muret. Les moines avaient déjà jeté le corps de frère Paul, reconnaissable à sa robe, dans l'une des fosses. Ils soulevèrent le marin et le portèrent à l'autre bout du terrain, le flanquant dans un autre trou. Quelques instants plus tard, les tombes étaient comblées, et les moines, essoufflés par l'ouvrage, posaient les pelles à leurs épaules.

— Tu dis pas une prière ? demanda l'un d'eux.

En guise de réponse, l'autre partit d'un rire sonore et ils retournèrent à la carriole, échangeant des plaisanteries que le vent emporta.

— Je n'ai jamais vu un enterrement aussi expéditif, chuchota Eleonor en se redressant. Sans même une prière ni une croix.

— *Nunc pulvis et cinis*, maintenant poussière et cendre, murmura Hugues. Les croix ne sont pas si fréquentes. Non, ce qui m'étonne le plus, c'est que les religieux et leur supérieur n'aient pas accompagné frère Paul à sa dernière demeure. C'est la règle. Venez ! Allons voir ça de plus près.

Le cimetière n'était qu'une étendue de bruyères et d'herbes folles cernée d'un muret de pierres sèches. Une plaque de pierre ancienne en occupait le centre. Hugues se pencha pour essayer de déchiffrer l'inscription rongée par les intempéries.

— Il est question de Jovinien, Minervius, Léonce et Théodore. Sans doute des ermites qui vivaient dans l'île, il y a bien longtemps.

— Et ça, qu'est-ce que c'est ?

Eleonor désignait des tombes fraîches. Deux près de l'endroit où les moines avaient jeté la dépouille de frère Paul, une à l'écart près de là où ils avaient fait basculer le corps du marin.

— Quand donc frère Dreu nous a dit qu'a été fondée cette communauté ? demanda Hugues.

— Cinq ans, je crois. Peut-être six.

— Cinq ans, et ils étaient douze moines.

— Oui, c'est le nombre minimum, nous a-t-il dit, pour créer une abbaye fille. Douze.

— Douze, répéta Hugues, essayant de se remémorer le nombre de moines qu'il avait croisés. Plus frère Grégoire qui est arrivé après, soit treize moines. Et Dreu n'a pas parlé de décès. J'ai croisé l'abbé, le camérier, le cellérier, l'hôtelier, le novice Benoît, le portier, l'infirmier, j'ai vu aussi un sacristain et un sous-sacristain, frère Paul, le chancelier Osmond. Cela fait onze.

— Vous oubliez le cuisinier et ce solide gaillard qui est venu chercher le cadavre du marin…

— Frère Iñigo, cela fait treize, et le moine Thierry, celui qui a remplacé Benoît ce matin, quatorze.

— Un de trop, donc.

— Non, Eleonor, trois de trop. Apparemment, les moines ont partagé le cimetière en deux. L'une des parties est réservée aux religieux, c'est là qu'ils ont mis Paul, l'autre aux laïcs, ils y ont placé notre marin.

— Pourquoi trois de trop ?

— Nous avons deux tombes fraîches du côté religieux.

— Et celle là-bas, à côté du marin ? Ce pourrait être des gens de la ferme ou des pêcheurs ? De toute façon, nous ne savons pas si d'autres moines sont venus depuis.

— Non, nous ne savons pas…

Le visage d'Hugues se ferma davantage.

— Tancrède m'a dit avoir croisé un moine errant comme un sauvage. Cela ferait donc quatre moines de trop. Venez, Eleonor, ne restons pas ici.

Hugues lui fit signe de le suivre.

— L'hôtellerie n'est pas de ce côté. Je ne comprends rien à tout cela. Mais où allons-nous ?

— Au camp.

Eleonor s'arrêta :

— Si vous vous expliquiez, maintenant.

— Je n'ai que des pressentiments, Eleonor.

— Mais vous pensez qu'il y a danger.

— Sans doute.

— Et c'est pour cela que vous m'éloignez ?

Eleonor avait pris un air buté qui n'augurait rien de bon.

— Pourquoi vous obéirais-je ?

— Parce que je vous le demande, répondit calmement Hugues.

Il y avait tant d'assurance dans sa voix qu'au lieu de s'apaiser, Eleonor se sentit bouillir. Elle jeta :

— Vous avez oublié l'archer qui vous a sauvé la vie, messire. Je vous remercie de votre sollicitude, mais je sais me battre s'il est besoin et je ferai ce que je juge bon…

Hugues lui saisit le poignet avec fermeté mais sans violence, un geste qui tenait plus de l'étreinte que de la contrainte.

— Ne m'obligez pas à vous confier aux gardes d'Hakon ! lança-t-il, les dents serrées.

Puis plus bas, comme un aveu de faiblesse :

— Rien ne doit vous arriver, Eleonor. Je ne le supporterais pas.

Le temps sembla se figer, les sons s'effacer. Hugues et Eleonor, le souffle court, se regardaient. La tension était si palpable, les yeux noirs de l'Oriental si emplis de passion contenue et de désespoir que la jeune femme se mit à trembler.

Hugues lâcha brusquement son poignet, comme s'il ne s'était rendu compte qu'à l'instant qu'il le serrait entre ses doigts.

— Pardonnez-moi, dit-il en détournant les yeux. Je sais que je n'ai pas le droit. Que je n'ai aucun droit. Que je ne peux rien demander ni rien attendre. Je vous jure que j'ai tout fait, même essayer de vous haïr… Mais plus je m'y appliquais, plus je vivais en vous.

Bouleversée, Eleonor restait muette, elle aurait voulu crier, pleurer, frapper Hugues autant que l'enlacer. Les émotions et les mots se bousculèrent, et elle bredouilla pêle-mêle :

— Je vais au camp.

Un éclair stria le ciel, les baignant un instant de son éclat métallique.

— Merci, dit l'Oriental d'une voix tragique.

Tancrède, qui était parti à la recherche de son maître, s'était arrêté net sur le sentier. Il l'avait aperçu face à Eleonor au milieu du chemin. Le vent lui avait porté l'écho de leurs voix, des voix qu'il n'avait pas reconnues. Il était resté pétrifié, avalant avec peine sa salive. Une étrange douleur lui fouaillait le corps. Jalousie. Il était jaloux d'Hugues de Tarse. Jaloux de l'homme qui lui avait tout appris, qu'il aimait plus que tout, qu'il considérait comme son père.

Il se traita d'insensé. Se maudissant aussi pour son orgueil. Comment avait-il pu penser qu'Eleonor le regardait avec amour ? Simplement parce qu'ils étaient jeunes tous deux ? S'il réfléchissait bien, jamais elle n'avait eu le moindre geste, autre que de sympathie. Et il était allé s'imaginer… À nouveau la douleur. Il en aurait pleuré de rage. Soudain, la phrase qu'Hugues avait prononcée à Cales Coves lui revint : *J'ai trouvé ce que je ne cherchais pas… Et je vis désormais dans un corps étranger.*

— Quel aveugle et quel sot ! s'emporta-t-il, furieux contre lui-même. Mon maître est amoureux d'elle. Et moi qui croyais qu'il la détestait… Et elle l'aime, c'est sûr. Comment ne pas l'aimer ?

Là-bas, les deux silhouettes s'étaient remises en marche et venaient de son côté. Tancrède se jeta dans les buissons, attendant qu'ils le dépassent pour se montrer à nouveau.

Devant lui s'ouvraient deux chemins. Perdu dans ses pensées, il en suivit distraitement un, sans remarquer que la pluie commençait à tomber, mouillant son visage et ses habits. Enfin, il s'arrêta. À quelque distance se dressait une tour de pierre au sommet de laquelle brûlait un feu. Il était arrivé au faro gardé par les moines. De là, la vue s'étendait vers la pleine mer et il scruta le large, les flots aussi noirs que le ciel.

La pluie le cinglait, brouillant sa vue. Pourtant, au loin, il lui semblait apercevoir la forme élancée d'un navire. Il s'essuya les yeux, doutant de lui-même, puis jura. Un éclair avait strié le ciel et Tancrède avait reconnu le paro. Les pirates. Le Diable de la Seudre. Il était revenu, il attendait qu'ils lèvent l'ancre. À moins qu'il ne projette d'attaquer.

Tancrède repartit en courant.

40

Malgré la houle qui s'était levée et les nuages noirs annonçant la tempête, le paro vert pâle gardait sa position au large de l'île de Cabo Ros. Habilement guidé par son pilote, le petit navire de combat, après une brève escale à Marseille, avait filé sans hésiter vers Toulon puis les îles d'Or.

— Que devons-nous faire ? demanda le capitaine que l'approche du mauvais temps inquiétait.

— On attend, déclara Richard dont l'œil perçant scrutait les contreforts de l'île.

— La tempête va bientôt se lever, mon maître, insista le Calabrais. Il ne faudrait pas qu'elle nous drosse sur les récifs.

— Rajoute une ancre à l'avant, ordonna Richard.

L'homme avait rejoint le paro à l'escale de Marseille. Il était l'un des nombreux frères de Rohard, un frère avec des allures de bourgeois et un parler choisi. Un frère qui, avant d'être pirate, avait navigué sur des navires marchands et qui, grâce à cela, dirigeait les manœuvres avec assurance. Le capitaine lui obéissait, content d'avoir affaire à celui-là plutôt qu'à un autre. Richard était amariné et même s'il était aussi féroce que les autres membres de la fratrie, il n'avait pas les accès de violence qui caractérisaient le Diable de la Seudre.

— Tu peux dire aux hommes qu'ils mangent et se reposent, reprit Richard. Mais pas de boisson ! Vérifie les canots, je veux qu'ils soient prêts pour le débarquement.

— Cela sera fait, répondit le marin en s'inclinant. Mais quand débarquerons-nous ?

— Ne sais-tu donc toujours pas à qui tu as affaire, le Calabrais ? Il n'y a qu'un maître ici et c'est le Diable ! Tu le sauras quand il le jugera bon, pas avant.

À cette remarque cinglante, le capitaine avala sa salive, se reprochant d'avoir posé une question dont il connaissait la réponse. Il y avait fort à parier que Richard lui-même ignorait les plans de Rohard. Le Diable ne partageait son pouvoir avec aucun et pour lui sa fratrie avait seulement plus de devoirs que quiconque. Il murmura :

— Pardon, maître.

— Oui, oui ! s'adoucit Richard. Quand tu auras fini ton ouvrage, tu auras quartier libre, toi aussi.

— Merci, maître.

Le Calabrais se détourna pour donner ses ordres. Des pirates se précipitèrent, et bientôt une nouvelle ancre alla crocher le fond.

Ce « quartier libre » voulait dire qu'il avait le droit de marcher de la proue à la poupe ou de jouer aux dés, mais rien de plus. Il était plus sûrement prisonnier ici que dans une geôle à terre. Après un coup d'œil aux nuages qui s'amoncelaient, il vérifia l'état des canots et des avirons, la façon dont les cordages étaient roulés et décida de faire laver le pont après le repas.

Des pirates s'étaient assis le long des bordages, aiguisant leurs sabres et leurs coutels en le regardant. Comme avant chaque attaque, un mélange d'angoisse et de mélancolie le prenait. Ses yeux parcoururent le paro, puis remontèrent jusqu'à la hune du mât. Il n'était pas un endroit où il n'avait vu mourir des hommes. Les siens d'abord : son équipage, torturé, mutilé, étripé devant ses yeux. Contre cette bordée avait agonisé toute une nuit son mousse, le crâne fendu. En haut du mât, son lieutenant, un fier gaillard, un Bordelais, avait fini les tripes à l'air, suspendu au-dessus de la tête des pirates que ses hurlements de douleur faisaient éclater de rire.

Le capitaine essaya de chasser ces images sinistres, les mêmes qui l'assaillaient chaque nuit, et chercha du regard le pilote, Mario, un Génois qui, comme lui, avait accepté de servir le Diable plutôt que de mourir.

Accoudé au plat-bord, celui-ci observait l'île et le Calabrais se demanda un moment si, tout comme lui, il rêvait de quitter ce navire maudit dont la couleur, plutôt que ce vert pâle qui lui donnait la nausée, aurait dû être le rouge du sang versé.

— Mario, une partie de dés ? proposa-t-il en rejoignant son ami.

L'autre sursauta, puis un mince sourire se dessina sur ses lèvres.

— Volontiers, répondit-il en sortant de sa poche une paire de dés en os de baleine.

Personne ne faisait attention à eux et ils s'accroupirent au pied du mât. La partie dura un moment, silencieuse et calme tout d'abord, acharnée ensuite. Enfin, Mario souffla si bas que le capitaine eut du mal à l'entendre :

— Nous ne sommes pas très loin de cette île.

— Non.

— Je n'en peux plus.

L'aveu ébranla le Calabrais. Il jeta un œil vers son ami et remarqua le pli amer de sa bouche.

— Tu les as entendus parler entre eux ? Ils vont massacrer tous les habitants de cette île, tu le sais ! insista le pilote. Les religieux comme les autres. Nous avons trop de sang sur les mains, toi et moi.

— Mais jamais nous n'avons tué…

— Nous avons laissé tuer ! Par lâcheté, par…

— Tais-toi !

— Tu sais que je dis vrai. Rohard veut sa vengeance. Pendant tous ces jours de mer, il n'a songé qu'aux supplices, aux tortures qu'il pourrait infliger aux Normands. Comme s'il pouvait y avoir pire que ce qu'il a fait jusqu'à présent ! Je ne veux plus voir le sang ruisseler sur ce pont. Tu entends !

La voix du Génois se brisa. Quelque chose dans ses yeux avait changé. Était-ce l'approche imminente de l'attaque ? Cette attente déjà interminable ? Un profond soupir souleva la poitrine du Calabrais.

— Tu dois tenir, Mario. On trouvera bien un moyen de s'échapper.

— C'est ce qu'on s'est dit au début. Et c'est vrai qu'après avoir vu comment ils traitaient nos compagnons, on a pensé que tout était mieux que de subir les tourments qu'ils leur avaient infligés. Mais regarde où nous en sommes ! Des occasions, il y en a eu, nous avons fait tant de ports et de mouillages forains, et nous n'avons pu en saisir aucune tant ils nous surveillaient !

— Mario… plaida le Calabrais, imaginant ce que pourrait être la vie sans le Génois à ses côtés.

Ils se tenaient l'un l'autre et le savaient tous deux. Qu'un seul flanche et l'autre n'aurait plus qu'à se laisser mourir.

— Je n'en peux plus, répéta le pilote. Je préfère essayer de gagner la côte à la nage…

— Tu ne sais pas nager, Mario.

L'autre ne répondit pas.

— Laisse-moi réfléchir, ajouta le capitaine.

Une lueur d'espoir brilla dans les yeux du pilote.

— Tu vas t'enfuir avec moi ?

— Lance les dés !

Maître Richard venait vers eux de son pas lent.

— Alors, les hommes, qui est le gagnant ? dit-il en s'accroupissant à leurs côtés. Sortez votre argent. Je suis prêt à risquer quelques deniers, pas vous ?

41

Bien qu'il plût à torrents, Bertil était parti chasser, persuadé qu'il arriverait à attraper quelques lapins pour améliorer leur ordinaire, au Bigorneau et à lui-même. L'excitation de celui-ci l'avait agacé. Bavant et bégayant, il avait expliqué qu'il avait déjà vu le religieux, mais Bertil n'avait pas réussi à lui faire dire si c'était sur l'île ou ailleurs. Quant à l'attitude du chien, elle pouvait s'expliquer par le fait que la bête ne supportait plus d'être à l'attache. Elle avait sauté sur cet homme-là comme elle aurait sauté sur un autre. Pour qu'on la laisse libre comme avant.

C'est du moins ce que se répétait Bertil tout en installant son lacet sous les buissons. Un bruit de voix le fit s'immobiliser. Deux hommes venaient de ce côté. Au lieu de se montrer, il s'aplatit dans la boue, poussant une branche pour essayer de voir qui venait. Une pluie glacée lui coula dans le cou. Deux silhouettes enveloppées de mantels à capuche s'étaient arrêtées dans la clairière tout près de lui.

— Tu en as mis un temps, remarqua l'une d'elles.

— Croyez bien que si j'avais pu aller plus vite… ! fit l'autre.

— Où sont les coffres ?

Bertil ne saisit pas la réponse, mais un frisson lui passa sur l'échine. Lui qui s'imaginait surprendre quelque échange de marchandises volées, vin ou viande séchée… Il aurait voulu disparaître. Au lieu de cela, il entendit la voix la plus claire demander :

— Combien d'hommes pour les protéger ?

— Quatre gardes qui se relaient et, pendant la nuit, leur chef qui dort à l'intérieur. Et puis, ils sont au centre du camp. Et il faut y arriver. Les marins patrouillent eux aussi.

— Tu vas donc nous aider.

L'autre secoua la tête. Un éclair déchira le ciel, aussitôt suivi d'un coup de tonnerre qui étouffa la réponse de l'autre.

— Tu es sûr ?

— Je veux mon argent.

Un long moment passa pendant lequel les deux hommes se turent. La pluie tombait de plus en plus dru. Bertil frissonna.

— Tiens, prends ça ! Le compte y est.

Soulevant les plis de son habit, l'homme avait dévoilé la bourse qu'il portait au côté. Alors que l'autre se penchait pour la saisir, il lui planta son couteau dans le ventre, remontant l'arme d'un geste sec.

— Tu pensais tout de même pas que j'allais te payer, maraud !

Le sang avait giclé, éclaboussant le buisson sous lequel s'abritait le garçon. Le cadavre bascula en avant, Bertil ferma les yeux, étouffant un cri.

LA PART DU DIABLE

42

Cela faisait un moment déjà que frère Henri s'était glissé sans bruit dans l'alcôve, tirant à lui un tabouret pour s'asseoir aux côtés de Magnus le Noir. Immobile, les paupières mi-closes et les mains jointes comme en prière, il fixait le blessé. La pluie tambourinait avec violence sur le toit de la bergerie, et c'était le seul bruit avec le raclement monotone du balai de frère Thierry sur le dallage.

Les cheveux de l'Orcadien avaient poussé sur son crâne rasé et une barbe rousse dissimulait ses cicatrices. Sa poitrine serrée de bandages se soulevait avec régularité et, même si ses paupières restaient obstinément fermées, le gris cendreux de sa chair qui, trop souvent, annonce la venue de la mort, s'en était allé.

Frère Grégoire entra dans l'alcôve et tressaillit à la vue du camérier.

— Je ne vous savais pas là, balbutia-t-il.

— Cela vous gêne ?

— Non, non, bien sûr, protesta le gros infirmier qui alla au chevet du jarl et retourna le sablier qu'il y avait posé.

— Il est juste que je suive avec attention les soins que vous donnez à cet homme. Vous savez à quel point sa santé m'importe.

Le moine ne répondit pas. Essayant de dissimuler le tremblement de ses mains, il s'affairait autour du blessé, soulevait ses paupières, posait son oreille sur sa poitrine, défaisait les bandages pour voir l'état de la plaie…

— Vous le savez ? répéta Henri.

Et sa voix était si sèche, le ton si menaçant que l'infirmier sursauta comme s'il l'avait frappé.

— Vous savez bien que je fais tout ce que je peux, répliqua-t-il. Il va déjà mieux, reconnaissez-le.

— Je ne sais rien, mais si j'avais le moindre doute sur votre talent de mire…

Le camérier n'acheva pas sa phrase et Grégoire resta planté devant lui, figé par la peur comme une souris devant un chat.

— Vous avez retourné votre sablier, remarqua Henri, n'est-il pas temps de lui donner votre potion ?

— Euh… si, si.

— Allez, allez, ne vous occupez plus de moi, ordonna l'autre.

Mais déjà frère Grégoire avait retrouvé la routine de ses gestes. Il se pencha vers le jarl, fit glisser des gouttes du liquide amer entre ses lèvres entrouvertes. Un imperceptible frisson agita le blessé. Grégoire s'arrêta aussitôt.

— Il revient à lui ? demanda frère Henri auquel le mouvement n'avait pas échappé.

L'infirmier ne répondit pas. Magnus ne bougeait plus. Grégoire reprit le décompte de ses gouttes. Mais cette fois la réaction de Magnus fut violente. Il redressa la tête, fut pris d'une longue quinte de toux et ouvrit les yeux, ses doigts s'agrippant aux couvertures.

— Il a repris connaissance ! s'écria Grégoire.

Le jarl avait cessé de tousser. Ses paupières se fermèrent, puis se rouvrirent à plusieurs reprises.

— Vous m'entendez ? demanda l'infirmier.

Pas de réponse. Les yeux de Magnus parcouraient ce qui l'entourait, puis un sifflement finit par sortir de sa bouche et un chapelet de mots que personne ne comprit.

— Qu'est-ce qu'il dit ? demanda le camérier.

— Je ne sais pas. Ce doit être sa langue natale, observa Grégoire.

— Va-t-il s'en sortir ?

— Oui, je le crois, répondit Grégoire qu'un soudain optimisme envahissait. C'est un solide gaillard. Avec une blessure comme ça, il devrait être mort.

Les yeux de Magnus se fixèrent enfin sur les religieux.

— Vous m'entendez ? demanda à nouveau Grégoire. Si oui, battez des paupières.

Un clignement.

— Bien, bien, fit l'infirmier en se frottant les mains.

Magnus se racla la gorge et articula avec peine :

— Mes hommes… Hakon… Où ?

Il s'était empourpré sous l'effort. Les muscles de son cou saillaient. Il s'appuyait sur ses coudes. On sentait que s'il l'avait pu, il se serait levé, mais que la douleur était trop forte ou sa faiblesse trop grande.

L'infirmier posa fermement ses mains sur ses épaules, le forçant à se rallonger.

— Du calme, du calme. Ou bien tout ce que nous avons fait sera réduit à néant. Vous êtes sur l'île de Cabo Ros. Vos hommes sont à leur camp. Tenez, buvez encore un peu. Les forces vont vous revenir.

— Je… veux les voir.

— Buvez ! ordonna sévèrement Grégoire.

Le guerrier avala les dernières gouttes de la potion en grimaçant.

— Faites en sorte qu'il reprenne des forces au plus vite, ordonna frère Henri sèchement. Peut-être pourriez-vous lui donner quelque nourriture solide maintenant qu'il est revenu à lui ?

La résurrection de son patient semblait avoir redonné toute son assurance à l'infirmier, il répliqua :

— Je connais mon ouvrage, c'est trop tôt. Il faut que son estomac se réhabitue, mais j'essaierai de lui faire avaler un bouillon de viande.

Frère Henri s'était levé, on le sentait partagé entre l'envie de corriger l'impudence de Grégoire et celle de s'en aller, il appela frère Thierry qui les rejoignit dans l'alcôve.

— Va au monastère, et demande à Albéron de préparer de la soupe pour les blessés.

Le moine s'inclina. Il allait sortir quand la porte s'ouvrit à la volée. Tancrède, trempé, le souffle court, apparut sur le seuil.

— Mon maître est-il avec vous, mon frère ?

— Non, messire, il n'est pas ici et la damoiselle non plus. Nous sommes seuls, répondit Grégoire du fond de l'alcôve. Mais que vous arrive-t-il ?

Le jeune homme ne répondit pas. Fallait-il annoncer à ces hommes de prière que des pirates allaient débarquer sur leur île ou d'abord essayer de prévenir le camp ? L'hésitation devait se lire sur son visage car frère Henri renchérit :

— Que se passe-t-il, messire ?

Le temps pressait. La décision du jeune homme était prise :

— Je… Je me suis égaré sur l'un de vos sentiers et, arrivé sur la côte est de l'île, j'ai aperçu un navire à l'ancre.

— Un navire ?

— Des pirates, mon frère !

À ce mot de « pirates », une expression affolée avait envahi les traits disgracieux de l'infirmier.

— Il faut fuir, souffla-t-il comme si les Barbares prenaient d'assaut la bergerie.

— Dieu nous protège de cette engeance, déclara le camérier en se signant. Harald m'avait dit que ses guetteurs avaient aperçu des Barbaresques.

— Ce ne sont pas des Barbaresques, protesta Tancrède, mais ils sont tout aussi dangereux. Il faut prévenir votre abbé et vous barricader dans le monastère. Quant à moi, je dois alerter le camp au plus vite.

— Attendez ! Attendez ! protesta Henri. Ne nous précipitons pas. Est-ce qu'ils étaient en train de débarquer quand vous les avez vus ?

— Ma foi non. Ils étaient ancrés au large.

— Cela nous laisse donc un peu de temps. Vous êtes un guerrier, il y a deux gardes dehors. Nous sommes trois moines solides. Je crois qu'il faut décider avant tout du sort des blessés.

— Les blessés. Oui, bien sûr, approuva le Normand en se morigénant de n'avoir pas pensé lui-même à tout cela.

Suffisait-il que son maître s'en aille pour qu'il soit aussi désarmé qu'un enfançon ? Ce moine avait plus de bon sens que lui. Le camp était loin, il lui fallait d'abord organiser la défense du monastère. La mine soucieuse, il se tourna vers l'infirmier :

— Comment va le jarl ?

Grégoire avait recouvré son calme et c'est d'un ton presque normal qu'il répondit :

— Il a repris connaissance. Venez, messire !

Il écarta le rideau, laissant passer le jeune homme. Magnus ouvrit les yeux et un vague sourire s'esquissa sur ses lèvres quand il aperçut le Normand.

— Tancrède… souffla-t-il.

— Magnus ! Vous voilà de retour parmi nous.

— Oui, répondit l'Orcadien. Où… Où est Hakon ?

Tancrède comprit l'inquiétude du jarl pour ses hommes et pour le trésor confié par le roi. Il essaya de le tranquilliser :

— Au camp. Tout est en ordre, Magnus. Et dès que vous vous sentirez mieux, nous les rejoindrons.

Magnus serra les dents, les mots sortirent en sifflant de sa bouche.

— Maintenant. Je vais… bien. A… alors, par… partons.

L’infirmier haussa les sourcils.

— Pas question. Restez tranquille. Vous n’êtes pas en état de voyager, pas encore.

Tancrède entraîna l’infirmier hors de l’alcôve.

— Pouvons-nous le transporter ?

— Mais non ! protesta Grégoire. Il est trop tôt. Sa plaie risque de se rouvrir. Et puis le camp est loin.

— Je ne pensais pas au camp, mais au Castelas.

— Il ne faut pas le bouger.

— Si les pirates débarquent, la bergerie n’est pas défendable. Nous devons le conduire au monastère.

— Mais…

— Il va nous falloir courir le risque, le coupa Tancrède. Je veux le mettre en lieu sûr ainsi que l’autre blessé. Les gardes vont s’occuper de sa civière, vous porterez la seconde avec frère Thierry. Le camérier et moi protégerons le convoi. Avez-vous une arme, frère Henri ?

— Mon coutel risque de ne pas suffire, mais je crois qu’il y a une faux dans la remise derrière.

— Très bien, alors prenez-la. Et allons-y.

L’infirmier fit la grimace.

— Les déplacer est dangereux, insista-t-il.

— Préférez-vous qu’ils se fassent étriper ?

Le visage de Grégoire s’allongea.

— Il suffit, mon frère, s’énerva Tancrède que les réticences de l’infirmier agaçaient. Vous avez leurs remèdes avec vous ?

— Oui.

— Alors, préparez-les du mieux que vous le pouvez, s’il faut ajouter quelque bandage, faites-le et partons.

Un plan prenait forme dans sa tête.

— Dès que nous serons au Castelas, fit-il, vous donnerez l’ordre de sonner le tocsin afin de prévenir le camp.

— En espérant que le vent porte du bon côté et que vos amis ne confondent pas notre appel avec le souffle de la tempête, remarqua Henri.

Le jeune homme ressortit sous la pluie. Quelques instants plus tard, ils installaient les blessés sur les civières et la petite troupe prit le chemin du monastère.

À peine la lourde porte refermée sur eux, la cloche sonna à la volée. L'abbé les rejoignit avec les autres officiers de l'abbaye. Il était encore plus pâle qu'à l'accoutumée.

— Que se passe-t-il ?

— Des pirates, mon père, répondit le camérier à la place de Tancrède. Des pirates vont débarquer et messire d'Anaor propose de nous aider à organiser notre défense.

À ces mots, Tancrède crut que Censius allait s'évanouir. Il ferma les yeux, vacilla et le chancelier Osmond se précipita pour le soutenir.

— Je vais le ramener à la salle du chapitre, déclara-t-il.

— Allez, allez ! ordonna frère Henri avec agacement. Et revenez vite. Il faut que tous soient présents.

Sous le choc, les officiers s'écartèrent en silence devant leur abbé puis leurs rangs se refermèrent.

Frère Henri s'était tourné vers le jeune Normand.

— Je dois prévenir notre frère au faro, déclara-t-il. Peut-être pourrions-nous aussi lancer un signal de détresse vers la côte ?

— Avec cette tempête, il y a peu de chance que quiconque vienne pour nous secourir, rétorqua Tancrède.

Cessant leurs travaux, les moines étaient accourus, la pluie dégoulinant sur leurs capuches de gros drap. Ils s'agitaient, murmuraient entre eux et c'était un singulier spectacle que ces solides religieux pépiant comme une volée d'étourneaux. L'hôtelier leva les mains, faisant cesser le tumulte.

— Silence, mes frères. Des pirates ont débarqué sur notre île et nous allons devoir défendre notre monastère. Je veux du calme.

— Par contre, poursuivit le jeune homme, je comprends que vous vouliez sauver votre religieux. Lequel de ceux-là allez-vous choisir pour le chercher ?

Son regard avait parcouru les rangs des moines et des officiers, il n'y voyait que des hommes dominés par la peur.

— Ne pensez pas, messire, que les moines ne sachent pas se défendre, répliqua Henri comme s'il avait suivi le cours de ses pensées. Nous vous prouverons le contraire.

— J'en accepte l'augure, mon frère.

— J'irai moi-même.

— Pourquoi vous ?

— Sans doute parce que, avant d'être moine, j'ai été un homme du siècle, messire. Contrairement à la plupart de ceux-là qui n'ont connu que la vie contemplative et la prière.

Tancrède détailla le visage en lame de couteau du moine, son regard brûlant. Aucune peur chez lui, presque une impatience égale à la sienne d'aller au combat.

— Vous êtes un drôle d'homme, mon frère. J'avoue vous avoir mésestimé. Je croyais…

— Oh, je sais ! fit le religieux. En me voyant avec notre abbé, vous avez cru que seul le pouvoir m'intéressait. L'abbé, Dieu me pardonne de parler ainsi, est un faible et sa faiblesse a mis en danger notre communauté. J'ai été, comme en ce moment, obligé de prendre des décisions à sa place.

— Je comprends.

— Je partirai donc et si vous m'en croyez, je serai bientôt de retour avec notre frère.

— Avant cela, dites-moi de quel armement vous disposez ici ?

— C’est là où le bât blesse, messire. Nous n’avons guère que des outils : faux, fourches ou coutels. Peut-être un arc et une lance pour la chasse.

— Ordonnez aux religieux d’amener tout cela dans la cour. Et qu’ils ramassent des pierres dont ils pourront bombarder les rangs de l’ennemi.

— Bien.

Le frère appela l’hôtelier et lui donna ses instructions. Quelques instants plus tard, les moines se dispersaient. Frère Henri désigna un religieux aux allures de colosse au milieu de la cour.

— Permettez-moi de vous adjoindre frère Iñigo. Il parle peu, mais c’est une force de la nature. Il vous aidera en tout.

Sur un geste du camérier, l’homme s’approcha à pas lents.

— Voici messire Tancrède, lui expliqua frère Henri. Vous lui obéirez comme à moi-même.

L’autre hocha la tête et resta planté à attendre les ordres.

— Si vous m’autorisez à franchir la clôture, mon frère, je vais faire le tour du monastère avec les guerriers, demanda Tancrède.

— En temps de guerre, il n’y a plus de clôture, rien que la maison de Dieu à défendre. Faites au mieux. Quant à moi, je vais chercher notre frère.

— Que Dieu vous garde. Revenez vite.

Tancrède attendit que le moine disparaisse par la poterne, puis fit signe à frère Iñigo de le suivre. Ils rejoignirent l’infirmerie gardée par les guerriers fauves et bientôt tous quatre s’éloignèrent pour inspecter les bâtiments et les murailles.

Du côté est et nord, il n’y avait aucune attaque possible, tant les à-pics qui tombaient dans la mer étaient vertigineux. Le danger ne pouvait venir que du sud ou de l’ouest, où la seule défense était un fossé peu profond et un mur d’enceinte.

Conscient que leurs vies à tous allaient dépendre de son jugement, le jeune homme examina les replis de terrain et les rochers de son regard aigu. L'éperon rocheux sur lequel était construit le Castelas était si étroit que les assaillants ne pourraient faire une attaque massive. Il fallait qu'il concentre ses hommes au-dessus de la poterne et sur le rempart sud. Mais quel armement allait-il leur fournir ? Jamais il n'avait eu la responsabilité d'une place forte et soudain l'angoisse l'envahit. Et s'il échouait ? Si les pirates pénétraient dans le monastère ?

Il pensa à Hugues, à ce qu'il aurait fait à sa place, et une phrase de Publilius Syrus[1] qu'aimait à répéter son maître lui revint : *Quand la crainte ne veille pas, il arrive ce qui était à craindre*. Il sentit son esprit s'apaiser et il réfléchissait encore au meilleur plan de défense quand frère Grégoire vint le rejoindre sur le rempart.

— J'ai installé les blessés à l'infirmerie, messire. Ils vont bien. Sauf que le jarl est d'une humeur épouvantable. Il veut se battre et je crains d'être obligé de le lier pour l'empêcher de se lever.

— Cela ne m'étonne pas. Je vais descendre lui parler. Frère Grégoire, pourriez-vous, avant de regagner l'infirmerie, m'envoyer le frère cuisinier ?

— Frère Albéron… Oui, bien sûr, mais pourqu…

Tancrède n'avait pas envie de s'étendre. Il avait le sentiment que le temps lui était compté, il coupa la parole à l'infirmier, lui ordonnant :

— Vous resterez à l'infirmerie et si l'alerte résonne à nouveau, barricadez votre porte !

— Bien, messire, fit Grégoire qui battit rapidement en retraite.

Quelques instants plus tard, le solide cuisinier le rejoignait.

1. Poète latin (85-43 av. J.-C.), auteur de *Sentences*.

— Vous m'avez fait mander, messire ?

— Oui, mon frère, j'aimerais que vous me confectionniez quelque chose d'un peu spécial. Avez-vous de la poix ?

— Oui.

— Alors faites-moi installer des braseros et toutes les bassines dont vous disposez sur les remparts ouest et sud. Je veux de la poix brûlante pour nos amis les pirates. Frère Iñigo vous aidera à monter tout ça sur le chemin de ronde.

— Bien, messire.

— En cas de siège, aurons-nous assez d'eau et de vivres ?

— Pour l'eau pas de problème, avec les pluies de printemps, les citernes sont pleines. Quant aux vivres, je devrais pouvoir tenir un bon mois même en comptant les bouches supplémentaires.

— Bien. Mais préparez quand même un rationnement. Allez.

Le jeune homme donna ses ordres. Les guerriers avaient pris place, leurs arcs à la main, une flèche dans l'encoche. Il se détourna, inconscient de la pluie qui le trempait, son regard parcourant à nouveau le terrain alentour. Essayant d'imaginer les plans de l'ennemi. Les moines entassaient des caillasses sur le chemin de ronde. Frère Iñigo alluma les braseros. La poix bouillonna bientôt dans les bassines. L'attente commençait.

43

La tempête faisait rage sur la mer comme sur les îles. Une pluie diluvienne martelait le sol et des torrents de boue jaunâtre dévalaient les collines. Perdus dans leurs pensées, Eleonor et Hugues avaient avancé à marche forcée sans échanger un mot. Ils étaient encore loin du camp quand des gardes leur barrèrent le passage.

— Halte !

— Pardon, messire, fit l'autre en abaissant aussitôt sa lance. Avec cette pluie, nous ne vous avions pas reconnu.

— Sonnez du cor pour prévenir de notre venue et que l'un de vous aille prévenir Hakon que je veux une réunion sous la tente du jarl.

Les guerriers fauves obéirent sans hésitation. Ils respectaient cet étranger à la peau sombre qui avait sauvé leur chef. L'un d'eux partit en courant tandis que l'autre embouchait sa corne pour lancer un long appel. Hugues et Eleonor se remirent en marche. La boue les faisait glisser et trébucher à chaque pas. Enfin, l'Oriental ralentit son allure et se tourna vers sa compagne, désignant les tentes qu'ils apercevaient à travers une trouée de verdure :

— Continuez jusqu'au camp, Eleonor. Et allez vous mettre à l'abri sous la tente du jarl, je vous y rejoindrai bientôt.

Trop harassée pour demander pourquoi il ne l'accompagnait pas, la jeune femme hocha la tête et reprit sa marche en direction du camp. Hugues était remonté sur la hauteur au-dessus de la plage, observant la mer furieuse, notant au passage que les Normands avaient halé le knörr et l'esnèque sur le sable. Des hommes en armes gardaient les navires, d'autres patrouillaient autour du camp. Après cette rapide inspection, il se hâta, saluant les sentinelles qu'il croisait, traversant les défenses et allant droit à la tente de Magnus.

Ils étaient tous là à questionner Eleonor et à parler entre eux : Hakon, Harald, Knut, Corato, Bjorn de Karetot, le géographe et Pique la Lune. Ils se turent à son entrée.

— Je vous salue, fit l'Oriental. Asseyez-vous, je vous en prie. Je ne serai pas long. Mais d'abord, j'ai besoin de savoir où nous en sommes de la réparation des navires, Harald ou Knut ?

Personne ne s'offusqua de sa brusquerie. Ce fut Knut qui se leva :

— Grâce au camérier, nous avons obtenu une poutre de bonne taille pour le mât du knörr. Il est prêt. Les bordées sont comme neuves, j'ai même changé celles que j'avais rafistolées à Cales Coves et j'ai taillé des avirons et des espars supplémentaires.

— Avez-vous fait aiguade ?

— Oui, répondit Harald. Les tonneaux et les outres de peau sont pleins.

— Pour moi aussi, répondit Corato.

— Les provisions ?

— Le cuistot a préparé du poisson en saumure et a fumé des lanières de lapin pour les deux équipages, répondit à nouveau le petit capitaine. Il n'y a pas grand-chose d'autre sur l'île.

— Nous pouvons donc lever l'ancre à tout moment ?

— Il faut hisser le nouveau mât à bord du knörr et le fixer dans la calengue et après oui, sans problème, répondit Harald.

— Alors Knut, dès que nous en aurons fini ensemble, il faudra vous y atteler. Le knörr doit être prêt à reprendre la mer.

— Bien.

— Mais pourquoi ? demanda Corato qui ne comprenait pas l'empressement de l'Oriental.

— Je vais vous expliquer.

Il allait poursuivre, quand un bruit de pas précipités retentit dehors. Une main écarta la toile.

— Le tocsin ! Le monastère sonne l'alerte, messire ! s'écria le marin qui venait d'entrer.

— Les choses se précipitent donc, remarqua Hugues. Faites sonner l'alerte, Hakon ! Et que tous les marins s'arment. Je veux plusieurs patrouilles et l'un de vos guerriers à la tête de chacune d'elles.

Il se tourna vers le chariot où reposaient les coffres.

— Quant à eux, vous feriez mieux de les faire porter sur l'esnèque. Ils y seront plus en sécurité qu'à terre.

— Bien, fit Hakon qui sortit aussitôt de la tente pour donner ses ordres.

— Devons-nous remettre les navires à la mer malgré la tempête ? demanda Harald. La mer est mauvaise et les écueils nombreux, il me faudrait les ancrer très au large.

— Faites que tout soit prêt pour les remettre rapidement à l'eau, mais nous attendrons encore.

— Si vous nous expliquiez ce qui se passe, insista Corato.

— J'ai tout lieu de croire, capitaine, que nous sommes tombés dans un piège. Une nasse qui s'est refermée sur nous.

— Une nasse ?

— Le moine mort, le canot défoncé, peut-être ne sommes-nous pas les seuls à être pris dans la nasse ? remarqua Pique la Lune.

— Que voulez-vous dire par le canot défoncé ? s'étonna Hugues.

— À côté du cadavre de frère Paul dans cette anse du Cimetière, ainsi que les moines l'appellent, il y avait un canot dont le fond a été défoncé à la hache.

— Le camérier a dit qu'ils avaient perdu un canot, remarqua Harald. D'après eux, il se serait détaché.

— C'est faux, protesta le Breton. Je sais reconnaître la marque d'un fer. On l'a volontairement détruit.

— Sans doute pour empêcher que quiconque déserte l'île, remarqua Bjorn de Karetot.

— Et ces fermiers qui se cachent quand nous arrivons, insista Pique la Lune. L'autre jour, en allant pêcher, j'ai croisé la femme. Une pauvre vieille qui s'est enfuie comme si j'étais un démon.

— Et pourquoi le monastère sonne-t-il le tocsin ? fit Corato.

La voix de Bjorn s'éleva à nouveau :

— Où est messire Tancrède ?

— À la bergerie, ou au monastère.

— Mon Dieu, c'est vrai, messire, il faut aller le chercher, lui et les blessés ! s'écria Eleonor.

— Du calme, tous ! ordonna Hugues. Écoutez-moi !

Le silence retomba dans la tente, juste troublé par les appels des trompes et l'agitation des hommes qui prenaient les armes.

44

Bertil releva enfin la tête. Il n'y avait plus d'autre bruit que celui de la pluie qui frappait les feuilles et coulait en ruisseaux glacés dans son col. Il se glissa à quatre pattes sous les branches détrempées et se redressa à quelques pas du cadavre.

L'homme gisait face contre terre, enveloppé dans son pluvial. Le rouquin déglutit. Tout s'était passé si vite ! Il avait dû mourir sur le coup et à voir le sang et les viscères qui s'échappaient de son flanc, la blessure devait être terrible. Bertil éternua, secoué de frissons.

— Il faut que tu bouges ! s'invectiva-t-il à voix haute pour se donner du courage. Tu veux savoir qui c'est ? Eh bien, regarde !

Il hésita encore, puis finit par tendre une main tremblante pour écarter le tissu goudronné. Le visage grimaçant du pilote apparut.

— Jacques ! Il a tué notre pilote ! s'exclama le gamin en reculant d'un pas. Mais pourquoi…

Il resta un moment hébété à contempler le cadavre. Essayant de comprendre tout ce qu'impliquait la perte d'un pilote dans ces eaux inconnues. Puis il s'invectiva à nouveau :

— Reste pas là, il faut prévenir le camp et messire Hugues et les autres !

Il tourna les talons et partit en courant en direction du camp.

L'appel rauque des cors sonnant l'alerte le fit accélérer plus encore et il se jeta dans les jambes d'une sentinelle en criant. Son émotion était si grande qu'il n'arrivait qu'à bredouiller le nom de Jacques. L'homme l'entraîna jusqu'à la tente du jarl.

45

Au sommet de la tour de pierre au nord de l'île, le feu venait de s'éteindre. Le vent soufflait en rafales. Des lames courtes et dures se brisaient sur la coque du paro, mais malgré cela Richard avait ordonné le débarquement.

— Vite, bande de marauds ! Plus vite ! gueulait-il aux hommes qui se laissaient glisser dans le canot que soulevaient les vagues.

Bravant la tempête, la petite embarcation atteignit la plage du Layet, débarqua ses hommes et fit demi-tour. Après un deuxième voyage, elle manœuvra à nouveau pour rejoindre le paro.

— Vous deux, ordonna Richard aux pirates qui s'apprêtaient à embarquer avec lui, vous restez avec le capitaine et le pilote. Veillez au navire.

Le canot aborda et Richard se laissa tomber dedans avec deux de ses frères.

— Allez ! Allez ! Du nerf, que diantre ! Du nerf !

Les hommes appuyèrent sur les pelles, les vagues passaient par-dessus son étrave, trempant les passagers, enfin il s'échoua sur la plage où les pirates le tirèrent jusqu'aux arbres.

Vêtus de la chemise et du pantalon court des marins, arcs, longs coutels et crocs à la main, les hommes attendaient en silence sous le couvert des chênes verts.

— Nous allons nous diviser en deux groupes, ordonna Richard. Le premier attaquera le monastère, l'autre…

— L'autre te suivra jusqu'au camp des Normands à la baie de l'Avis, termina une voix que les pirates connaissaient bien.

Le Diable de la Seudre avait jailli de l'ombre, apaisant d'un geste les acclamations de ses hommes. Il sauta sur un rocher afin que tous le puissent voir et gueula :

— Savez-vous ce qu'est la Part du Diable, mes gars ?

Un hurlement sauvage fut la seule réponse.

— La Part du Diable, c'est celle de votre chef. Ma part de pillage et de mort.

Il y eut des murmures dans les rangs et des coups de coude échangés. Les pirates se demandaient où Rohard voulait en venir.

— Si nous gagnons ce combat, si vous m'amenez vivants les hommes que je vous désignerai, cette Part du Diable, je vous l'offre. Vous serez riches, les gars. Le monastère, le camp normand, la marchandise du knörr, le trésor, tout cela sera à vous !

Bien que peu habitués à la générosité de leur chef, les hommes saluèrent cette tirade d'une acclamation de joie. Ils sautaient, criaient, dansaient en brandissant leurs armes.

— Tuez, pillez et qu'il n'y ait plus rien de vivant sur cette île quand nous lèverons l'ancre ! continua Rohard.

Nouveau hurlement.

Le Diable sauta à bas du rocher et entraîna son frère Richard à l'écart.

— Tu vas leur laisser le trésor ? demanda celui-ci, incrédule.

Une expression sournoise avait envahi les traits du Diable. Il caressa la joue de son frère d'un geste équivoque.

— Si Allard ne t'avait surpassé en beauté, c'est peut-être toi que j'aurais choisi. Tu es le moins bête.

Richard s'empourpra. Il aurait donné sa vie pour son frère, mais n'avait jamais compris sa relation avec Allard.

— Tu doutes de ma largesse ? reprit Rohard. Et tu as raison, mais grâce à ça, ils se battront jusqu'à leur dernier souffle.

— Tu leur as donc menti.

— Oui, et alors ? Qu'ils meurent en pensant qu'ils auront tout. Une fois la victoire acquise, s'il le faut, je les tuerai de mes propres mains jusqu'au dernier afin que le trésor soit mien.

— Et après ?

— Après, je me trouverai une île où je vivrai comme un roi.

— Je ne suis pas sûr que tu apprécieras de vivre ainsi, Rohard. Tu as la piraterie dans le sang.

Rohard ne répondit pas, son regard s'était posé sur son frère et il songea qu'il lui faudrait aussi le tuer.

Sa première vie s'achevait, il n'y aurait plus de témoins, plus de frères. La seconde allait commencer. Enfin. Si seulement Allard, son demi-frère, son amant, était encore en vie ! Depuis sa mort, il se sentait amputé d'une part de lui-même et ne pouvait s'empêcher de se demander si Richard n'avait pas raison : être riche allait-il lui suffire ? La pensée d'Allard le ramena à sa vengeance. Une bouffée de haine l'envahit, si forte qu'elle lui donna la nausée et que son visage devint livide. Il allait les tuer. Les mutiler, les égorger. L'île de Cabo Ros n'aurait pas assez de terre pour boire tout le sang qu'il allait verser.

— Tu vas partir avec la moitié des hommes vers le camp normand, articula-t-il avec peine. Je marcherai avec les autres vers le monastère.

— Et une fois là-bas ?

Le Diable se pencha vers son frère afin que nul ne puisse saisir le détail de ses instructions. Richard hocha la tête. Quelques instants plus tard, il filait avec ses gars vers la plage de l'Avis.

46

Le portier ouvrit aux deux moines essoufflés et trempés jusqu'aux os.

— Où est messire d'Anaor ? demanda aussitôt le camérier.

— Sur le rempart avec les guerriers.

— J'y vais. Faites sonner l'alerte !

Le camérier partit en courant. Alors que retentissaient à nouveau les coups redoublés du tocsin, il escalada les marches de pierre menant à la partie surplombant la poterne.

La haute silhouette du jeune homme allait et venait sur le rempart avec celles des guerriers fauves et d'Iñigo. Des bassines de poix fumante étaient placées de loin en loin ainsi que des tas de pierres.

Le visage de Tancrède s'éclaira en l'apercevant.

— Vous voilà sain et sauf, frère Henri. C'est vous qui avez donné l'ordre de sonner l'alerte ?

— Oui, messire, les pirates ont débarqué et viennent droit sur nous. Nous ne les précédons que de peu.

Heureusement, ils connaissent l'île moins bien que nous autres.

— Je vous attendais pour regagner le camp, murmura Tancrède pour lui-même. C'était donc illusoire.

Au moment où il prononçait ces mots, une flèche siffla à son oreille et alla se planter dans la cour. Tancrède cria, les hommes s'accroupirent alors qu'un déluge de traits passait au-dessus des murailles.

— Que tous vos moines nous rejoignent sur les remparts, ordonna-t-il. Et qu'ils ramassent les flèches que l'ennemi vient de nous fournir. Nous en aurons besoin.

Le camérier acquiesça et redescendit dans la cour. Le premier tir avait cessé. Les flèches aux empennages blancs étaient restées plantées dans le sable, ou s'étaient brisées sur la pierre des maisons.

— Vous et vous, frère Iñigo, allez prendre position derrière la maison principale. À charge pour vous de guider le tir des moines. Quant aux archers, qu'ils ne tirent qu'à coup sûr. Nous ne pouvons nous permettre de perdre des flèches. N'utilisez la poix que s'ils tentent d'escalader la muraille.

— Bien, fit le guerrier en filant avec frère Iñigo vers son poste.

Ils apercevaient les silhouettes des pirates qui se glissaient de rocher en rocher et le jeune homme se demanda comment il allait les repousser avec seulement quatre arcs et des pierres. Il serra les dents et se tourna vers le guerrier fauve à son côté :

— Je ne connais pas ton nom.

— Sven, messire.

— Eh bien, Sven, que Dieu te garde.

— Vous aussi, messire Tancrède, répondit gravement l'Orcadien.

— Nul ne doit franchir cette poterne, sinon le monastère est perdu.

— Moi vivant, personne ne la franchira.

L'homme banda son arc, le trait siffla et l'un des pirates s'effondra, la flèche plantée dans le cœur. Des moines les avaient rejoints, s'agenouillant près des tas de pierres. Un étrange silence régnait. La pluie s'était arrêtée si brusquement que nul n'en avait pris conscience. Les hommes du Diable prenaient position derrière les rochers luisants.

Frère Dreu rattrapa l'hôtelier sur le seuil du dortoir.

— Mon frère, demanda-t-il précipitamment, laissez-moi regagner les remparts. Je sais tirer à l'arc, sire Tancrède peut en témoigner. Je serais plus utile là-bas qu'ici.

Dreu savait que la réaction de l'hôtelier serait sévère, mais peut-être le laisserait-il rejoindre les défenseurs ? Et, une fois là, il dirait à Tancrède ce qu'il avait découvert. Il le fallait.

L'hôtelier, qui l'avait consigné à la garde de l'abbé, se tourna vers lui :

— Vous rompez la règle de silence, mon frère. Vous avez la tête dure. Quant à savoir ce qui est le plus utile, permettez-moi d'en juger. Notre abbé a besoin d'aide, vous resterez avec lui.

— Mais vous l'avez enfermé à clef… Et ici, il ne craint rien.

Il avait vu l'officier boucler l'abbé à double tour et accrocher la clef à un clou au mur du dortoir.

— Suffit ! Ou je vous fais donner les verges et jeter dans le logement séparé avec le novice.

Le jeune moine baissa la tête. L'officier avait déjà rejoint les autres.

Une seconde volée de flèches atterrit en sifflant dans la cour. Dreu entendit les cris de guerre des guerriers fauves et de Tancrède. Il apercevait les moines qui jetaient des pierres par-dessus la muraille. Un hurlement retentit et un religieux s'écrasa sur le sol de la cour, une flèche en travers de la gorge. Un dernier frémissement l'agita puis il se raidit, les yeux révulsés. Il était mort.

Dreu hésita à aller chercher le corps, mais une troisième volée de flèches l'en dissuada. Il battit précipitamment en retraite, repoussant le battant. Une fois à l'abri, il se mit à aller et venir d'un pas rageur. Il fallait qu'il prévienne Tancrède mais ne voyait pas comment et puis, avec la défense du monastère à assurer, le Normand ne lui prêterait aucune attention. Pourtant il fallait qu'il sache. Mais qu'il sache quoi ? Que frère Iñigo n'existait pas ? Que certains moines avaient perdu la mémoire ? Qu'ils ignoraient les textes saints et les rites ? Que, sans doute, quelque chose ou quelqu'un avait tué frère Paul ? Il savait tout cela, mais il était incapable de l'expliquer.

Au-dehors, la bataille faisait rage, ponctuée de cris de souffrance et d'appels au combat. Désespéré, le petit moine finit par s'asseoir sur une paillasse, la tête entre les mains.

Pourquoi n'arrivait-il pas à comprendre ? Mais il n'avait pas l'intelligence d'Hugues de Tarse. Il avait besoin de temps. « Plus lent qu'un âne », disait son père en se moquant de lui et c'est pour cela et pour sa haine de la violence et des armes qu'on l'avait fait moine au lieu de lui confier le château familial. Pourtant, il était l'aîné. Mais son cadet était vif, intrépide, et si semblable à leur père ! Même sa mère l'avait trahi. Sa mesnie s'était débarrassée de lui en le cloîtrant. Il n'y avait pas trouvé le bonheur mais une certaine forme de sérénité.

Un bruit de chute et des hurlements dans la pièce voisine brisèrent net le cours de ses pensées et le firent bondir sur ses pieds. Il se précipita et posa son oreille sur le battant.

Il entendait le son déformé d'une voix et des meubles qui se fracassaient comme si on luttait. Les pirates avaient-ils réussi à entrer dans la salle du chapitre par quelque mystérieux passage ? Dreu regarda autour de lui et, avisant la canne de marche d'un moine, la saisit, attrapa la clef et ouvrit la porte en grand.

Le spectacle le laissa figé sur le seuil. La canne lui échappa des mains et rebondit bruyamment sur le sol.

Hurlant comme un damné, l'abbé se battait contre... les meubles. Des parchemins voletaient en tous sens avec des feuillets déchirés de la Bible. Censius éructait, bavait et brisait tout. Il était seul. Absolument seul.

— Messire abbé ! cria Dreu. Arrêtez !

Mais Censius ne l'entendait pas. Il avait saisi une chaise et hurlait en la faisant tournoyer au-dessus de sa tête comme une masse d'armes.

— Allez-vous-en ! hurlait-il à d'invisibles ennemis. Allez-vous-en ! Laissez-moi ! Au secours !

Dreu avala sa salive. L'abbé était devenu fou. Et il allait falloir le maîtriser avant qu'il ne se blesse lui-même. Le moine réfléchit, puis fila vers le dortoir où il s'empara d'une couverture qu'il plaça devant lui comme le filet d'un chasseur.

Après deux ou trois essais infructueux pour saisir son supérieur, Dreu réussit à encapuchonner sa tête et à l'entraîner dans sa chute. Maintenu par les bras du moine, aveuglé par le tissu, l'abbé continuait à se battre. Enfin sa tête alla cogner contre le dallage et il retomba inerte. Dreu ôta la couverture, vérifia qu'il n'était qu'assommé et se redressa en pestant.

— Vous êtes plus fort que je ne croyais, messire abbé, s'exclama-t-il à voix haute. J'ai bien cru que vous alliez finir par me rompre les os.

Le copiste reprit son souffle et examina la situation. Qu'allait-il faire de Censius ? Il n'avait pas de corde et ne pouvait prendre le risque d'aller en chercher une. Si l'abbé se réveillait et sortait dans la cour ? Si une flèche le tuait ? Il regarda autour de lui et ses yeux s'arrêtèrent sur la porte du logement séparé. Dans sa crise de démence, Censius avait arraché le rideau qui la masquait.

La solution était là. Il n'y avait plus qu'à mettre l'abbé là-dedans et à attendre que les officiers se réunissent pour décider de son sort.

Il souleva la barre qui fermait le cachot et ouvrit. Une abominable odeur d'urine et d'excréments lui sauta aux narines. Il resta un moment interdit, puis murmura :

— Frère Benoît !

Il avança d'un pas puis recula tant il faisait noir dans cette pièce creusée à même la roche.

— Frère Benoît ! appela-t-il plus fort cette fois.

Aucune réponse. Rien que cette atroce odeur qui lui donnait envie de vomir. Dreu battit en retraite, allant chercher un des flambeaux qui brûlaient au dortoir.

Quelques secondes plus tard, il entrait prudemment, tenant haut sa torche. Des traînées de salpêtre marquaient les parois, des chaînes pendaient du plafond. Il trébucha sur un fouet fait de petites chaînes, le genre d'instrument servant aux mortifications des moines pratiquant la flagellation.

Dreu fit la grimace, il avait peine à imaginer qu'on prenne plaisir à mortifier sa chair comme le faisaient certains religieux et puis, cela n'allait-il pas à l'encontre du *discretio*, cette notion de juste équilibre entre travail, vie communautaire et prière, que les officiers essayaient de leur enseigner ?

Il soupira et se remit en marche, conscient de la peur qui l'envahissait, accélérant les battements de son cœur, lui coupant le souffle. Le réduit était plus profond qu'il n'aurait cru. Il avança encore, éclairant de droite à gauche. Une masse sombre était affalée sur le sol.

Il avala sa salive et s'approcha.

— Frère Benoît, murmura-t-il en levant sa torche.

La lumière éclaira en plein un visage blafard aux yeux clos dans lequel il eut du mal à reconnaître le malheureux Benoît. Sa robe était déchirée, il avait été fouetté et laissé pour mort, baignant dans ses excréments.

— Mon Dieu, que vous a-t-on fait ?

Le copiste planta sa torche dans le sol et, saisissant avec douceur la tête de Benoît, essaya de le ranimer.

— Revenez à vous ! s'écria-t-il. Revenez !

Un frémissement agita le prisonnier, ses paupières se soulevèrent et une plainte sortit de ses lèvres sèches :

— Pitié, ne… ne… me frappez plus !

— C'est moi, le frère copiste, Dreu. Benoît, vous m'entendez ?

Les yeux qui roulaient dans les orbites se fixèrent enfin sur le visage ami.

— Je suis frère Dreu. Je vais vous sortir d'ici.

— Soif ! supplia l'autre.

Dreu sortit son coutel et essaya fébrilement de couper les liens qui maintenaient le prisonnier, puis poussa un soupir de soulagement quand enfin une des cordes céda. Quelques instants plus tard, portant le novice sur ses épaules, Dreu le déposa sur l'une des paillasses.

— Soif ! répéta Benoît.

Mais Dreu regardait autour de lui avec affolement, il avait oublié l'abbé.

— Bon Dieu ! s'écria-t-il avec force. Oh, pardon, mon Dieu, je ne voulais pas vous manquer de respect !

Censius avait disparu. Il ne restait plus que la couverture en tas sur le sol. Dreu courut au dortoir, grimpa l'escalier menant à la chapelle puis redescendit, atterré. Il n'y avait plus de doute, l'abbé s'était enfui.

Il resta un moment figé à imaginer quels châtiments allaient lui réserver les officiers et réalisa soudain que le fracas de la bataille s'était tu. Il entrebâilla la porte et entendit des cris de joie.

47

— Nous les avons repoussés, messire, déclara Sven.

— Oui. Mais jusqu'à quand ? La nuit va venir et il va falloir redoubler de vigilance. Je veux que vous preniez un peu de repos maintenant. Mangez et installez une paillasse à la cuisine, je viendrai vous chercher.

Sven s'inclina et fit demi-tour. Tancrède commença l'inspection des moines, renvoyant ceux qu'il estimait les moins résistants se reposer et manger.

— Frère Iñigo, vous aussi, allez vous reposer un peu.

Le gros moine hésita, puis il hocha la tête et rejoignit ses frères. Ils n'étaient plus que quatre à surveiller les remparts.

Le silence était retombé, l'orage s'éloignait, tonnant encore sur les autres îles de l'archipel. Des doigts de lumière perçaient le ciel. Tancrède s'étira.

— Eh bien, messire, remarqua frère Henri qui était arrivé sans bruit, ils n'ont pas réussi à vous battre.

— Les lieux sont difficiles d'accès, c'est notre seule chance. Combien avons-nous de morts et de blessés ?

— Un mort, notre sous-sacristain, frère Domenico, une flèche dans la gorge, et un blessé léger, notre cellérier Bernard. Vous devriez vous reposer et manger.

— Je me reposerai tout à l'heure. Par contre, si l'un de vos moines veut me monter ici quelque chose à manger, ce sera avec plaisir.

— Je m'en occupe.

Le camérier redescendit dans la cour. Frère Thierry arriva bientôt avec un bol et une miche de pain toute chaude.

— Merci, mon frère. Savez-vous où est frère Dreu ? Je ne l'ai pas vu sur les remparts.

Le moine fit signe qu'il observait la règle de silence et repartit comme il était venu.

Tancrède haussa les épaules et, assis contre le muret de protection, dévora son pain en buvant sa soupe.

Le jour baissait. Puis ce fut la nuit. Les heures passaient, juste troublées par le vol des chauves-souris au-dessus du monastère et l'appel lointain d'une hulotte. Le jeune homme sentit ses paupières se fermer et décida d'aller chercher Sven.

La cour était déserte et les nuages voilaient la lune. Une brume irréelle était montée de la mer et emplissait la cour, sorte de voile blanchâtre qui reflétait la lueur de sa torche. Il allait pousser la porte de la cuisine quand un éclat métallique sur le sol attira son attention. Il écarta le sable du bout de sa botte et découvrit un poignard au manche d'argent gravé. Une arme comme celles que portaient les guerriers fauves. Il se baissa pour la ramasser, c'était bien une arme appartenant aux Orcadiens. La respiration de Tancrède s'accéléra. Il s'aperçut que la porte de la cuisine devant lui était entrebâillée. Ses cheveux se hérissèrent sur sa nuque et une vague froide lui inonda le dos.

Le danger était là, tout proche. Mais quel danger ? Il dégaina lentement son épée. Un léger mouvement derrière lui le prévint trop tard. Le gourdin s'abattit sur son crâne. Il vacilla et essaya de se retourner pour faire face. Un deuxième coup le fit tomber à genoux. Du sang coulait devant ses yeux, tout s'obscurcissait. Il essaya de lutter contre les ténèbres qui le cernaient mais s'effondra, évanoui.

LA NEF DES DAMNÉS

48

Des appels retentirent qu'on eût pu confondre avec les trilles moqueurs d'un merle, et les guerriers d'Hakon se mirent en ligne. Les ordres d'Hugues de Tarse étaient clairs : tout d'abord conduire les fermiers à l'abri, mener une reconnaissance jusqu'au monastère et revenir au camp. Hakon n'avait donc pas attendu que la nuit tombe pour s'éloigner avec ses hommes. Délaissant les sentiers, ils s'étaient enfoncés sans bruit dans les taillis, encerclant la ferme, guettant en vain quelques signes de vie. Les chèvres n'étaient plus dans l'enclos dont les barres gisaient sur le sol et aucune fumée ne s'élevait de la toiture.

Sur un signe d'Hakon, l'un des guerriers courut jusqu'à la chaumière dont la porte était entrebâillée. Sortant son coutel, il en repoussa le battant et se glissa à l'intérieur. Quelques instants plus tard, il signalait que la voie était libre.

Les fermiers n'avaient pas eu le temps de se défendre. Ils gisaient en travers de leur paillasse, le corps lardé de coups de couteau, le cadavre éventré du chevreau jeté sur eux. Une nuée de mouches bleues s'envola à l'approche de l'Orcadien qui les chassa d'un geste impatient.

— Enveloppez-les dans leurs couvertures ! ordonna-t-il.

Les assassins avaient renversé la marmite, fracassé les tabourets et le coffre, déchiré les tissus, éventré les sacs de grain, brisé les jarres.

Hakon remarqua les profonds sillons creusés dans le sol près de l'âtre, les deux bols piétinés. Un court instant, il essaya d'imaginer les gestes des fermiers près de leur foyer, la façon dont ils préparaient la soupe, dont ils la mangeaient lentement, dont l'un d'eux devait faire aller et venir ses pieds sous le tabouret… Une vie qui ressemblait étrangement à celle de ses parents là-haut au nord du Monde.

Il ressortit en faisant signe à ses hommes de le suivre, guidé vers le monastère par l'appel du tocsin qui résonnait toujours.

Arrivée en vue du Castelas, sa troupe se dissimula pour observer la bataille menée par Tancrède. Les défenseurs versaient de la poix brûlante du haut du mur d'enceinte. Flèches et cailloux pleuvaient. On entendait des cris de douleur et de rage. Le rude visage d'Hakon s'éclaira, le monastère résistait et les attaquants refluaient.

L'Orcadien donna le signal du retour. Tant que Tancrède tiendrait bon, la priorité restait le camp et la défense du trésor d'Henri II Plantagenêt. Ils se remirent en marche.

Le soleil plongeait derrière l'horizon quand l'éclaireur repéra l'ennemi en position autour du campement. À portée de hache.

Hakon entendit plus qu'il n'aperçut l'homme que lui désignait son guetteur. Au mépris de toute prudence, il pissait contre un tronc puis rejoignit ses compagnons en plaisantant, incapable d'imaginer que l'ennemi était à la fois devant et derrière eux !

N'eût été ses ordres, Hakon serait volontiers passé à l'attaque. Au lieu de ça, il fit reculer ses soldats à quelque distance, répétant ses instructions. Ils avaient ordre d'attendre derrière les lignes ennemies et même si l'Orcadien eût préféré se battre tout de suite, il reconnaissait l'intelligence du plan que l'Oriental leur avait proposé.

Ses hommes prirent position. Ils s'installèrent du mieux qu'ils le pouvaient pour une longue attente. Hakon s'accroupit, la main sur sa hache. La nuit ne faisait que commencer. Les soldats gardaient une immobilité absolue. L'ennemi se tenait tranquille, surveillant le campement sans rien faire comme si, lui aussi, attendait un ordre.

Soudain retentit le cri de la hulotte, un cri qui se répéta par trois fois et auquel répondit aussitôt le même signal venu des lignes ennemies.

Comme à chaque fois qu'il sentait le danger, Hakon eut l'impression que sa vision et son ouïe s'aiguisaient. Il perçut un mouvement loin sur le sentier, c'était infime, mais il était sûr qu'un homme approchait. Une ombre plus opaque que celle des taillis qui le cernaient. Un homme qui avançait prudemment. Un messager, sans doute. Sa silhouette se profila bientôt non loin de l'Orcadien. Un sourire de loup se dessina sur les lèvres d'Hakon. Ceux-là ne savaient pas se fondre dans la nature comme les guerriers fauves apprenaient à le faire dès leur petite enfance. Les branchettes qu'ils avaient jetées sur la sente se brisaient sous ses pas, il poussa même un juron étouffé. Les hommes d'Hakon ne bougeaient toujours pas. Les pas s'étaient éloignés, le messager avait dû rejoindre les siens. Le sourire de l'Orcadien s'effaça. Il allait encore falloir attendre. Il soupira.

Heureusement, l'aube serait bientôt là et, avec elle, le combat qu'il appelait de tout son être. Il pensa aux pierres du torrent près de sa ferme, là-bas aux Orcades, et son souffle se ralentit jusqu'à devenir imperceptible. La rosée qui s'était déposée sur son corps et perlait sur ses cils annonçait la venue du jour.

49

Le messager portait un sac qu'il posa aux pieds de Richard. Celui-ci regarda sans s'émouvoir la toile souillée de sang puis demanda :

— Quels sont les ordres ?

— Le Diable veut que tu remettes cela à Hugues de Tarse. Il dit que tu sais quoi lui demander.

— Oui, je le sais. Attends-moi ici, ordonna Richard en jetant le paquet sur son épaule.

Et il prit le chemin du camp du pas paisible d'un bourgeois. Les premiers rayons du soleil passaient le rebord du monde. Arrivé à l'orée du bois, il souffla dans son cor et agita un tissu blanc.

— Je viens en paix ! En paix ! cria-t-il aux gardes qui jaillirent autour de lui. Mon nom est Richard et je veux parler à Hugues de Tarse.

Un des soldats le poussa devant lui sans ménagement, les autres disparurent. Richard traversa le camp et sourit en voyant l'étonnement se peindre sur le visage de ceux qui venaient à sa rencontre. Il reconnaissait ses anciens compagnons de voyage : le capitaine Corato du knörr, le Normand Bjorn, mais aussi le géographe et celle que Richard avait exigée comme part de butin quand tout serait fini : la jolie Eleonor.

— Mais c'est le pèlerin de Compostelle que j'ai débarqué à La Rochelle ! s'écria Corato, stupéfait.

— Maître Richard ! s'écria Bjorn de Karetot.

— Le soi-disant drapier qui rame comme un marin ! grommela Harald.

Richard s'arrêta à quelques pas d'eux. Une expression satisfaite sur les traits.

— Oui, c'est bien moi, mes beaux sires. Maître Richard ! Le drapier. Je suis sûr pourtant que le sire de

Tarse avait deviné mon rôle, dit-il. Où est-il ? C'est à lui que je veux parler.

— Derrière vous, maître Richard, derrière vous, répondit l'Oriental.

Le pirate se retourna :

— Le bonjour, messire. N'est-il pas vrai que vous m'aviez percé à jour ?

— L'espion ne pouvait être que vous, maître Richard, ou doit-on vous nommer autrement ?

— Richard est bien mon nom. Je suis l'un des frères du Diable de la Seudre, l'homme qui a juré votre perte à tous.

— Ce que je ne sais pas, reprit Hugues, c'est comment votre frère a su que nous transportions le trésor.

— L'argent, messire ! Même au palais de Caen, il est bien des barons normands qui ne résistent pas à son attrait.

— Que resterait-il à la cour, si on y supprimait la trahison ? répliqua Hugues.

— Nous avons failli vous avoir à Maillezais, messire. C'était une de mes idées.

— Un mauvais plan, remarqua froidement Hugues que ces fanfaronnades agaçaient. Vous y avez perdu davantage d'hommes que nous.

Une grimace figea les traits du pirate.

— Venons-en au fait, que voulez-vous ?

— Vous avez raison, venons-en au fait, répliqua Richard, dans les yeux duquel s'était allumée une lueur féroce. Vous êtes en mauvaise posture, messire, et vous tous ici aussi. Nous sommes plus nombreux que vous. Nous tenons le jarl, messire d'Anaor et les moines du Castelas. Si vous voulez les revoir vivants, il faudra nous abandonner le trésor du roi Henri.

Hugues fit taire Harald et Knut auxquels l'arrogance du pirate avait arraché quelques jurons bien sentis dans leur langue. La nouvelle de la chute du monastère avait ébranlé l'Oriental, mais il savait qu'il devait rester impassible.

— Dites à votre maître qu'il n'aura rien tant que je n'aurai pas vu de mes yeux ces hommes vivants devant moi.

Un vilain sourire déforma la bouche de l'ancien naufrageur :

— Vous ne savez pas encore à qui vous avez affaire, messire de Tarse. À Maillezais, il est vrai, nous avons perdu des hommes, et depuis, mon frère est en colère. En grande colère. Il se doutait de la réponse que vous feriez et il vous envoie ceci afin de vous aider à réfléchir.

Richard jeta le paquet sanglant aux pieds d'Hugues. Celui-ci ne broncha pas, rien sur son visage ne montra l'émotion qui l'avait envahi. Pendant un bref instant, il envisagea que peut-être dans ce linge étaient les restes de celui qu'il aimait comme un fils. Une terrible douleur le fouailla, vite remplacée par un sentiment de fureur absolue.

Si ceux-là avaient tué Tancrède, il les étriperait jusqu'au dernier. Il resta ses yeux noirs plantés dans ceux de Richard qui, mal à l'aise, finit par baisser les siens. Lui qui était venu en vainqueur ! Devant ce diable d'homme, il ne se sentait plus si sûr de lui ni même des plans de son frère.

Sur un signe d'Hugues, Knut s'était agenouillé pour défaire les nœuds. Eleonor se voila les yeux, étouffant un cri. Bertil, qui se tenait derrière elle, devint livide. Knut avait lâché le tissu et s'était redressé. Devant eux grimaçait la tête coupée de l'abbé Censius.

— Si vous ne voulez pas d'autres cadeaux comme celui-là, essaya de fanfaronner Richard, hâtez-vous de nous donner ce que nous demandons.

— Votre maître manque de patience, observa Hugues. Dites-lui qu'avec nous ce genre d'intimidation ne marche pas. Je veux voir le jarl, Tancrède et les autres moines ici et vivants. Sinon, quoi qu'il m'en coûte, je jetterai le trésor par-dessus bord et nous nous battrons jusqu'à notre dernier souffle.

Vaincu par l'attitude inflexible de son vis-à-vis, Richard recula d'un pas. Il s'attendait à ce qu'au moins la vue de la tête coupée le fasse réagir, mais rien, pas même un froncement de sourcils n'avait trahi les émotions contradictoires qui l'agitaient.

— Bien, je vais répéter vos paroles à mon frère. Mais vous avez tort.

— Raccompagnez-le hors du camp ! ordonna Hugues en se détournant.

50

C'est la douleur qui ramena Tancrède à la conscience. Il ouvrit les yeux et porta la main à son crâne. Il ne savait plus où il était. La seule chose qu'il savait, c'est que sa tête lui faisait atrocement mal. Ses doigts étaient souillés de sang séché. Il s'assit avec difficulté, sa tête sonnant comme un bourdon. Tout lui revenait, le poignard de Sven sur le sol, les coups qu'on lui avait assenés. Il était allongé sur une des paillasses de l'infirmerie. Le jarl ronflait à ses côtés. Et au-dehors, aucun bruit ne troublait le silence. L'infirmier Grégoire s'était endormi sur sa table. Et frère Iñigo montait la garde devant la porte. Le jeune homme se leva en vacillant.

— Frère Iñigo, appela-t-il. Que s'est-il passé ? On m'a assommé. Où est Sven ? Vous l'avez trouvé ?

Il trébucha et, dans son geste pour se raccrocher, heurta frère Grégoire dont le corps tomba lourdement sur le sol et y resta sans mouvement.

— Frère… Grégoire ! Frère Grégoire.

Tancrède s'était penché sur le moine, son visage était figé dans une atroce grimace de douleur. Il était mort.

Le jeune homme avait l'impression de patauger en plein cauchemar. Il se retourna vers Iñigo mais celui-ci, l'air résolu, lui barrait le passage.

— Bouge pas ! ordonna-t-il.

Au même moment, la porte s'ouvrit devant un homme en mantel gris portant une arbalète au côté. Et d'un coup, tout s'expliqua. Non seulement les pirates avaient pris le monastère, mais il y avait des hommes à eux parmi les moines. Ils étaient tombés dans un piège.

— Le Diable de la Seudre, marmonna-t-il.

— Il est bon que tu me reconnaisses enfin, déclara celui-ci en rabattant sa capuche. Le piège s'est refermé, mon doux sire.

— Vous êtes frère Henri, le camérier…

— Disons plutôt Rohard, celui qui te traque depuis Barfleur. Le camérier, quant à lui, repose depuis longtemps sous six pieds de terre avec quelques-uns de ses collègues.

Tancrède resta muet. Il comprenait mieux maintenant l'attitude effrayée de l'abbé dont les pirates avaient investi le paisible monastère. Tous les détails lui sautaient au visage les uns après les autres. Et ce moine fou qui sans doute avait échappé à la mort de justesse et, depuis, rôdait sur l'île comme un sauvage. La machination était habile, il n'y avait vu que du feu. Il recula jusqu'au jarl, mais le ronflement de celui-ci le rassura. Il lui toucha l'épaule, essaya de le réveiller, mais rien n'y fit.

— Que lui avez-vous fait ? s'insurgea le jeune homme.

— Rien encore, répondit Rohard.

Il y avait soudain tant de haine dans la voix du pirate que Tancrède le regarda plus attentivement.

— Si vous ne poursuiviez que le trésor, fit-il, vous n'auriez pas imaginé un tel plan.

— Vous avez raison, messire, mais vous ne savez rien de la pauvreté dans laquelle vivent les gens de mon pays. Là-bas, sur les bords de la Seudre, nous sommes naufrageurs de père en fils, parce que c'est le seul moyen de survivre. Nous sommes prêts à tous les crimes pour remplir nos écuelles.

Le Diable se tut, perdu dans ses souvenirs. Tancrède attendit un moment. Iñigo n'avait pas quitté la porte et il songea que, sans armes, il lui serait difficile de fuir.

— Mais oui, il y a autre chose, reprit Rohard, vous avez raison, messire. Il y a Allard, mon frère, mon amant. Ou plutôt il y avait.

Une drôle de lueur s'était allumée dans les yeux de Rohard alors qu'il reprenait tout en le détaillant :

— Il n'était pas aussi grand que vous ni aussi blond, mais il avait des yeux de la couleur des vôtres, un vert intense, lumineux, et de longs cils de femme. J'ai juré de tuer de ma main celui qui l'a étripé et cet homme, celui que vous appelez le jarl, est maintenant à ma merci.

Malgré le malaise qu'il avait ressenti pendant l'examen, Tancrède protesta :

— Le jarl ne peut se défendre. Si vous voulez vous venger…

— Vous croyez donc que j'ai encore quelques restes de morale ? s'esclaffa le pirate. Que je vais attendre qu'il soit sur pied pour l'affronter en combat régulier ? Détrompez-vous, il me suffit qu'il ressente les supplices que je lui infligerai.

La voix de l'autre était si âpre, sa haine si violente que le Normand essaya de l'entraîner vers un autre sujet :

— Et l'infirmier, pourquoi l'avoir tué ?

— Un drôle d'animal, ce moine. Tant que je lui promettais des cadavres, voire des blessés pour ses expériences, il se tenait tranquille. Mais quand il a compris que son art ne m'intéressait pas et que j'allais m'en prendre à celui qu'il venait de sauver, il m'a tenu tête. Je ne supporte pas qu'on me tienne tête. Iñigo !

— Oui, maître ?

Tancrède se raidit malgré lui. L'autre s'en aperçut :

— Oh, je ne vais pas vous tuer tout de suite ! Ni lui non plus.

— Que voulez-vous ?

— Vos vies à tous, le trésor, les marchandises, les bateaux… Venez, sortons.

Le Diable se tourna vers Iñigo.

— Reste auprès de celui-là, ordonna-t-il en désignant le jarl.

La cour était un spectacle de désolation. Dans un coin gisait un cadavre décapité qu'il reconnut pour être celui du malheureux abbé. Sven était là, lui aussi, et l'autre guerrier fauve. Déjà des corbeaux se posaient sur eux, indifférents aux hommes qui allaient et venaient. Les moines, dont certains étaient blessés, étaient rassemblés en un troupeau apeuré que gardaient des pirates.

Un grand gaillard vêtu du pantalon court des marins passa devant eux et regarda le Normand sans aménité. C'était Costans, le frère aîné de Rohard.

— Vous reconnaissez notre frère hôtelier ? demanda le Diable en le désignant. Et là-bas, notre portier.

Tancrède aperçut frère Jean.

— Comment avez-vous fait pour faire illusion ? Pour que nous ne nous doutions de rien ? Vous aviez l'air si à l'aise même avec les rituels quand nous sommes passés à table !

— Je prends ça pour un compliment. Ce n'était pas très difficile, vous savez, répondit le Diable. J'ai eu le grand bonheur d'être enfermé par mon père chez les moines, certes peu de temps. Après l'incendie de leur chapelle, ils ont préféré me rendre ma liberté, mais leur enseignement m'a servi, comme vous l'avez vu.

— Mais comment saviez-vous que nous devions passer ici ?

— J'avais mes espions sur vos bateaux.

Tancrède allait répliquer, quand il aperçut Dreu parmi les prisonniers. Assis contre la margelle de la fontaine, le copiste se tenait la tête entre les mains.

— Je peux parler à frère Dreu ?

— Mais bien sûr. Vous êtes libre, mon cher Tancrède… tant que vous restez entre ces murs.

Le Normand s'était approché du moine qui se redressa à son approche. Des contusions et un œil au beurre noir marquaient son visage, il avait une dent cassée, mais il essayait de sourire malgré tout.

— Ah ! Messire ! Vous êtes vivant, s'écria-t-il. Je voulais vous prévenir, mais ils m'en ont empêché.

— Je suis heureux de vous voir en vie.

— Ils ont tué l'abbé, c'était horrible, messire, si vous saviez, se lamenta Dreu. Le pauvre homme avait perdu la raison. Malgré ses hurlements, ils l'ont égorgé comme un coq et après…

L'appel d'une trompe interrompit le flot de paroles du copiste. La poterne s'ouvrit devant Richard qui traversa la cour et alla droit à son frère, l'entraînant à l'écart.

— Maître Richard, le pèlerin de Compostelle, marmonna Tancrède, je l'avais oublié, celui-là. Voilà donc le premier espion, mais quel est le second ? Il a bien dit « mes espions » ?

À l'autre bout de la cour, l'entretien semblait mal se passer. Rohard était entré dans une colère noire. Il avait saisi son frère aux épaules et, après l'avoir secoué, l'envoya rouler au sol. Puis il attrapa un des seaux de bois servant à la toilette et le fracassa contre le mur.

Tout le monde s'était tu. Le pirate se dirigea vers le groupe de prisonniers puis il se mit à marcher de long en large avec une telle fureur que nul, même parmi ses hommes, n'osa l'aborder. Pendant un instant, Tancrède se demanda s'il n'allait pas donner l'ordre de tous les massacrer, là, maintenant.

Mais non, une idée semblait être venue à Rohard qui vint droit à lui et lui demanda :

— Quelle est cette histoire où des guerriers prennent une ville ennemie en faisant croire qu'ils abandonnent la bataille et en leur laissant une soi-disant offrande aux dieux ?

— Le présent des Grecs à Minerve : le cheval de Troie, répondit Tancrède.

— Oui, c'est bien cela. Le cheval de Troie.

Un sourire illumina la face maigre de Rohard.

— C'est une histoire qu'Allard aimait bien. Il serait content.

Et laissant le jeune homme stupéfait, il se remit à marcher.

51

Avec le jour, la tempête s'était apaisée et les vagues qui faisaient éviter le paro sur son ancre n'étaient plus si fortes. Pourtant, de lourds nuages restaient accumulés à l'horizon et Mario, le pilote génois, les regarda avec anxiété.

— C'est maintenant ou jamais, murmura-t-il à l'adresse du capitaine qui venait de s'accouder à ses côtés. Ces nuages-là ne me disent rien qui vaille. J'ai bien peur que la tempête que nous avons essuyée ne soit rien par rapport à celle qui arrive.

Le Calabrais hocha la tête et repartit de son pas tranquille vers la proue. Il savait ce qui lui restait à faire. Ils avaient répété les gestes et les paroles qu'ils devraient dire afin d'attirer leurs gardiens. Il se tourna vers le rivage et fit semblant de scruter avec attention la plage du Layet où Richard et ses hommes avaient abordé, puis il héla Mario qui le rejoignit et bientôt tous deux parurent intrigués au plus haut point par ce qui se passait sur la grève.

— Que regardez-vous ? demanda l'un des gardes, s'approchant à son tour.

— Il m'a semblé voir du mouvement près du canot, mentit le capitaine.

— Ils seraient déjà de retour ?

— Ce n'est pas impossible, renchérit le pilote. Rohard n'aime pas traîner. Et puis, avec les Barbaresques, il sait bien que ces eaux ne sont pas sûres.

L'homme se pencha :

— Je ne vois rien.

— Mais si, là, sous les frondaisons ! insista le capitaine. Ils sont plusieurs.

Le second garde était venu rejoindre son compère et, tandis qu'il s'accoudait lui aussi au plat-bord, le pilote et le capitaine passèrent à l'attaque.

En quelques secondes, les deux gardes se retrouvèrent le crâne défoncé par un espar, avant d'être lardés de coups de couteau.

La haine du pilote et du capitaine avait été si longtemps contenue, ils avaient tant vu de torture et de massacre, tant entendu de cris sans pouvoir jamais rien faire, qu'elle éclata avec une violence inouïe et quand, haletants, ils s'arrêtèrent de frapper, les gardes avaient rendu l'âme depuis longtemps.

Leurs visages n'étaient plus qu'une infâme bouillie. Des rigoles sanglantes souillaient le pont. Les pieds nus et les vêtements des deux marins étaient éclaboussés de rouge. Ils se regardèrent, stupéfaits et effrayés de leur propre fureur.

— Ne traînons pas, jeta le pilote qui fut le premier à reprendre ses esprits. Aide-moi à descendre le canot à la mer. J'ai déjà mis une gourde d'eau douce et des vivres dedans.

Quelques instants plus tard, la petite embarcation longeait les côtes de l'île de Cabo Ros, piquant droit vers le sud. Malgré un vent et des courants contraires, les deux hommes doublèrent bientôt le cap de Rioufroid. Maintenant, ils avaient à bâbord la haute mer et son horizon vide, et devant leur proue, la silhouette escarpée de l'île de Porcayrolas.

— Où nous emmènes-tu ? demanda le Calabrais qui ramait avec la force du désespoir.

— Dans l'île voisine, répondit le Génois qui guidait son ami à travers les écueils. Je ne pense pas que Rohard viendra nous y chercher et elle est suffisamment sauvage pour que nous puissions nous y cacher.

Mais le plus difficile restait à faire, Mario le savait. Les écueils étaient de plus en plus nombreux autour d'eux et les courants étaient mauvais. Le vent et la houle grossissaient à vue d'œil, faisant plonger le petit canot dans des creux qu'il peinait à remonter.

— Prends plus au large, à bâbord, ordonna Mario.

Déjà épuisé par l'effort à soutenir, de l'eau jusqu'aux chevilles, giflé par les embruns, le Calabrais souffla :

— Crois-tu que nous allons y arriver ?

— J'en sais rien, mais tout plutôt que d'être repris. Laisse-moi ta place, je vais ramer, proposa le Génois tout en observant le niveau de l'eau qui montait au fond du canot. Et prends l'écope sous le prélart !

Comme si la perspective de finir dans les mains du Diable de la Seudre lui avait donné une énergie nouvelle, le pilote se mit à souquer avec force. Le Calabrais se glissa sous la bâche goudronnée qui protégeait leurs provisions et saisit la petite pelle creuse.

Quelques instants plus tard, il écopait comme un furieux alors que le canot, malgré les efforts de Mario pour le maintenir face aux lames, embarquait de plus en plus de vagues.

Devant eux, cernée d'écume, la silhouette de Porcayrolas, la seconde des îles d'Or, était soulignée par une tache de soleil d'autant plus lumineuse que, tout autour, la mer comme le ciel viraient au noir.

— Faut éviter la passe des Grottes, marmonna le pilote pour lui-même. Nous allons essayer d'accoster à la calanque du Vaisseau, au sud de l'île.

Le petit canot avait doublé la passe quand une lame plus haute que les autres le souleva. La suivante le prit par le travers et le retourna, expédiant ses passagers à l'eau. Ne sachant pas nager, Mario se débattit, affolé, buvant la tasse, incapable même d'attraper l'aviron qui passait non loin de lui.

Enfin, alors qu'il coulait alourdi par ses vêtements, les doigts du Calabrais réussirent à l'agripper et à le tirer vers la surface. Calant son ami contre lui, le capitaine essaya, luttant contre le courant, de l'entraîner vers le rivage. Il s'acharna longtemps, avançant et reculant à chaque nouvelle lame. Les bras engourdis par le froid. Le cœur soulevé par une nausée de fatigue.

— Mario, reviens à toi, il faut que tu m'aides, supplia-t-il. Je ne vais plus pouvoir tenir longtemps. Mario !

Il n'y eut pas de réponse. C'est alors qu'il réalisa, relevant le menton de Mario, que celui-ci ne répondrait plus jamais. Il s'était noyé.

Les vagues se levaient de plus en plus hautes et lui cachaient la côte. Et soudain, le Calabrais renonça. Il revoyait son équipage disparu, le mousse, tous ces morts qui les avaient précédés… Il se revoyait en train de massacrer les gardes sur le pont du paro. Il se signa, attacha sa ceinture à celle du pilote et s'abandonna.

Assommé, roulé par les lames, il coula bientôt tout droit vers l'abîme, enlacé à son compagnon.

52

Depuis le départ de Richard, tout le monde au campement normand était sur le qui-vive. On avait posé la tête du malheureux abbé sous un cairn en attendant une sépulture plus digne de lui. Les gardes patrouillaient et, du haut des arbres, les guetteurs surveillaient le vallon et les collines environnantes.

Sous la tente du jarl, Hugues de Tarse allait et venait tel un fauve en cage. Eleonor, qui venait d'entrer, s'était arrêtée sur le seuil. Autant son impassibilité alors même qu'on jetait à ses pieds la tête du malheureux abbé l'avait impressionnée, autant elle le voyait maintenant témoigner d'une terrible angoisse.

Il finit par s'immobiliser, parlant soudain en grec comme il le faisait chaque fois que quelque chose le troublait :

— Et s'il le tuait ? S'il les tuait tous ?

Puis il se remit à marcher, ignorant le regard posé sur lui.

— Hugues, appela-t-elle doucement.

Perdu dans ses pensées, l'Oriental ne réagit pas.

— Hugues de Tarse, répéta-t-elle plus fort.

Il leva enfin les yeux et s'aperçut qu'il n'était plus seul dans la tente. Il remarqua qu'Eleonor avait revêtu une broigne de cuir et qu'elle portait à l'épaule son arc et son couire empli de flèches aux empennages blancs.

— Il faut que je vous parle, insista-t-elle.

Il aurait voulu lui dire non, au lieu de cela, il s'approcha d'elle.

— Vous ne pouviez faire autrement avec ces pirates, Hugues de Tarse, déclara-t-elle d'une voix ferme. Pas avec à leur tête un homme comme le Diable de la Seudre. Je suis sûre qu'il va tomber dans le piège que vous lui avez tendu. Mais il faut lui en laisser le temps. Gardez confiance, je vous en conjure.

— Mais si je me suis trompé ? lâcha soudain Hugues.

Il y avait un désespoir terrible dans cette question. Un désespoir que l'Oriental n'arrivait plus à maîtriser. L'idée que l'on puisse, à cause de sa décision ou de son orgueil à ne pas céder, torturer ou tuer Tancrède, le jarl et les religieux lui était insupportable. Cette attente interminable, aussi.

— Alors nous nous battrons, Hugues, et nous vengerons les nôtres ainsi que vous l'avez promis, répliqua-t-elle.

Était-ce de la sentir si forte ? De la savoir à ses côtés ? Car elle le serait, il en était certain, comme pendant la bataille sur le pont du knörr. Hugues sentit s'évanouir ses doutes. Au même moment retentit le son du cor et, presque aussitôt, un garde souleva la portière de toile et déclara :

— Une troupe arrive, messire, ils viennent du nord de l'île. Des hommes en armes escortent des moines.

Hugues se tourna vers Eleonor, lui saisit les mains qu'il baisa avec passion puis se précipita dehors.

— La tempête arrive, messire, annonça Pique la Lune qui, depuis un moment, observait le ciel et la mer, assis devant la tente.

— Prenez une arme, Pique la Lune ! ordonna Hugues. La bataille est pour bientôt.

— Je suis armé, rétorqua le Breton en lui montrant la hache qu'il avait glissée à sa ceinture.

Ils se retrouvèrent bientôt tous à l'entrée du camp. Sur le sentier était apparu un convoi de prisonniers mené par Richard. Tancrède était parmi eux, le visage en sang, ligoté et bâillonné, mais bien vivant. Le jarl aussi, allongé sur une civière. Frère Dreu marchait en soutenant le novice Benoît. Albéron portait un bras en écharpe. Les blessés étaient nombreux. À leur vue, Hugues sentit toute la tension qui l'habitait se relâcher d'un coup. Son regard se durcit, il allait falloir jouer finement.

— Nous sommes là, messire de Tarse, déclara Richard. Vous vouliez voir les moines devant vous, ils y sont. Et maintenant, où est le trésor que vous m'avez promis ?

— Sur la plage, près des bateaux.

Indécis, Richard regarda du côté du rivage. Gardés par des marins, les trois coffres ouvragés étaient alignés sur le sable.

— Il nous faut un terrain dégagé pour procéder à l'échange, reprit Hugues. Je vous propose que nous rejoignions tous la grève. J'y ferai mettre mes hommes sur un rang et vous les vôtres. Ensuite, nous procéderons à l'échange.

Richard songea que si l'ennemi était acculé à la mer, ce ne serait pas une mauvaise chose, un rapide coup d'œil à son frère, toujours revêtu de la robe du camérier, lui confirma le bien-fondé de sa réflexion.

— Vous d'abord, messire. Nous ne descendrons sur la plage que quand vous y serez tous.

Sonnant du cor par trois fois, Hugues fit évacuer le camp. C'était le signal qu'attendait Hakon. Lui et ses guerriers avaient vu passer la longue file des prisonniers et des pirates. Le piège allait se refermer, l'ennemi s'était jeté dedans.

Au prochain signal, ce serait la curée et, déjà, Hakon se voyait au cœur de la bataille avec ses Orcadiens. Ils sauveraient le jarl et le trésor rejoindrait la Sicile ainsi qu'ils l'avaient juré au roi Henri.

Sur la plage, les Normands avaient pris place devant leurs bateaux et formaient une seule ligne hérissée de lances, d'arcs et de haches. Devant eux s'alignaient les pirates. Chacun se dévisageait, observait les armes de l'autre, évaluait sa force.

— Maintenant que nous sommes tous là, je vous propose, continua Hugues, de placer devant vous les prisonniers. Quant à moi, je vais faire apporter les coffres.

— Entendu.

Dans les taillis là-haut, Hakon avait fait avancer ses hommes. Ils étaient maintenant accroupis sur une éminence rocheuse qui dominait la plage, l'arc bandé et pointé sur les cibles désignées à l'avance par Hugues.

Sur la grève, l'impatience commençait à gagner les rangs des pirates qui s'agitaient et murmuraient entre eux. Peu habitués à autre chose qu'à des abordages de navires marchands ou à des assauts de nuit, ils n'aimaient guère se trouver à découvert devant des hommes aguerris. Tancrède, qui se démenait dans ses liens, fut brutalement jeté à terre par l'un d'eux.

— Tiens-toi tranquille, toi, ou je te crève ! ordonna le naufrageur.

Le jeune Normand resta immobile.

Devant lui, Richard venait d'exiger le silence et s'était tourné vers Hugues :

— Qu'attendons-nous, messire ?

— Un instant ! répondit Hugues de ce ton inflexible qu'il employait parfois.

Prenant tout son temps, l'Oriental passait en revue les visages harassés des religieux ; il y avait là le camérier, l'hôtelier, le chancelier, le sacristain, le portier, le cuisinier, le novice Benoît, frère Dreu, frère Thierry et frère Iñigo.

— J'ai dit que je voulais voir les moines devant moi, remarqua-t-il, et ils ne sont pas tous là. Ils ne sont que dix, l'abbé est mort, mais il manque aussi frère Grégoire et un autre dont je ne me rappelle pas le nom.

— C'est le sous-sacristain Domenico, messire, répondit frère Henri en s'avançant d'un pas.

Tancrède assistait impuissant à l'entretien. Il aurait voulu prévenir son maître du danger qu'il courait, l'avertir que les moines qui se tenaient devant lui étaient des pirates, mais la voix calme du Diable continuait :

— Il a été tué d'une flèche pendant l'assaut du monastère. Quant à ce pauvre Grégoire, ils l'ont assassiné.

Le visage d'Hugues s'assombrit encore et sa voix était sèche quand il dit :

— Richard, si vous voulez vous approcher des coffres.

Richard saisit frère Henri qu'il poussa brutalement devant lui.

— Si vous essayez de me tuer, il mourra avant moi, menaça-t-il.

— Telle n'était pas mon intention, rétorqua Hugues dont les prunelles s'étaient étrécies.

Un des guerriers fauves sortit un trousseau de clefs d'un sac de cuir et entreprit d'ouvrir les coffres les uns après les autres. Puis il prit position derrière l'un d'eux tandis que deux guerriers se plaçaient derrière les autres. Au signal d'Hugues, ils les ouvrirent d'un seul geste.

Richard et frère Henri s'approchèrent. Le premier coffre contenait une cape de velours rouge brodée digne d'un roi, faite dans les ateliers de Bayeux, elle paraissait le digne pendant de celle de Roger II de Sicile. Le deuxième coffre contenait des grimoires anciens et des parchemins, le troisième un reliquaire ouvragé.

— Celui-ci est le plus précieux, un magnifique présent offert par le roi Henri II à Guillaume Ier de Sicile, déclara Hugues. Une relique de saint Thomas, pêcheur de Galilée, disciple du Christ, le patron des maçons et des architectes.

Et tout en disant cela, Hugues leva la main.

C'était le signal. Les flèches d'Hakon frappèrent les rangs des pirates, Tancrède roula sur lui-même pour se mettre à l'abri, Dreu rampa jusqu'à la civière du jarl pour le protéger de son corps. Autour d'eux la bataille se déchaînait.

Hugues avait sauté sur frère Henri, posant son poignard sur sa gorge. Celui-ci n'avait pas eu le temps de sortir le sien. Ses yeux lançaient des éclairs, mais il ne bougeait pas.

Autour d'eux, la bataille tournait déjà en sa défaveur. Les pirates, pris entre les traits envoyés par les hommes d'Hakon et l'avancée des guerriers fauves qui faisaient tournoyer leurs haches, se débandèrent, essayant de s'enfuir. Hakon et ses soldats rejoignirent les rangs des Normands. Seul Richard, armé d'un croc et d'un coutel de corps à corps, se battait encore.

— Si vous donniez l'ordre à vos hommes de se rendre ?

— Vous saviez donc qui j'étais… commença le Diable.

Le Diable allait jeter son ordre quand soudain retentit un cri de femme. Trop occupée à tirer, Eleonor n'avait pas fait attention à Costans qui, après avoir rampé à l'abri des rochers, s'était jeté sur elle.

— Lâchez-le ou je l'égorge, ordonna-t-il. Faites cesser le combat et ordonnez à vos hommes de reculer vers les bateaux.

Tancrède, qu'Hakon avait libéré, avait rejoint son maître et sur un signe de celui-ci sonna du cor. Aussitôt tous s'immobilisèrent.

Les pirates survivants, ils n'étaient plus que trois, s'enfuirent sans demander leur reste. Rohard se libéra de l'étreinte d'Hugues et rejoignit son frère et Richard.

— Lâchez-la ! gronda Hugues en avançant d'un pas.

— Restez où vous êtes, gueula Costans qui ne faisait pas mine de libérer sa captive.

Eleonor, dont le regard suppliant avait croisé celui d'Hugues, était figée comme une statue ; un mince filet de sang coulait de sa gorge meurtrie par le poignard.

— Si vous nous suivez, je la tue, reprit Costans.

Personne n'osa bouger. Entraînant la femme, les naufrageurs quittèrent le rivage et remontèrent vers la ferme.

— Le paro est ancré en face de l'anse du Layet, jeta Tancrède à son maître. On ne peut les laisser faire, ils vont la tuer.

— Je sais, répliqua son maître.

Hugues n'avait pas eu le temps de se réjouir de leurs retrouvailles, il aurait voulu serrer le jeune homme dans ses bras et, au lieu de cela, il essayait de calmer l'agitation qui troublait son jugement, de ne pas penser à ce qu'un homme comme Rohard pourrait faire à Eleonor, de se rappeler les chemins de l'île, se maudissant de ne pas les avoir étudiés plus attentivement. Frère Albéron, le gros cuisinier, son bras en écharpe, s'approcha :

— Je peux vous conduire jusque là-bas sans passer par les sentiers et nous y serons avant eux, déclara-t-il.

La décision d'Hugues était prise :

— Tancrède, juste vous, moi et le moine, ordonna-t-il.

Et bientôt tous trois se lancèrent à travers les taillis à la poursuite des ravisseurs.

LE ROULEAU DES MORTS

53

Frère Albéron n'avait pas menti. Grâce à sa connaissance de l'île de Cabo Ros, Tancrède et Hugues étaient arrivés sur l'anse du Layet avant les pirates. À quelques encablures au large se balançait le paro vert pâle. La tempête n'avait pas encore touché cette partie de la côte et il y régnait un silence pesant qui incitait au murmure.

— Où est leur canot ? demanda le gros moine en essayant de reprendre son souffle.

Tancrède lui désigna la coque qu'il venait d'apercevoir dissimulée dans les taillis.

— Le temps presse. Allez vous cacher, mon frère.

Le cuisinier ne se le fit pas dire deux fois. Même s'il ne manquait pas de courage, il n'était pas un combattant et l'idée de se trouver à nouveau face à ceux qui avaient torturé et tué les siens le terrifiait. Il s'enfonça dans les buissons. Un geai s'envola, poussant un trille d'alerte. Quelqu'un approchait.

Les regards d'Hugues de Tarse et de Tancrède se croisèrent. L'Oriental serra avec rudesse le jeune homme dans ses bras, puis s'écarta et lui tendit son arc.

— Le frère hôtelier, ordonna-t-il.

Le visage grave, le jeune homme s'agenouilla, l'arme levée. Hugues avait saisi son cimeterre à deux mains. Malgré la tension qui les habitait, leurs gestes étaient sûrs et leurs yeux fixés sur les bois d'où allait jaillir l'ennemi. Un nouveau trille du geai. L'attente ne fut pas longue. Un halètement, des branches brisées. Richard et Rohard apparurent les premiers, Costans derrière eux, tirant sa prisonnière par les cheveux. En voyant la jeune femme qui trébuchait et s'agrippait des deux mains à sa chevelure, les prunelles de l'Oriental s'étrécirent. Il murmura :

— Maintenant !

Tancrède décocha. Costans s'écroula, entraînant Eleonor dans sa chute. Le trait lui avait traversé la gorge. Un dernier soubresaut l'agita et un flot de sang jaillit de sa bouche. Il était mort.

Richard et le Diable s'étaient arrêtés net en voyant ceux qui leur barraient le chemin, puis ils chargèrent avec des hurlements de possédés. Tancrède avait jeté son arc et saisi son épée. Mais le temps qu'il se relève, Rohard, plus rapide, l'avait désarmé et il s'effondra, une balafre sanglante entaillant sa main et son poignet. Le Diable écarta l'épée de la pointe de son pied et gueula en posant sa lame sur la gorge de son adversaire :

— Rends-toi, Hugues de Tarse !

Malgré la fureur qui l'habitait, l'Oriental, qui venait d'acculer Richard à un arbre, s'immobilisa aussitôt.

— Laisse partir mon frère ou, parole de Diable, j'égorge celui-là comme un porc !

Pendant un moment, il ne se passa rien. Les deux hommes se défiaient du regard, chacun gardant son prisonnier sous la menace.

— Ne cédez pas ! cria Tancrède malgré la morsure du fer.

— Toi, tais-toi ! ordonna le Diable.

Il y avait dans sa voix une exaspération qui inquiéta Hugues. Il sentit que l'équilibre fragile qui les immobilisait encore risquait de se rompre d'un moment à l'autre et que la folie meurtrière qui habitait cet homme allait l'envahir.

— Ça va, j'accepte, fit-il. Je le lâcherai si tu recules, toi aussi.

Après une hésitation qui était comme un regret de n'avoir pu achever l'homme à terre, le Diable obéit.

— Et je veux ta parole que tu n'essayeras pas de nous rattraper, ajouta-t-il.

— Tu l'as, souffla Hugues.

— Richard avec moi ! cria le Diable.

Son frère l'avait rejoint et ils avaient repris leur course vers le canot. Tancrède se releva, le visage empourpré, le sang dégoulinant de sa plaie.

— Votre main ? demanda Hugues qui craignait qu'il n'en ait perdu l'usage.

Furieux d'avoir fait échouer leur attaque, le jeune homme répliqua sèchement :

— Vous n'auriez pas dû céder, il fallait les étriper.

— Et risquer de vous perdre ?

— On ne va pas les laisser s'en aller comme ça !

Il avait ramassé l'arc et le couire.

— Que voulez-vous faire ?

— Ils ont votre parole, pas la mienne ! grogna Tancrède.

Richard avait déjà sauté dans le bateau, saisissant les avirons. Rohard poussait, de l'eau jusqu'au torse, puis il se hissa à son tour. Tancrède courut vers la limite des vagues. Malgré la douleur qui irradiait jusqu'à son épaule, il ajusta sa cible et tira. La flèche vola au ras des vagues et alla se planter dans l'omoplate du Diable de la Seudre qui bascula au fond de l'embarcation.

— Joli tir, approuva Hugues.

Là-bas, Richard s'était courbé sur les avirons. Il s'éloignait de la rive, entraîné vers le large par un fort courant.

— Je peux encore avoir l'autre, répondit calmement Tancrède en saisissant une seconde flèche.

— Laissez-les ! Ils n'iront pas loin. La tempête sera sur eux dans peu de temps. Et maintenant, montrez-moi votre main.

Une profonde entaille remontait jusqu'à l'avant-bras. Hugues fit doucement manœuvrer les doigts.

— Je vais vous bander. Il ne vous a pas manqué, mais vous n'avez rien de cassé, remarqua-t-il. Il va falloir que je nettoie avant que l'infection ne s'y mette.

— À l'aide, messire Hugues ! appela frère Albéron. À l'aide !

Hugues se retourna et son cœur se serra. Le moine était penché sur le corps inanimé d'Eleonor et il s'affolait.

L'Oriental avait bien vu la jeune femme basculer, entraînée par son ravisseur, mais sans songer qu'elle ait pu se blesser dans sa chute. Les deux hommes se précipitèrent.

— Elle ne bouge pas, messire ! s'écria le moine. Son front a heurté cette satanée pierre ! Que Dieu me pardonne !

Eleonor était livide, ses yeux clos, ses lèvres pincées. Un filet de sang coulait de la racine de ses cheveux noirs jusqu'à son menton.

— Eleonor ! murmura Hugues en s'agenouillant. Eleonor ! Je vous en prie.

L'Oriental posa son oreille sur sa poitrine. Un faible battement lui parvint.

— Elle respire, murmura-t-il pour lui-même.

Et Tancrède eut l'impression que son maître, en disant ces mots, recouvrait son propre souffle. Malgré le tremblement de ses mains, ses gestes avaient repris de l'assurance. Il avait, avec une infinie douceur, dégagé les cheveux et examiné sa plaie. Albéron lui tendit sa gourde. Hugues déchira un pan de sa chainse, mouilla le tissu et nettoya le visage et les yeux souillés de sable.

— Eleonor, revenez à vous ! répétait-il. Je vous en supplie, Eleonor.

Mais la jeune femme ne bougeait toujours pas. Sous son hâle, Hugues avait pâli. Et puis un imperceptible frémissement agita Eleonor qui ouvrit les paupières.

Un peu de rose revint à ses joues. Pendant un temps, elle ne parut pas voir ceux qui l'entouraient puis son regard s'affermit, avant de se perdre dans celui de l'Oriental penché au-dessus d'elle. En cet instant, tout ce qu'Hugues retenait depuis si longtemps, ce sentiment qu'il avait voulu éteindre, cette passion qui le consumait et à laquelle il refusait de céder, jaillit d'un coup. Il la prit dans ses bras, baisant son visage, ses mains, ses lèvres, ses yeux.

Tancrède se détourna et descendit lentement vers les vagues. Il se rappelait un proverbe arabe que lui avait enseigné son maître : *Pour bien aimer une femme, il faut l'aimer comme si elle devait mourir demain.*

L'amour qu'éprouvait Hugues pour la jeune Normande jetait le désordre dans son esprit. Il n'y avait pourtant plus la moindre trace de jalousie en lui et ce n'était pas non plus le fait de voir son maître épris d'une femme. Tout au long de ces années nomades, elles avaient été quelques-unes à vouloir partager sa couche. Le charme de l'Oriental, la finesse de ses traits quasi féminins, sa rudesse au combat et sa courtoisie ravissaient autant les jeunes bourgeoises que les nobles dames. De jolies liaisons, des amours de passage où chacun s'en va le corps rassasié et l'âme vide. Là, Tancrède le voyait, c'était autre chose. Et c'était comme si la nature même de son maître lui avait échappé. Comme si Hugues devenait un étranger. Un autre. Il n'aurait jamais pu imaginer qu'en cet homme impassible couvait un feu si ardent. Il savait si peu de chose sur Hugues de Tarse ! Sur son passé. C'était un homme secret. Comme cet Orient mystérieux qu'il peinait à se représenter.

Tout rougissant, le frère Albéron vint le rejoindre.

— Ils ont réussi, fit-il en désignant la nef vert pâle de sa main valide.

Là-bas, Richard avait accosté le long du paro et y avait hissé le Diable. Ce dernier s'était redressé, soutenu par son frère qui l'attacha à la barre avec sa ceinture. Richard s'affairait sur le pont, il jetait les cadavres des gardes à la mer, courait jusqu'au mât pour hisser la voile.

— Ce monstre a la couenne dure ! observa le moine. Pourtant vous l'avez eu, j'en suis sûr. Il aurait dû en crever. Au lieu de cela, il tient la barre ! Ce sont des démons et c'est pas un bateau normal, ce paro. C'est la nef des damnés. Mais peut-être Dieu, qui nous voit, en a assez. Regardez la couleur du ciel et des vagues autour d'eux. Ils appareillent vers l'enfer.

Le paro avait levé l'ancre. Il hésitait, chahuté par les bourrasques de vent et la puissance des lames qui se brisaient soudain sur sa coque, puis d'un coup, son étrave pointa vers le large.

La silhouette de Rohard se courba sur la barre. Le navire s'éloigna vers la haute mer, affrontant une houle de plus en plus grosse. Les flots et le ciel étaient si noirs qu'on eût dit que la nuit venait de dévorer le jour. Privée de lumière, la tache verte s'effaça. Comme si elle n'avait jamais existé.

54

Après une de ces tempêtes aussi violentes que brèves dont était coutumière la mer intérieure, la surface de l'eau redevint lisse et calme comme celle d'un lac. L'air était doux et tiède, empli de chants d'oiseaux. La nuit venait. La cloche du Castelas sonna, appelant au repas. Moines, marins et guerriers se rassemblèrent dans le réfectoire, coude à coude autour des tables, à dévorer le pain et à boire la soupe.

Les pirates qui s'étaient échappés furent rattrapés par les guerriers fauves et exécutés, on avait enterré les morts, pansé les blessés et Hugues avait fait main basse sur les potions et les bandages de frère Grégoire pour soigner les plus éprouvés.

— Si vous nous disiez ce que nous ne savons pas, messire ? demanda le chancelier Osmond qui avait pris la tête de la petite communauté.

— Oui, approuva Magnus le Noir qui, pour la première fois depuis la bataille avec le dromon, avait regagné sa place parmi eux. Racontez-nous, Hugues.

Les religieux hochèrent la tête en signe d'assentiment. La plupart d'entre eux n'avaient pas compris pourquoi ils s'étaient trouvés saisis dans un tel déchaînement de violence. Ils ne pouvaient savoir qu'ils avaient été l'appât du piège savamment préparé par le Diable de la Seudre.

À la demande de tous, Hugues se leva donc. Ce qu'il n'avait pas deviné, un des pirates le lui avait confié avant de mourir.

— Du moment où nous avons vaincu le Diable et où nous avons tué son frère Allard à Maillezais, Rohard s'est juré de nous passer par le fer. En homme de ressource, il s'est servi de son pilote, un Génois, pour recruter celui qui allait nous guider…

— Jacques ! s'écria Pique la Lune. Paix à son âme, mais il m'a jamais plu, ce gaillard-là.

— À moi pas davantage, renchérit Harald.

— Ni moi, affirma Knut.

— Jacques qu'il a grassement payé pour nous conduire ici, reprit Hugues, et qui devait aussi l'aider à dérober le trésor.

— Mais qui a tué Jacques ? demanda soudain Bertil, que l'effroyable souvenir de l'assassinat faisait encore frémir.

— Je pense, vu ce que tu nous as raconté, que c'était le Diable lui-même, il ne faut pas oublier qu'il était venu examiner le campement et même le trésor sous le prétexte de marchander le bois.

— Mais nous ? demanda Osmond. Que venions-nous faire là-dedans ?

— Malheureusement pour vous, et à cause de votre lien avec frère Dreu, vous étiez l'élément le plus important du piège que Rohard avait imaginé. L'appât. Il savait ne pas pouvoir nous attaquer de front en Méditerranée. Le paro ne faisait pas le poids face à l'esnèque et au knörr. Il savait aussi que nos escales foraines étaient si bien surveillées qu'il ne fallait pas espérer nous surprendre à terre. Il ne restait donc rien d'autre qu'à nous laisser aller où nous voulions… Et à nous y attendre.

— Mais il a tué tant des nôtres ! s'exclama Osmond qu'un sentiment d'incrédulité horrifiée n'avait pas quitté.

Pour lui comme pour les autres religieux, tout cela avait été un cauchemar. Quelque chose qui n'aurait pas dû exister et contre lequel ils n'avaient d'autres armes que la prière. Les seuls d'entre eux qui avaient voulu tenir tête aux pirates avaient été massacrés sauf le frère portier Jean qui, bien que sérieusement blessé, avait réussi à s'échapper.

Hugues avait ordonné une battue et le pauvre bougre avait été retrouvé dans une grotte au sud de l'île, il ne reconnaissait plus personne et parlait avec effroi de la voix.

— Tout d'abord, reprit Osmond, le chevalier du guet qu'il a exécuté devant nous pour nous faire comprendre qu'il ne plaisantait pas. Pauvre chevalier, seul contre tous, ils ont joué longtemps avec, se l'envoyant et le blessant jusqu'à ce qu'il soit recouvert de sang. Enfin, ils l'ont attaché à un arbre et l'ont étripé avec leurs crochets, comme une pièce de viande à l'étal du boucher. Et il n'est pas mort tout de suite…

Blême, le chancelier s'était signé. À table, tout le monde s'était tu. Ceux qui avaient vécu l'horrible scène la revivaient encore.

— Paix à son âme, c'était un homme valeureux, finit par ajouter Osmond.

— Le Diable se jouait de notre peur, renchérit le cellérier Bernard. Il marchait dans le dortoir la nuit en prononçant nos noms. Il nous réveillait soudain en nous disant que nous allions mourir ou se mettait à hurler comme un loup au milieu de la cour. Cela a rendu fou l'un de nos novices, Roger, un innocent que sa voix terrifiait. Nous n'avons retrouvé que sa bêche, nous ne savons s'il s'est jeté du haut d'une falaise ou si l'un des pirates l'a assassiné sauvagement.

— Comme frère Paul, remarqua Dreu avec tristesse. Il m'avait demandé mon aide pour s'enfuir et je n'ai pas compris que sa vie était en danger. Je ne l'ai pas aidé, mes frères.

— Vous ne pouviez deviner ce qui se passait, le consola Hugues. Comment imaginer une telle machination ?

— Le camérier, l'hôtelier, l'abbé, l'infirmier… Et ce pauvre Jean qui jamais ne reviendra à la raison. Il a tué tant des nôtres, reprit le chancelier.

— Croyez bien qu'il en aurait tué davantage s'il l'avait pu, remarqua l'Oriental. Mais en même temps, il voulait garder un aspect de vraisemblance à votre communauté et peu de ses hommes étaient capables de se glisser comme lui ou son frère dans la robe des cisterciens et de lire les textes sacrés. Voyez frère Iñigo, et même celui qui remplaçait votre portier Jean.

— Mais comment avez-vous su…

— Oh, je me suis laissé prendre, moi aussi ! protesta l'Oriental. Pourtant, une chose que Rohard ne pouvait prévoir, c'est la connaissance qu'avait frère Dreu de cette île et de ses habitants. Et le fait qu'il nous en avait abondamment parlé pendant ce voyage. C'est grâce à cela que se sont éveillés mes premiers soupçons : quand ils ont tardé à venir nous accueillir, quand ceux que nous prenions pour Joce et Henri ont montré un intérêt trop vif pour le jarl et notre périple. Une foule de petits détails. Ce moine fou entraperçu par Tancrède près de la source. Ces tombes fraîches et la mise en terre brutale de frère Paul et du marin. Très vite, les choses se sont mises en place dans mon esprit, mais pas assez vite car le piège se refermait déjà. Le Diable tuait Jacques. L'abbé basculait dans la folie. Je devais mettre en place une chausse-trape. Vous connaissez la suite.

Un murmure d'approbation parcourut la salle. Les verres de vin se remplirent à nouveau. Tous, même les marins, cherchaient réconfort et chaleur pour lutter contre la sensation d'horreur qui les envahissait. Tancrède se rappela les supplices décrits par le Diable. Que leur serait-il arrivé s'ils avaient été à la merci de la folie meurtrière de Rohard ? Il frissonna et vida son verre d'un trait.

Hugues se rassit et se tourna vers Eleonor, assise à ses côtés. La jeune femme lui sourit. Le cellérier Bernard se racla la gorge et se leva à son tour, saluant l'assistance. Il avait posé devant lui deux parchemins cachetés dont l'un était un rouleau.

— Si vous permettez, messire. Suite à la réunion de notre chapitre ce matin, nous aimerions vous demander deux faveurs. Tout d'abord, pouvoir vous confier le rouleau des morts à faire parvenir à nos frères sur le continent.

Hugues hocha la tête et saisit le long rouleau où figuraient les noms et les titres des moines décédés à Cabo Ros, une liste qui circulerait pendant longtemps au sein de l'ordre et dont le texte s'allongerait au fur et à mesure, s'enrichissant de tous les commentaires écrits dans chacune des abbayes cisterciennes.

— Bien sûr, mon frère.

— Mais aussi, vous charger d'une missive à l'attention de l'abbé du Thoronet, fit l'officier en lui tendant le second parchemin. Il y a à Toulon un marchand qui pourra se charger de l'acheminement. J'ai écrit son nom sur le revers.

— Vous ne comptez donc pas quitter l'île ? demanda Magnus le Noir.

— Vous n'avez plus d'abbé et vous n'êtes plus que sept moines au lieu des douze requis, pour le bon fonctionnement d'une abbaye fille, ajouta l'Oriental.

— C'est vrai, répondit Osmond. Mais dès que nous serons le nombre requis, nous procéderons à une nouvelle élection. Pour l'instant, nous autres officiers formons un conseil des anciens, et c'est ce conseil qui dirige le Castelas.

— Nous comptions vous proposer de vous déposer à Toulon, insista Hugues. Et que ferez-vous du pauvre Jean ?

— La mer n'est pas sûre, mes frères, renchérit Harald. Encore aujourd'hui, un de mes guetteurs a repéré un navire barbaresque non loin de l'archipel.

— Que peut-il nous arriver de pire que ce que nous venons de connaître ? Non, messire. Non, capitaine. Nous prendrons soin de notre frère Jean et peut-être un jour, grâce à Dieu et à nos soins, il retrouvera ses esprits. Quant à l'abbé du Thoronet, il a pensé qu'il fallait un bouclier de prières en cet endroit de la terre, nous ne le décevrons pas. N'est-ce pas, mes frères ?

Les moines approuvèrent, Dreu le premier.

— Vous êtes des hommes courageux, déclara Magnus. Et vos messages arriveront à vos frères cisterciens.

— Sans doute, l'abbé nous enverra de nouveaux frères et peut-être même un abbé avec lequel nous bâtirons le scriptorium de frère Dreu. Mais vous-mêmes, comment ferez-vous pour regagner la côte sans votre pilote ?

— Je me fais fort de les guider jusqu'à Toulon, jeta Pique la Lune, et une fois là-bas, nous trouverons bien un gars capable de nous mener jusqu'à Syracuse.

Le vin et la bonne chère aidant, le repas se poursuivit presque gaiement, puis tout le monde se sépara après force adieux. Les bateaux lèveraient l'ancre à l'aube.

— Je prierai pour vous, fit frère Dreu, les yeux humides, en serrant les mains d'Hugues dans les siennes. Vous me manquerez, messire.

— Vous aussi, frère Dreu. Que Dieu vous garde.

— À Dieu, damoiselle Eleonor.

— À Dieu, mon frère, répondit-elle en embrassant le moine sur les deux joues.

Le frère devint écarlate, bafouilla un dernier au revoir. Les religieux refermèrent la poterne derrière eux. Guerriers et marins s'éloignèrent sur la sente menant vers l'anse de l'Avis. L'appel des guetteurs signala leur approche. Les guerriers restés au camp vinrent faire leur rapport au jarl qui rejoignit sa tente avec Hakon. Dans les taillis brillaient les premières lucioles. Les bateaux évitaient doucement sur leurs ancres. On entendait le murmure des hommes qui s'enveloppaient dans leurs couvertures et s'allongeaient autour des feux dont les flammes se perdaient en myriades d'étincelles vers le ciel.

Hugues et Eleonor allèrent s'asseoir côte à côte sur le sable, le grand chien à leurs pieds.

Ni l'un ni l'autre n'avait envie de dormir. Ils savaient que le voyage allait reprendre et qu'il les conduirait vers la Sicile et leur séparation. Ils le savaient tous deux et ce soir, sur la grève, muets devant la splendeur de la lune ruisselant sur la mer, ils voulaient l'oublier.

CHARYBDE ET SCYLLA

55

Les navires normands avaient depuis longtemps laissé Toulon et le nord de l'Italie derrière eux quand le Bigorneau vint tourner autour d'Hugues.

Celui-ci, debout aux côtés d'Eleonor, ne parut pas remarquer sa présence ni celle de Bertil. Il fixait le Vésuve dont il apercevait le sommet souligné de hautes fumerolles.

— Il était en éruption, il y a quelques années, déclarait-il à la jeune femme qui n'avait de sa vie vu un volcan et ouvrait de grands yeux. C'était en 1139, je crois. Des colonnes de feu escaladaient le ciel.

— J'ai peine à imaginer une montagne crachant du feu, déclara Eleonor, émerveillée.

— Pourtant, je vous fais promesse que vous en verrez une avant la… fin de ce voyage.

Sur ces mots, Hugues se tut, se maudissant d'avoir évoqué ce qu'ils redoutaient tous deux. Chaque escale, chaque port, les rapprochait de la Sicile. Et les nouvelles de leur future patrie n'étaient pas bonnes.

Abandonné par le pape Adrien IV qui l'avait excommunié, haï par l'empereur germanique Frédéric Barberousse et le basileus Manuel Comnène, le roi Guillaume Ier de Sicile devait de plus faire face à la révolte de ses barons.

Lors de leur escale à Gênes, un ami d'Hugues de Tarse leur avait appris que Geoffroi de Montescaglioso avait pris la tête des révoltés et que Maïon de Bari, le chancelier, l'émir des émirs, avait échappé de justesse à un attentat. Cette fois, l'insurrection avait touché le cœur du pouvoir en plein Palerme. La rage de Guillaume avait été à la hauteur de l'affront : après avoir réduit les rebelles, crevé les yeux de leurs chefs, emprisonné les survivants dans les geôles de sa capitale et rétabli son chancelier à son poste, il était passé sur le continent et marchait sur Brindisi à la tête de son armée.

Hugues songea qu'ils risquaient d'arriver en pleine bataille rangée entre partisans et opposants au règne de Guillaume. Une situation dangereuse à la fois pour Tancrède et pour Eleonor de Fierville, qui ignoraient tout de la complexité de la cour sicilienne.

— Mais vas-y ! encouragea Bertil en poussant son ami vers l'Oriental.

— Messire ! Mes... sire ! s'écria le Bigorneau qui attrapa la manche d'Hugues. Je... Je... me sou... souviens.

— Quoi, le Bigorneau ? demanda gentiment Hugues en se tournant vers le mousse.

— Le... le moine à Ca... Cabo Ros. Je sais où... je... je l'avais vu... vu à Bar... Barfleur, finit par dire le mousse ; un filet de bave coula de son menton jusqu'à sa chainse.

Un sourire éclaira le visage d'Hugues qui posa une main apaisante sur l'épaule du garçon.

— C'est bien, le Bigorneau. Tout est bien. C'est fini maintenant, mais tu as eu raison de me le dire.

Le gamin se rengorgea et repartit prestement à son travail avec Bertil, encouragé par les jurons de Corato. Eleonor se pencha vers l'Oriental. La fatigue d'une nuit blanche creusait ses traits, la rendant encore plus belle.

— Que disait-il ?

— Il voulait me parler du Diable de la Seudre. Il l'avait aperçu, déguisé en moine au campement de l'Avis, et ne pouvait se rappeler où il l'avait vu. Cela vient de lui revenir.

Hugues sentait la chaleur du corps d'Eleonor contre le sien et le feu qui le brûlait s'aviva en même temps que la douleur qui le rongeait. Il ne pouvait s'empêcher de penser au moment où il la perdrait. Eleonor dut s'apercevoir de son trouble car elle glissa sa main dans la sienne.

56

On approchait de la fin du mois de mai. Sur les pentes douces, les vergers étaient en fleurs. Avec le mois de juin viendrait la meilleure période de navigation sur cette mer changeante qu'était la Méditerranée. Aidé par le nouveau pilote, un Vénitien, le Breton Pique la Lune se familiarisait avec sa nouvelle et inconstante maîtresse. Il en apprenait les écueils, les baies, les amers, les ports, et restait fasciné par l'abondance et la diversité des navires qu'ils croisaient. Voiles carrées ou triangulaires, fragiles esquifs de pêche, galères à rames ou énormes nefs vénitiennes et génoises, il n'était pas de jour sans qu'ils ne croisent ces vaisseaux si différents de ceux naviguant sur l'Atlantique et la Manche.

Après ces longs jours sans histoire, la brume les avait cernés au large de la Calabre. Ils avançaient lentement, remorqués par leurs canots, et seuls les appels des sondeurs et du pilote, le bruit des pelles entrant avec régularité dans l'eau, troublaient le silence. Tancrède avait rejoint Hugues sur le gaillard d'arrière du knörr et s'était accoudé à ses côtés, son regard vert perdu dans le brouillard. Derrière eux, Corato maintenait la barre. Les deux hommes restèrent un moment silencieux, enfin Hugues déclara :

— Nous arrivons au terme de notre voyage et bientôt vous prendrez possession de vos terres et de votre château, messire d'Anaor.

La phrase se voulait enjouée et, pourtant, il n'y avait nulle trace de gaieté dans la voix de l'Oriental.

— Vous êtes soucieux, répliqua Tancrède. Je voudrais pouvoir vous…

— Ne pensez qu'à vous et à la joie de retrouver votre pays, le coupa Hugues. Pour le reste, il n'y a pas d'issue.

Au fil des escales, Tancrède avait vu l'humeur de son maître et d'Eleonor s'assombrir. Eux que tant de rires complices unissaient, que la poésie et la musique enchantaient, étaient devenus des condamnés attendant le jour de leur exécution. La jeune fille enjouée de Barfleur avait disparu, cédant la place à une femme au regard et à la beauté tragiques que le Normand n'osait plus aborder.

— Pourquoi Eleonor et vous ne…

— Eleonor ne trahira pas la parole qu'elle a donnée aux siens, Tancrède. Et jamais je ne l'y pousserai.

— Mais elle ne connaît pas ce sire de Marsico ! se récria Tancrède avec fougue.

— Ne parlons plus de cela, voulez-vous ?

La voix d'Hugues était douloureuse et Tancrède s'en voulut de n'avoir pas trouvé les mots qu'il fallait. Mais y avait-il des mots ? Le jeune homme ne savait que trop le poids des serments. Celui d'Hugues de Tarse au duc de Pouilles, son père, ne l'avait-il pas engagé pour quinze ans de sa vie ? Qui était-il, lui, Tancrède d'Anaor, pour dire à Hugues ce qu'il devait faire, ou à Eleonor d'abjurer le serment prononcé la main sur la Bible ?

— Navire à bâbord ! cria soudain la vigie.

— La barre à tribord toute ! gueula la voix de Bjorn.

Corato leva le hel, tournant l'étrave du knörr vers la droite. La brume s'était déchirée et, tout d'abord, Tancrède crut que ses yeux le trompaient ou qu'il avait perdu la raison. Le navire qui avait surgi par bâbord avant était le paro vert pâle.

Un frisson parcourut son échine. Le paro embardait comme s'il venait de toucher un banc de sable et il crut qu'ils allaient entrer en collision. Du mât pendait une voile sale et déchirée. Il n'y avait nul craquement de bois ou de cordage ni bruit de sillage venant de lui.

Sur la barre était affalée une silhouette maigre et pendant un instant Tancrède aperçut un visage grimaçant recouvert d'une moisissure verdâtre. Puis très vite, la vision s'effaça. La brume s'était refermée.

— Maître ! fit-il d'une voix rauque. Avez-vous vu ce que j'ai vu ?

— Oui.

— Mais ce n'est pas possible, protesta le jeune homme. Après la tempête qu'il y a eu là-bas, ils n'ont pu nous suivre…

— Et sans doute ne nous suivent-ils pas, répliqua Hugues d'une voix sourde. Trop de sang a coulé sur ce pont, trop de suppliciés ont été suspendus à ce mât, trop de morts jetés dans sa cale… Frère Albéron avait raison de le nommer la nef des damnés. Peut-être son châtiment est-il d'errer à jamais sur cette mer avec son équipage de maudits ?

Tancrède secoua la tête. Un indicible malaise l'avait envahi à l'idée de cette nef qui tenait une route parallèle à la leur et dont l'étrave allait peut-être les éperonner d'un instant à l'autre.

Il se pencha à nouveau pour scruter le brouillard. En vain.

57

La Sicile était toute proche, mais encore invisible, masquée par les brumes matinales. Le knörr et l'esnèque étaient passés sous le vent du Stromboli, salués par les gerbes de feu et de lave du volcan. En quelques secondes, une fine pellicule de cendre les avait recouverts, puis le brouillard s'était refermé sur les Éoliennes.

Enfin, l'odeur était venue. Car bien avant de voir les rivages de la Sicile, Tancrède avait perçu son parfum de fleurs et de fruits. Un parfum qu'il aimait enfant. Qu'il retrouvait enfin.

Il resta là, immobile, la gorge serrée, à regarder droit devant lui et puis soudain la brume se déchira et ce qu'il prenait pour des nuages devint une côte au-dessus de laquelle se dressait une montagne immense coiffée de fumerolles.

— Mongibello, la Montagne, l'Etna, murmura son maître qui l'avait rejoint. La forge de Vulcain et l'antre des Cyclopes. Nous rentrons à la maison, Tancrède. Vous aviez cinq ans quand je vous ai conduit hors de chez nous. Vous n'avez pas pleuré. Pourtant, vous perdiez tout. Mais vous avez si fort serré vos poings que vous avez longtemps gardé dans votre paume la cicatrice laissée par vos ongles.

Incapable d'articuler un mot, le jeune homme regarda ses mains où ne subsistait plus rien de ces anciennes blessures.

Guidé par son pilote, l'esnèque filait devant eux, sa voile carrée gonflée par le vent du nord qui s'était mis à souffler avec régularité. Ils entraient dans le détroit de Messine, cette passe sinueuse entre la Calabre et la

Sicile, tout d'abord orientée au sud-ouest puis au sud. Les navires étaient cernés de falaises et d'écueils.

Le visage crispé, Corato aligna sa marche sur celle de l'esnèque. Ils venaient de dépasser le cap Peloro, la pointe nord-est de la Sicile. Les « bastardi », les courants bâtards, comme les surnommaient les Siciliens, les avaient pris en otage.

Tancrède restait figé à regarder les remous qui agitaient la mer, la faisant écumer sans raison. D'étranges brasillements phosphorescents couraient sous la surface et c'était comme de planer au-dessus d'un feu sous-marin.

— Souvenez-vous, fit Hugues, du voyage d'Ulysse. C'est ici que le noble voyageur perdit six de ses hommes. *C'est là-dessous qu'on voit la divine Charybde engloutir l'onde noire : elle vomit trois fois chaque jour et trois fois, ô terreur ! elle engouffre. Ne va pas être là pendant qu'elle engloutit, car l'Ébranleur du sol lui-même ne saurait te tirer du péril !*

Il se tut, encourageant le jeune homme à poursuivre. Celui-ci, oubliant la crainte que lui inspirait la navigation dans ce détroit mythique, s'efforça de citer le passage de l'*Odyssée* dont il se souvenait :

— *À mi-hauteur se creuse une sombre caverne, qui s'ouvre, du côté du noroît, vers l'Érèbe : du fond de ton vaisseau, c'est sur elle qu'il faut gouverner, noble Ulysse ! Mais du fond du vaisseau, le plus habile archer ne saurait envoyer sa flèche en cette cave, où Scylla, la terrible aboyeuse, a son gîte. Sa voix est d'une chienne encore toute petite mais c'est un monstre affreux dont la vue est sans charme et même pour un dieu la rencontre sans joie. Ses pieds, elle en a douze, ne sont que des moignons ; mais sur six cous géants, six têtes effroyables ont, chacune en sa gueule, trois rangs de dents serrées, pleines de noire mort.*

En achevant cette citation, il s'aperçut qu'autour de lui tout le monde s'était tu. Ils longeaient d'énormes écueils. Des nuages faisaient courir leurs ombres sur le navire et les vagues. Une sourde inquiétude noua le ventre du jeune homme : allaient-ils périr ici comme les guerriers d'Ulysse ?

— Le vent du nord est pour nous, le rassura Hugues. Regardez, nous sommes passés.

Et c'était vrai, ils laissaient derrière eux les remparts de Messine et de son port de guerre. Le vent continuait à souffler, les entraînant le long des côtes siciliennes, les éloignant de la Calabre.

Ils passaient déjà au pied de Taormina, l'antique ville grecque détruite par Denys l'Ancien, et l'éperon rocheux de Castel Mola. Des myriades de bateaux de pêche les entouraient.

— Vous êtes maintenant dans la mer Ionienne, reprit Hugues. Nous serons bientôt à Syracuse. Voyez ces rochers là-bas à la côte nord-est, ce sont les rochers Pizzo, le dernier danger avant le port.

Tancrède hocha la tête, mais l'Oriental se demanda s'il l'avait entendu. Perdu dans son rêve intérieur, il dévorait des yeux les plages de sable fin, les villages blancs, les vergers de citronniers et d'orangers en fleurs, les palmeraies qui s'étageaient en pente douce jusqu'à la mer.

Hugues se détourna pour descendre sur le pont où l'attendait Eleonor. La jeune fille avait changé sa tenue cavalière pour une longue robe droite d'un vert très doux et une cape de la même couleur retenue par une fibule de vermeil et de grenats. Ses cheveux nattés étaient dressés en un savant chignon. L'Oriental la trouva magnifique et si pâle tout à la fois qu'il sentit son cœur se serrer alors qu'il marchait vers elle.

58

La jolie brune s'était tournée vers l'Oriental, sa bouche était si sèche qu'elle eut du mal à articuler la phrase qu'elle avait tant de fois répétée :

— Vous n'allez rien dire, n'est-ce pas ? Ainsi que vous me l'avez promis. Et je partirai très vite.

— Non !

Hugues lui avait saisi les mains et les broyait dans les siennes. Ils restèrent un moment ainsi, les yeux perdus dans les yeux de l'autre. Enfin, l'Oriental ôta la chaîne et la médaille qu'il portait autour du cou et les posa dans la paume de la jeune femme.

Pendant un instant, il y eut tant de passion dans son regard qu'Eleonor crut qu'il ne la laisserait jamais s'en aller. Puis son visage reprit son impassibilité et de cette voix douce qu'elle aimait tant, il murmura :

— Ce médaillon me vient de ma mère. Gardez-le en souvenir de moi. C'est l'œil de sainte Lucie. Une noble Syracusaine à qui la Vierge a donné des yeux beaux et lumineux, *occhi belli e lucenti*. Le porter éloigne, dit-on, le mauvais œil et favorise la chance. Qu'il vous protège !

La jeune femme fut incapable de répondre. Elle regardait le pendentif d'or enfermant un coquillage au cœur en spirale.

— Mettez-le, je vous en prie, insista l'Oriental.

Eleonor obéit puis releva les yeux. Ils allaient accoster. Déjà, les marins s'apprêtaient à lancer les amarres. Sur le quai, une foule bigarrée les attendait. Une foule avide de voir ce que venaient faire chez eux des navires aux armes du roi Henri d'Angleterre. Un peu en retrait derrière la cohue était stationnée une voiture fermée de rideaux de cuir tirée par six chevaux. Une dizaine de cavaliers l'escortaient.

Hugues et Eleonor l'aperçurent en même temps.

— L'équipage du sire de Marsico, murmura l'Oriental.

Eleonor pâlit, son visage se contracta. Elle aurait voulu lui ordonner de l'enlever à l'instant, au lieu de ça elle repensa à son père et à son serment. Elle tourna brusquement les talons et s'éloigna vers les passerelles que les marins étaient en train de jeter par-dessus le plat-bord. Les guerriers fauves avaient pris place sur le quai, repoussant la foule de la pointe de leurs lances.

La jeune femme fut la première à prendre pied sur le quai. Son grand chien la rejoignit d'un bond et derrière elle, soufflant et suant, son vieux serviteur. Des marins déchargeaient ses coffres et, déjà, un des cavaliers avait mis pied à terre et l'avait saluée, lui désignant la voiture et l'escorte.

Hugues n'avait pas esquissé un geste pour la retenir, mais un voile noir était tombé devant ses yeux et il avait vacillé sous la violence de ses émotions. Quand Tancrède le rejoignit, il était si livide que le jeune homme crut qu'il allait s'évanouir.

— Maître… murmura-t-il.

Hugues lui fit signe qu'il voulait rester seul et, une intense expression de souffrance sur le visage, fixa le carrosse où venait de disparaître la jeune femme.

Les lourds volets de cuir s'étaient rabattus sur Eleonor, plongeant l'intérieur de la voiture dans l'obscurité. Encore éblouie par le soleil, elle chercha Tara à tâtons puis se cramponna à son cou, enfonçant son visage dans la fourrure tiède en poussant un long gémissement. Quelques instants plus tard, elle sanglotait sans plus pouvoir s'arrêter.

59

Tancrède devait se rappeler longtemps la réception qui suivit au palais de l'armateur Della Luna, un palais sur l'île fortifiée d'Ortygie non loin du temple d'Apollon. C'est sur cette île qu'était née Syracuse, de cette île qu'était parti Denys l'Ancien, le bâtisseur d'empire… C'était non loin de là aussi qu'étaient creusées les sombres carrières où étaient morts debout sept mille Athéniens.

Assis à l'une des longues tables, le jeune homme écoutait distraitement son voisin, Renato Della Luna. Ses pensées allaient au frère de Renato, Giovanni, qui avait été son compagnon sur le knörr. Il le revoyait gisant au milieu de la tente du jarl, son visage et ses vêtements souillés de sang.

— Ainsi donc, mon frère est mort noyé ? demanda Renato à qui le capitaine Corato avait raconté la version à laquelle tous à bord avaient décidé de se tenir afin de ne pas salir la mémoire de Giovanni.

— Euh, oui ! Un malencontreux accident, répondit Tancrède.

Il n'y eut pas de réaction de la part de Renato. La mort de son jeune frère n'avait pas paru le toucher, pas plus qu'elle n'avait assombri le visage du patriarche au haut bout de la table. Ce centenaire au visage ridé et aux yeux froids dont la main de fer avait fait vaciller la raison de son cadet.

Tancrède regarda son maître, assis, sombre et silencieux, à la droite du redoutable patriarche. Seul le capitaine Corato, tout au récit de leurs aventures, racontant l'attaque du dromon et l'utilisation de la baliste, semblait goûter l'hospitalité fastueuse et les mets raffinés offerts par ses maîtres.

Des baies ouvertes, Tancrède apercevait le port et les bateaux qui dansaient sous la lune. Une brise parfumée venait jusqu'à lui. Puis soudain, alors qu'il mangeait distraitement un coquelet farci de dattes, il releva la tête. Il était sûr que son voisin avait prononcé le nom de Marsico.

— Qu'avez-vous dit ? demanda-t-il soudain.

Devant l'air étonné de son voisin, il ajouta :

— Pardonnez-moi, vous parliez du sire de Marsico, si je ne me trompe ?

— Oui, et de son mariage, auquel nous avons assisté, mon père et moi. C'était grandiose.

— Déjà ? Mais ce n'est pas possible, damoiselle Eleonor de Fierville vient à peine de nous quitter…

— Qui parle de cette Eleonor de Fierville ? répliqua Renato, l'air interdit. Qui est cette damoiselle ?

— Une des passagères du knörr, une noble venue de Normandie pour épouser le sire de Marsico.

Le visage de Renato se ferma. En tant qu'hôte, il hésitait soudain sur la contenance à adopter.

— Parlez, je ne comprends pas, insista Tancrède.

— Avant de partir rejoindre l'armée du roi, le sire de Marsico a épousé, il y a un mois de cela, en grande pompe, une très riche veuve calabraise.

Un silence lourd accueillit cette déclaration. Hugues, qui avait tout entendu, était devenu livide.

— Mais une voiture aux armes du seigneur de Marsico est venue chercher la damoiselle sur le port, insista Tancrède. Pourquoi cela, s'il avait pris épouse ailleurs ?

— Sans doute pour la conduire dans l'un de ses palais… où il ira la retrouver à son retour de la guerre. Je ne sais pas, chez vous en Normandie, mais ici, les barons et les seigneurs normands ont souvent recours au charme des harems et de leurs houris… Une femme de plus… Surtout si elle est jolie…

Renato s'arrêta net. Les réactions de ses invités le déconcertaient. Son voisin avait repoussé son assiette d'un geste brusque. L'Oriental assis à la droite de son père, cet Hugues de Tarse que tous, même Corato, révéraient, le fixait comme s'il allait le provoquer en duel.

Tancrède croisa le regard de son maître et songea que s'il s'était engagé à respecter la promesse d'Eleonor, s'il avait pris sur lui de ne pas l'enlever ainsi qu'il l'aurait pu, jamais, par contre, Hugues de Tarse n'abandonnerait celle qu'il aimait aux mains d'un homme qu'elle ne désirait pas.

Jamais, alors, il ne renoncerait à elle.

ANNEXES

Note de l'auteur

Entrées dans l'histoire sous le nom grec des îles *Stoechades*, les îles d'Hyères, au large de Toulon, deviendront au XIIIe siècle les *Insula Arearum*, puis à la Renaissance : les *îles d'Or*. Coincé entre le mistral venu du golfe du Lion et de forts vents d'est en provenance du golfe de Gênes, l'archipel est pour les voiliers un lieu d'aiguade et d'abri. Malheureusement, ses côtes, dans l'Antiquité comme au XIIe, sont harcelées par les pirates.

En 1150, suite à la donation des seigneurs de Fos à l'abbaye du Thoronet de l'une d'entre elles, l'île de Cabo Ros (île du Levant), les cisterciens y bâtiront une abbaye. Les bâtiments conventuels et la chapelle sont construits sur un piton rocheux au nord-ouest de l'île, une position défensive pour un lieu de prières exposé à tous les dangers.

Malgré cela, vers 1160, le monastère est détruit par les pirates barbaresques et les moines emmenés en captivité…

À l'usage du lecteur

Aiguade : du provençal *aiguada* (lat. *aqua* : eau), provision d'eau pour un navire. Faire aiguade, c'est faire provision d'eau douce.
Alcazaba : terme maure désignant une forteresse.
Al-Meriya : le « miroir de la mer » en arabe. Ancien nom de la ville d'Almería en Andalousie.
Arc turquois : arc court fait de bois contrecollé avec du tendon au dos et de la corne au ventre.
Bersekir ou **Berserkr :** terme scandinave, guerrier fauve saisi de fureur meurtrière au combat.
Betas : vient de l'ancien scandinave *beitiass* qui désignait sur les navires vikings une perche pour tendre la voile. Wace l'emploie dans *Le Roman de Brut*.
Bois mort : désigne les avirons dans les expressions « tirer sur » ou « souquer sur ».
Brai : résidu de distillation de résine servant à enduire le fond des coques.
Braies : caleçon plutôt long et collant au XIIe siècle, retenu à la taille par une courroie.
Broigne : justaucorps de grosse toile ou de cuir, ancêtre de la cotte de mailles, recouvert de pièces de métal.
Calengue : vient de *kerling*, qui signifie « femme » en ancien scandinave. Ce terme désigne par métaphore la pièce de bois où vient s'implanter le mât. Nommée « carlingue » en français actuel.
Carreau : trait d'arbalète dont le fer avait quatre faces.

Chainse : équivalent de la chemise, tunique en toile ou en lin à manches fermées.

Couire : sorte de carquois, permettant le transport des flèches.

Doloire : hache de charpentier à fer long et à un seul tranchant, utilisée pour aplanir les bordées.

Dromon : galère d'origine byzantine naviguant à la fois à la rame et à la voile. Équipée pour le combat avec des châteaux surélevés, elle pouvait embarquer jusqu'à 250 rameurs et 70 soldats.

***Esnecca regis* :** esnèque royale utilisée par Henri II Plantagenêt et faisant pour lui la liaison régulière entre Barfleur et Portsmouth.

Esnèque : navire de guerre (ou long bateau, *langskip*, inspiré des premiers navires vikings). L'esnèque a une vingtaine de bancs de nage, elle utilise 40 rameurs et peut embarquer 60 à 90 hommes.

Falarique : javelot de 3 pieds de long dont la partie de la hampe proche du fer était enveloppée d'étoupe qu'on enflammait avant le lancer (voir Tite-Live, XXI, 8).

Faro : phare en provençal.

Foggara : canalisation souterraine irriguant les oasis.

Gaillard : partie du pont surélevée soit à l'avant soit à l'arrière, servant de poste de veille ou de manœuvre.

Garcette : filin cousu de part et d'autre de la bande de ris et permettant de border la voile pour réduire sa surface.

***Harrâqua* :** terme arabe désignant les navires à feu grégeois. Cette technologie a été empruntée par les Arabes aux Byzantins au XIe siècle.

Haut mal : épilepsie.

Hel ou **Helm :** en dialecte normand du XIIe siècle désigne la barre transversale permettant de manier le gouvernail latéral.

Honaïn : port de Tlemcen, non loin de la frontière marocaine, ruiné par les Espagnols en 1534.

Hyères : archipel d'îles connu du VIe siècle av. J.-C. au XIIe siècle sous le nom grec de *Stoechades* puis portant ensuite le nom latin d'*Insula Arearum.* Archipel composé de trois îles principales : *insula de Porcayrolas* (aujourd'hui Porquerolles), *insula de Medianas* ou île du milieu (Port-Cros) et *insula de Cabo Ros*, île du cap roux (île du Levant).

Ifrīquya : Afrique.

Jarl : titre nobiliaire scandinave d'origine obscure. Équivalent d'un prince.

Knörr : bateau viking capable d'affronter la haute mer, servant dans ce texte de navire de charge.

Long bow **:** arc d'origine galloise fabriqué en if massif (aubier au dos et cœur au centre accentuant sa solidité). Il pouvait toucher une cible à 200 mètres, ses flèches d'une longueur allant jusqu'à 90 centimètres avec des pointes forgées pouvaient transpercer une armure. L'empennage était souvent fait de plumes d'oie ou de cygne insensibles à l'humidité. Voir ci-dessus *arc turquois*.

Maître de la hache : surnom du charpentier de marine en Normandie.

Mantel : manteau semi-circulaire comme une cape, attaché à l'épaule par une agrafe nommée tasseau.

More danico **:** à la « mode danoise », déclaration qui légitime la femme non épousée chrétiennement et ses enfants.

Naffatun : marins, venant en général des arsenaux de l'al-Andalus, préposés à l'utilisation du naphte et des balistes expédiant le feu grégeois.

Paro : petit navire de guerre utilisé au Moyen Âge par les pirates le long des côtes de l'Atlantique.

Ris : du scandinave *rif.* Partie horizontale d'une voile que l'on replie pour la soustraire à la force du vent. On dispose sur la voile d'une ou plusieurs bandes de ris (voir *garcette*). On dit *prendre un ris*, réduire la voilure

d'une bande, ou bien *larguer un ris*, relâcher d'une bande de toile.
Sigler : faire voile.
Stirman : vient de l'ancien scandinave, ce terme désigne l'homme du gouvernail.
Tillac : nom d'origine scandinave désignant le pont. Le franc tillac étant le pont complet allant d'un bout à l'autre du navire.
Varengue : de (*v*)*rang*, courbe, pièce inférieure d'un couple. La varengue chevauche la quille à laquelle elle est assemblée. Le mot subsiste dans le patois normand de Jersey.
Windas : de *vindass*, treuil permettant de hisser la voile. En français contemporain, « guindeau ». En ancien scandinave, *vinda* voulait dire hisser.
Wirewire : de *vedr-viti*, girouette.

Les mesures médiévales

Marka : ancienne unité de mesure pour l'or et l'argent, environ 244,75 grammes.
Lieue : mesure de distance, environ 4 kilomètres.
Toise : équivaut à 6 pieds, soit près de 2 mètres.
Aune : 1,188 mètre.
Coudée : distance séparant le coude de l'extrémité du médius, environ 50 centimètres.
Pied : mesure de longueur, 32,4 centimètres.
Pouce : ancienne mesure de longueur, 2,7 centimètres.

Les heures

Matines ou **vigiles :** office dit vers 2 heures du matin au Moyen Âge.
Laudes : office dit avant l'aube.
Prime : office dit vers 7 heures du matin.

Tierce : office dit vers 9 heures du matin.
Sexte : sixième heure du jour, vers midi.
None : office dit vers 14 heures.
Vêpres : du latin *vespera*, soir. Office dit autrefois vers 17 heures.
Complies : office dit après les vêpres, vers 20 heures, c'est le dernier office.

Ils ont vécu au XIIe siècle ou bien avant…

Abd al-Mu'min : né en 1130, mort en 1184. Puissant calife almohade, il fit ériger de nombreuses fortifications notamment à Séville et « fonda » celle du Djebel Tarik (Gibraltar) en 1160. En mai 1159, après avoir repris à Alphonse VII de Castille tous les territoires de l'al-Andalus, il se présente dans le golfe de Tunis et réduit la plupart des places normandes, anéantissant les restes de l'empire africain que s'était construit Roger II de Sicile.

Adrien IV : né vers 1100, mort en 1159. Pape d'origine anglaise, issu d'une famille du Hertfordshire, tout d'abord opposé à Guillaume Ier de Sicile, il finit par l'investir (à la suite du concordat signé le 18 juin 1156) du royaume de Sicile, du duché d'Apulie et de la principauté de Capoue.

Al Idrisi, Abū 'Abd Allah Muhammad al-Hammudi : né à Ceuta vers 1099, mort vers 1165. Descendant du Prophète, il fit ses études à Cordoue puis voyagea en Espagne, en Afrique du Nord, en Asie Mineure, avant de s'établir à la cour du roi normand Roger II de Sicile. Ce dernier le chargea de rédiger une description du monde d'après les observations d'un groupe d'explorateurs placés sous ses ordres. Son livre *Délice de celui qui souhaite visiter les régions du monde ou*

Livre de Roger est un des plus importants travaux de la géographie médiévale.

Aliénor d'Aquitaine : née en 1122, morte en 1204. Divorcée en 1152, elle se remarie la même année avec Henri Plantagenêt dont elle eut huit enfants (dont Richard Cœur de Lion et Jean sans Terre...). Elle finit ses jours à l'abbaye de Fontevrault, où elle est enterrée.

Alphonse Ier du Portugal : né en 1110, mort en 1185. Alphonse Henri, fils de dom Henrique, comte du Portugal, et d'une des filles du roi Alphonse VI de Castille et Léon. Après la mort de son père, il chasse sa mère et entre en révolte contre le roi de Castille et Léon. En 1143, Alphonse VII accepte qu'il porte le titre de roi du Portugal, sous la condition qu'il reconnaisse la primauté de l'empire de Castille et Léon. En 1179, Alphonse Ier du Portugal obtiendra du pape la reconnaissance de son titre et de son *regnum*.

Banu Maymun : dynastie originaire de Denia, ils furent « souverains sur mer » sous les Almoravides puis sous les Almohades. L'un d'eux, Muhammad b. Maymun, fut le maître de l'eau sous le règne de Abd al-Mu'min.

Bernard de Clairvaux : né en 1091, mort en 1153. Moine à Cîteaux en 1112, premier abbé de Clairvaux en 1115. Se rend à Albi en juin 1145 pour rencontrer Henri de Lausanne et l'affronter. Il prêche la seconde croisade à Vézelay en 1146 et soutient des polémiques contre l'ordre de Cluny.

Frédéric Ier Barberousse : né en 1123, empereur d'Allemagne de 1152 à 1190. Il fit de nombreuses expéditions contre l'Italie et détruisit Milan (1162), mais il dut, après sa défaite à Legnano en 1176, reconnaître les prétentions des villes lombardes. Parti pour la troisième croisade, il se noya dans le Seleph (anciennement Cydnus) en Cilicie.

Galien, Claude : né à Pergame, mort à Rome ou à Pergame (131-vers 210). Médecin grec, il fut considéré comme la grande autorité médicale jusqu'à la fin du XVIIe siècle. Anatomiste. Les maladies résultent pour lui d'un manque d'équilibre entre les éléments et les esprits du corps. Il eut le tort de donner trop d'importance au raisonnement par rapport à l'observation, ce que ses successeurs et partisans exagérèrent encore.

Georges d'Antioche : mort en 1151. « Grand amiral » de la flotte sicilienne, paré du titre grec d'« archonte des archontes », du titre arabe d'« émir des émirs », il est dès 1132 le « premier sujet du royaume » de Roger II et a toute sa confiance.

Guillaume Ier le Mauvais : né vers 1120, mort en 1166. Succède à son père Roger II en 1154 sur le trône de Sicile. Il perdra les conquêtes de son père sur les actuelles Tunisie, Libye et Algérie.

Guy de Fos : seigneur d'Hyères au XIIe siècle. Rebelle au pouvoir comtal (exercé par la maison de Barcelone), la famille Fos participe à la première guerre baussenque (1144-1151). Raimond Bérenger III sera particulièrement dur à leur égard et ils devront chercher appui et argent autour d'eux. Ils font don de l'île du Levant à l'abbaye du Thoronet et en resteront co-suzerains.

Henri II Plantagenêt : né en 1133, mort en 1189. Roi d'Angleterre, comte d'Anjou, duc de Normandie et d'Aquitaine. Il fait sa première expédition guerrière à l'âge de treize, quatorze ans. Il rencontre Aliénor d'Aquitaine alors qu'il n'a que dix-huit ans et l'épouse à Poitiers le 18 mai 1152. Il est roi d'Angleterre à vingt et un ans. Il aura huit enfants de son épouse : Guillaume, Henri, Mathilde, Richard, Geoffroi, Aliénor, Jeanne et Jean. À la suite de l'assassinat de Thomas Becket, il se soumet à une pénitence publique sur le parvis de la cathédrale d'Avranches. Au cours d'une vie parsemée de révoltes et de conquêtes, il affrontera ses propres fils dont Richard Cœur de Lion. Son dernier adversaire sera Philippe Auguste. Il mourra à Chinon à l'âge de cinquante-six ans.

Hildegarde de Bingen : née dans le comté de Spanheim en 1098, morte en 1179. Une des plus grandes mystiques du Moyen Âge, écrivain, musicienne. Ses livres décrivent un univers infini en perpétuelle expansion : *Scivias*, *Le Livre des œuvres divines*. Ses traités de médecine, *Le Livre des subtilités des créatures divines* et *Le Livre de médecine composée*, font encore autorité.

Manuel Ier Comnène : empereur byzantin, il succède à son père Jean II Comnène en 1143 et dominera la politique de l'empire d'Orient. Épouse en 1146 Berthe de Salzbach, belle-sœur de l'empereur germanique Conrad III. Après maints démêlés avec les Normands de Sicile, finit par signer un traité de paix de trente ans avec Guillaume Ier de Sicile et son chancelier Maïon de Bari. Il meurt après trente-sept ans de règne, le 24 septembre 1180.

Rhazès, Abū Bahr Muhammad ibn Zakariya al-Razi, connu sous le nom de Rhazès ou Razi : né vers 860, mort vers 923, originaire du nord de la Perse, il fut pendant quelque temps médecin et professeur à l'hôpital de Bagdad. Il passait pour un remarquable clinicien au diagnostic de premier ordre et un thérapeute quasi infaillible. Il nous laissa de nombreux ouvrages concernant les médicaments et surtout le *Kitab al Mansuri* (ou *Liber medicinalis ad Almansorem*) ainsi que vingt-trois autres tomes de textes médicaux.

Roger II de Sicile : né en 1095, mort en 1154. Comte de Sicile en 1105. En 1130, à la faveur d'un schisme il obtient le titre de roi de Sicile du pape (ou antipape) Anaclet II. Titre royal confirmé en 1139 par le pape Innocent II et reconnu comme légitime par la plupart des rois d'Occident. De sa première femme, Elvire, fille d'Alphonse VI de Castille, il a cinq fils et une fille ; de la deuxième, Sybille de Bourgogne, aucune descendance, et de sa troisième et dernière femme, Béatrice de Réhel, une fille, Constance. En 1140, il établit une direction centralisée sur ses États, inspirée des modèles grecs et arabes. Il rêve de conquérir l'Afrique. Il meurt en février 1154.

Roger, duc de Pouilles : né en 1126, mort en 1148. Fils aîné de Roger II. Marié en 1140 à Élisabeth de Champagne, il n'aura pas d'autre héritier que deux garçons qu'il a eus d'une union *more danico*. L'un d'eux, Tancrède, sera comte de Lecce et, pendant quatre ans, roi de Sicile.

Pour les plus curieux…

— *Les Îles d'Hyères, fragments d'histoire.* Sous la direction de Jean-Pierre Brun, Actes Sud / Parc national de Port-Cros, 1997.

— *Roger II, un Normand en Méditerranée.* Pierre Aubé, Payot, 2001.

— *Les Empires normands d'Orient, XIe-XIIIe siècle.* Pierre Aubé, Hachette, coll. « Pluriel », 1995.

— *L'Espagne et la Sicile musulmane du XIe au XIIe siècle.* Pierre Guichard, Presses universitaires de Lyon, 2000.

— *Italies normandes, XIe-XIIe.* Jean-Marie Martin, Hachette, coll. « La vie quotidienne », 1994.

— *Les Normands en Méditerranée aux XIe-XIIe siècles,* Actes du *Colloque de Cerisy-la-Salle*, 1992. Publiés sous la direction de Pierre Bouet et François Neveux, Presses universitaires de Caen, 2001.

— *L'Océan Atlantique musulman, de la conquête arabe à l'époque almohade.* Christophe Picard, Unesco/Maisonneuve & Larose, 1997.

— *Les Explorateurs au Moyen Âge.* Jean-Paul Roux, Hachette, coll. « Pluriel », 1995.

— *La Normandie des ducs aux rois, Xe-XIIe siècle.* François Neveux, Ouest-France, 1998.

— *L'Empire des Plantagenêt.* Martin Aurell, Perrin, coll. « Tempus », 2004.

— *La Monarchie féodale en France et en Angleterre, Xe-XIIIe siècle.* Charles Petit-Dutaillis, Albin Michel, 1971.
— *L'Héritage maritime des Vikings en Europe de l'Ouest, Actes du colloque international de La Hague, Flottemanville-Hague 1999.* Publiés sous la direction d'Élisabeth Ridel, Presses universitaires de Caen, 2002.
— *Poètes et romanciers du Moyen Âge.* Édition établie et annotée par Albert Pauphilet, Gallimard, coll. « Bibliothèque de la Pléiade », 1992.
— *Voyager au Moyen Âge.* Jean Verdon, Perrin, 1998.
— *La Vie au Moyen Âge.* Robert Delort, Seuil, coll. « Points Histoire », 1982.
— *Hildegarde de Bingen, conscience inspirée du XIIe siècle.* Régine Pernoud, Le Rocher, 1995.
— *La Nuit au Moyen Âge.* Jean Verdon, Hachette, coll. « Pluriel », 1995.
— *La Vie quotidienne des religieux au Moyen Âge, Xe-XVe siècle.* Léo Moulin, Hachette, coll. « La vie quotidienne », 1990.
— *L'Art de la guerre au Moyen Âge.* Renaud Beffeyte, Ouest-France, 2005.

Impression réalisée sur Presse Offset par

CPI
Brodard & Taupin

La Flèche (Sarthe), 44681
N° d'édition : 3940
Dépôt légal : mars 2007
Nouveau tirage : décembre 2007

Imprimé en France